行政监察理论和实践问题研究
丛书主编 ◎ 尤光付

监察的理论和体制机制研究

尤光付等 ◎ 著

中国社会科学出版社

图书在版编目(CIP)数据

监察的理论和体制机制研究／尤光付等著.—北京：中国社会科学出版社，2018.8

ISBN 978-7-5203-2461-8

Ⅰ.①监… Ⅱ.①尤… Ⅲ.①行政监察法-研究-中国 Ⅳ.①D922.114.04

中国版本图书馆 CIP 数据核字(2018)第 091037 号

出 版 人	赵剑英
责任编辑	任　明
责任校对	朱妍洁
责任印制	李寡寡

出　　版	中国社会科学出版社
社　　址	北京鼓楼西大街甲 158 号
邮　　编	100720
网　　址	http://www.csspw.cn
发 行 部	010-84083685
门 市 部	010-84029450
经　　销	新华书店及其他书店
印刷装订	北京君升印刷有限公司
版　　次	2018 年 8 月第 1 版
印　　次	2018 年 8 月第 1 次印刷
开　　本	710×1000　1/16
印　　张	22
插　　页	2
字　　数	360 千字
定　　价	88.00 元

凡购买中国社会科学出版社图书，如有质量问题请与本社营销中心联系调换
电话：010-84083683
版权所有　侵权必究

摘　　要

主要内容有六个部分：

第一部分（导论）监察变迁、研究回顾与选题设计。这一部分，首先，介绍改革开放以来监察制度变迁的三个阶段，对变迁的动因、主体以及变迁特征问题进行了探讨，总结出了变迁过程中存在的主要问题。其次，对30多年监察研究文献进行梳理，分析了当前我国监察研究存在的三个突出问题。最后，简介了选题的背景、选题的理论意义与实践功效、国内外研究现状述评（对现有成果及代表性观点的综述和评价）和本课题的总体框架和预期目标。

第二部分　治国理政中的权力监察思想研究。这一部分，依据有关公开文献，主要研究了孙中山的监察思想；毛泽东、邓小平、江泽民、胡锦涛的权力制约与监督思想；中共十八大以来习近平关于反腐倡廉、纪检和监察改革的思想。

第三部分　监察体制机制研究。这一部分，立足当前纪检、监察工作实际合署运作情形，借鉴系统权变理论及其分析模型，检视当前监察体制和机制中存在的问题，系统探讨健全监察体制机制的思路和措施；以机制设计理论为视角，从信息效率和激励相容两个维度来探讨健全我国反腐败惩戒机制和预防腐败的长效机制；以监察的三类模式为样本，对其监察体制、法制背景、职能、权限、程序、监察的方式方法等进行比较，进而找出异同和阐释启示。

第四部分　监察职能及其行使方式研究。这一部分，通过若干案例分析和定量分析，探讨了地方监察机构在工作中的监察职能（执法监察、效能监察、廉政监察等）及其行使方式等方面的成效、问题和创新。以流程再造理论为视角，分析执法监察存在的问题，从组织结构、管理系统、人事管理和信息技术运用等方面提出完善执法监察的措施；以武汉市的"治庸计划"为研究对象，探讨完善"治庸问责"长效机制的措施；

以武汉市行政效能电子监察的实施情况为例,探究电子监察系统建设所取得的成效及存在的不足,提出推进地方政府电子监察有效运用的改进之策;对2011—2014年武汉市电视问政内容分类汇总统计做实证分析,并在此基础上探讨了电视问政的功效与不足,提出了一些改进之策;以武汉市江夏区为例,借助拉斯韦尔的"5W理论",从传播者、传播内容、媒介、受众、传播效果五大维度对廉政文化进校园整个过程进行分析,探求进一步推进廉政文化进校园的措施;以武汉八个区域的实地问卷调查结果为依据,运用统计软件SPSS19.0对样本数据进行了量化分析。

第五部分 反腐败工作机制研究。这一部分,通过对近年来我国惩治腐败过程中公布的个案和数据,选取中共十八大以来落马的107位高级领导干部,建立案例库,运用案例分析法、统计分析法对高级领导干部腐败问题进行深入剖析,并在此基础上提出预防和治理的对策建议;以贪腐"裸官"张曙光为个案,分析"裸官"存在的原因及其警示;基于调查研究,分析了乡镇负责人、"村官"腐败的状况与防治措施;以159名地方官员权色交易腐败个案作为研究的切入点,分析此类行为的发生机理,并据此提出重在有效预防和治理的对策建议;通过对100个贪官的言行与各种贪腐心理标准进行对照,找出样本显示的贪腐心理类型及其行为的复杂性以及主要涉及的贪污腐败领域等,对五个方面的共性进行了总结。

第六部分 监察干部队伍研究。这一部分,通过问卷设计、数据分析、深入访谈等实证研究方法,探析监察人员心理压力较大的原因,提出针对性的调适对策;基于胜任力的视角,以W市J区为例分析监察干部队伍目前存在的问题及原因,并在此基础上提出了促进监察干部"敢干事、会干事"方面的建议。

本书的主要观点是:

1. 公职人员本身出于自身进步、公共服务或促进所在部门的发展的复合型的工作动机,面对公共利益与私人利益之间的复杂冲突时尽管有专业精神指引和行政伦理约束,其人性不可能都像"天使"。在世情、国情、党情发生深刻变化的新形势下,在面临许多前所未有的新情况、新问题、新挑战的背景下,监督是公共权力正确运行的根本保证,监督不应存在空、弱、虚等盲区。

2. 织密监察体系之网,做到监察主体明确、监察责任清晰、监察制度管用、监察方式行之有效,有若干理论和实践问题值得深入系统地研究。通过研究和改革，致力于提出一系列开创性的监察理念、思路和路径方法，建立健全监察体系，压实和支持保障监察主体在职责范围内履行监督职责，协同并整合国家监督力量，督促政府机关和所有公职人员"有权必有责、有责要担当，用权受监督、失责必追究"，有利于促进监察治理体系和监察治理能力的现代化（民主化、法治化、科学化、系统化、协同化和精细化）。

3. 党和国家领导人的监察思想是适应国家治理体系和治理能力现代化的要求，对国家监督和行政监察实践规律的总结，涵盖广泛且思想深邃，是一个系统完整、逻辑严密的科学体系，贯穿着马克思主义立场、观点和方法，闪耀着辩证唯物主义和历史唯物主义的理论光芒，凝结了中共对权力监察发展规律的深刻认识，指明了我国权力监察未来发展的方向和路径，蕴含着鲜明的中国特色社会主义监察理论特质和理论品格。

4. 监察工作，宜通过顶层设计和改革上升到国家机构层面的权力监督层次。监察改革，体制上要理顺，机制上要健全。基于此，强化对权力运行的制约和监督，必须改革与完善监察体制，建构起监察体制机制适应性模型，重视跨部门合作和多中心合作协调治理，重视民主党派监督，支持人民群众监督和舆论监督，并形成廉洁从政的组织文化氛围。

5. 省（市）地方各级监察机关应当着眼于监察机关治理方式和治理能力现代化，从依法行政、从严治党和反腐败战略高度转职能、转方式、转作风，按照行政监察法规定以及新的反腐败组织体系分工要求，对工作重心、方式、作风进行全面而及时的调整，进一步回归主业、突出主业、聚焦主业，切实解决"越位、错位、缺位、不到位"的问题，在执法监察、效能监察、廉政监察、纠正部门和行业的不正之风等工作中，把监督执纪问责做深入、做细致、做标准和做出实效。

6. 在对少数干部违法违纪、贪污腐败现象进行预防、约束、问责和惩治的同时，还要通过自身建设（主要是组织、思想、作风、廉政等方面）和加大激励力度，提升地方监察干部的胜任力：一方面，以健全体制和机制为支撑，营造"敢干事"的环境；另一方面，以提高干部综合素质为抓手，培养"会干事"的能力。

目　　录

第一部分　（导论）监察变迁、研究回顾与选题设计

第一章　改革开放以来监察制度的变迁 ………………………… (3)
一　监察制度变迁的历程和要素 ………………………………… (3)
  1. 基于关键节点的监察制度变迁的历程 ……………………… (3)
  2. 基于行为体与制度结构环境互动的监察制度变迁的要素 …… (5)
二　监察制度变迁过程中的路径依赖问题 ……………………… (6)
  1. 政府和公职人员的角色定位不标准 ………………………… (6)
  2. 强制性变迁和诱致性变迁的不平衡 ………………………… (7)
  3. 制度供给不足 ………………………………………………… (7)
参考文献 ……………………………………………………………… (8)

第二章　国内行政监察研究的回顾与反思 …………………… (9)
一　行政监察研究的样本分析 …………………………………… (9)
  1. 谁在研究 ……………………………………………………… (9)
  2. 在做哪些方面的研究 ………………………………………… (10)
  3. 研究类型 ……………………………………………………… (11)
  4. 研究论文来源 ………………………………………………… (12)
二　我国行政监察研究理论成果述评 …………………………… (12)
  1. 1983—1996 年行政监察制度的探索研究 ………………… (12)
  2. 1996—2009 年行政监察制度的发展研究 ………………… (14)
  3. 2010—2013 年行政监察制度的深化改革研究 …………… (15)
三　我国行政监察研究的反思 …………………………………… (15)
  1. 缺乏问题意识 ………………………………………………… (15)
  2. 知识增长缓慢 ………………………………………………… (16)

3. 研究质量低下……………………………………………………（16）
　参考文献……………………………………………………………（16）
第三章　监察理论和实践问题研究设计简介………………………（18）
　一　选题的背景……………………………………………………（18）
　　1. 服务政府、责任政府、法治政府、廉洁政府建设对监察体制机制提出了防腐保廉促效能的更高要求……………………（18）
　　2.《行政监察法》修改与实施后监察领域的若干难题依然待解…（19）
　　3. 监察工作需回应"四大危险"，推进监督监察的理论和实践创新…………………………………………………………（19）
　二　选题的理论意义与实践功效…………………………………（20）
　　1. 选题的理论意义……………………………………………（20）
　　2. 选题的实践功效……………………………………………（21）
　三　国内外研究现状述评…………………………………………（22）
　　1. 监察制度史研究……………………………………………（22）
　　2. 监察制度比较研究…………………………………………（23）
　　3. 监察总体探讨与专题研究…………………………………（24）
　　4. 反腐倡廉建设研究…………………………………………（26）
　　5. 国外监察相关理论和实践状况研究………………………（33）
　四　本课题的总体框架和预期目标………………………………（35）
　　1. 总体框架……………………………………………………（35）
　　2. 预期目标……………………………………………………（36）

第二部分　治国理政中的权力监察思想研究

第四章　孙中山监察思想研究………………………………………（39）
　一　孙中山监察思想的发展历程…………………………………（39）
　　1. 萌芽与形成：辛亥革命以前………………………………（39）
　　2. 完善与发展：辛亥革命以后………………………………（40）
　二　孙中山监察思想体系阐释……………………………………（40）
　　1. 理论基础……………………………………………………（40）
　　2. 监察权独立的主张与设计…………………………………（41）
　三　孙中山监察思想的进步性和局限性…………………………（42）

  1. 历史进步性 …………………………………………………… (42)
  2. 时代局限性 …………………………………………………… (43)
 参考文献 …………………………………………………………… (44)

第五章　毛泽东、邓小平、江泽民、胡锦涛权力监督思想研究 …… (45)
 一　四位领导人思想的主要内容 …………………………………… (45)
  1. 毛泽东权力监督思想的主要内容 …………………………… (45)
  2. 邓小平权力监督思想的主要内容 …………………………… (49)
  3. 江泽民权力监督思想的主要内容 …………………………… (50)
  4. 胡锦涛权力监督思想的主要内容 …………………………… (51)
 二　四位领导人思想的联系 ………………………………………… (52)
  1. 历史传承性 …………………………………………………… (52)
  2. 现实针对性 …………………………………………………… (53)
  3. 注重形成监督合力 …………………………………………… (54)
 参考文献 …………………………………………………………… (55)

第六章　十八大以来习近平反腐倡廉思想研究 ……………………… (56)
 一　习近平反腐倡廉思想的内容体系 ……………………………… (56)
  1. 任务部署上，提纲挈领，注重标本兼治 …………………… (56)
  2. 组织领导权责分明，落实"两个责任" …………………… (59)
  3. 目标追求志存高远，营造"干部清正、政府清廉、政治清明"
   的良好政治生态 ……………………………………………… (60)
 二　反腐倡廉思想的特色 …………………………………………… (61)
  1. 创新性与务实性相结合 ……………………………………… (61)
  2. 系统性与科学性相结合 ……………………………………… (62)
 三　习近平反腐倡廉思想的价值分析 ……………………………… (63)
  1. 传承和创新了反腐倡廉理论 ………………………………… (63)
  2. 促进了国家治理 ……………………………………………… (63)
 参考文献 …………………………………………………………… (64)

第三部分　监察体制机制研究

第七章　健全监察体制机制研究：以系统权变模型为视角 ………… (69)
 一　系统权变视角下健全监察体制机制的可行性 ………………… (69)

二　健全监察体制机制面临的问题…………………………………(71)
　　1. 理念偏差导致监察意识不强…………………………………(71)
　　2. 体制不顺导致监察整合不够、职能不明、权责不清…………(71)
　　3. 监督机制不全导致执行不力…………………………………(72)
　　4. 方法欠妥导致监察绩效不高…………………………………(73)
　　5. 干部队伍不强导致"专职不专"………………………………(74)
　三　健全监察体制机制的思路与措施探讨…………………………(75)
　　1. 总体思路………………………………………………………(75)
　　2. 创新监督理念，强化制约意识………………………………(75)
　　3. 改革体制和机制，提高监督效能……………………………(76)
　参考文献…………………………………………………………………(77)

第八章　机制设计维度的预防腐败机制研究：以 T 县为例……………(78)
　一　研究视角、调查设计与实施……………………………………(78)
　　1. 研究视角：机制设计的两个维度……………………………(78)
　　2. 调查设计与实施………………………………………………(79)
　二　T 县预防腐败机制构建工作分析………………………………(81)
　　1. 预防腐败机制构建的简况……………………………………(81)
　　2. 预防腐败机制运行的绩效……………………………………(84)
　　3. T 县反腐败预防机制运行的不足之处………………………(85)
　三　完善预防腐败机制的措施探讨…………………………………(87)
　　1. 提高信息效率，"把权力关进制度的笼子里"………………(87)
　　2. 兼顾激励相容，提升县级政府治理的效能…………………(88)
　参考文献…………………………………………………………………(89)

第九章　机制设计维度的健全反腐败惩戒机制研究……………………(91)
　一　反腐败惩戒机制阐释……………………………………………(91)
　　1. 反腐败惩戒机制的内涵………………………………………(91)
　　2. 反腐败惩戒机制需要关注信息效率和激励相容……………(92)
　二　我国反腐败惩戒机制的现状分析………………………………(93)
　　1. 反腐败惩戒机制运作的成效…………………………………(93)
　　2. 反腐败惩戒机制运作中存在的不足及其原因分析…………(95)
　三　完善反腐败惩戒机制的措施探讨………………………………(97)
　　1. 转变惩戒腐败信息传播方式，扩大信息传递的渠道………(97)

2. 深化改革和抓紧立法，健全反腐倡廉体制和机制 …………… (97)
　参考文献 ……………………………………………………………… (99)
第十章　三类监察模式的异同比较 ………………………………… (101)
　一　三类监察模式代表国家及其特征 ………………………………… (101)
　　1. 政府机关内设监察机构模式 ……………………………………… (101)
　　2. 监审合一模式 ……………………………………………………… (102)
　　3. 督察专员模式 ……………………………………………………… (103)
　二　三类监察模式的异同 ……………………………………………… (104)
　　1. 共性分析 …………………………………………………………… (104)
　　2. 差异分析 …………………………………………………………… (104)
　三　比较中的结论与启示 ……………………………………………… (105)
　　1. 权力监督的本质是制约权力 ……………………………………… (105)
　　2. 监察模式具有较完备的法制机制、执行机制和激励保障
　　　 机制 ………………………………………………………………… (105)
　　3. 反腐败专门机构日益成为反腐肃贪的主力军 …………………… (106)
　参考文献 ……………………………………………………………… (106)

第四部分　监察职能及其行使方式研究

第十一章　流程再造视角下的执法监察研究 ……………………… (112)
　一　执法监察流程再造的可行性 ……………………………………… (112)
　二　执法监察的主要问题分析 ………………………………………… (114)
　　1. 执法监察机制问题分析 …………………………………………… (114)
　　2. 执法监察方式问题分析 …………………………………………… (115)
　　3. 执法监察工作重点问题分析 ……………………………………… (116)
　　4. 执法监察效力问题分析 …………………………………………… (117)
　三　流程再造视角下的执法监察优化路径 …………………………… (118)
　　1. 改善组织结构 ……………………………………………………… (118)
　　2. 健全执法监察机制 ………………………………………………… (118)
　　3. 实行绩效考核 ……………………………………………………… (119)
　　4. 构建执法电子监察系统 …………………………………………… (120)
　参考文献 ……………………………………………………………… (120)

第十二章 效能监察视角下的治庸问责研究 (122)
一 武汉市"治庸计划"分析 (122)
1. "治庸计划"及其实施 (123)
2. "治庸计划"的成效与不足 (125)
二 完善"治庸问责"长效机制的措施探讨 (127)
1. 在行动主体方面，明确"治庸问责"的取向，再造政府新姿态 (127)
2. 在制度实施中，注意制度匹配，开展精细化管理，促进治庸问责的精准化 (127)
参考文献 (131)

第十三章 系统协同视角的行政效能电子监察研究 (132)
一 武汉市行政效能电子监察系统及其运作 (132)
1. 系统的构成和管理模式 (132)
2. 系统的主要功能 (135)
3. 系统在其他领域的延伸 (136)
二 实施情况的调查分析 (138)
1. 对系统实施效果的调查 (138)
2. 对电子监察网站的开放性调查 (138)
3. 成效分析 (139)
4. 问题分析 (141)
三 推进电子监察有效实施的措施探讨 (142)
1. 统筹推进，实现与电子政务同步一体化发展 (142)
2. 流程再造，构建电子监察的立体网络 (142)
3. 激励公众参与，引入电子监察的社会监督 (145)
参考文献 (145)

第十四章 武汉市电视问政实证研究 (147)
一 武汉市电视问政的实证分析 (147)
1. 2011—2014年武汉市电视问政内容分类汇总统计 (147)
2. 2011—2014年武汉市电视问政环节程序汇总统计 (148)
3. 2013—2014年武汉市电视问政市民满意度测评分析 (149)
二 讨论与结论：武汉市电视问政的功效与不足 (152)
1. 武汉市电视问政的功效 (152)

2. 武汉市电视问政的不足 …………………………………………(153)
　三　提升电视问政功效的策略探讨 ………………………………(154)
　　1. 减少固化模式，丰富问政内容 ………………………………(154)
　　2. 健全治庸问责机制，落实"四张清单" ………………………(154)
　　3. 扩大社会监督网络，创造问责监督环境 ……………………(155)
　　4. 建立电视问政评估的指标体系 ………………………………(155)
　参考文献 ……………………………………………………………(156)

第十五章　5W传播视角的江夏区"廉政文化进校园"研究 ……(158)
　一　江夏区"廉政文化进校园"分析 ………………………………(158)
　　1. 传播者分析 ……………………………………………………(159)
　　2. 内容分析 ………………………………………………………(160)
　　3. 媒介分析 ………………………………………………………(161)
　　4. 受众分析 ………………………………………………………(163)
　　5. 功效与问题分析 ………………………………………………(164)
　二　进一步推动廉政文化进校园的举措探讨 ……………………(165)
　　1. 在传播主体方面，加强协同 …………………………………(165)
　　2. 在内容方面，体现多样化和针对性 …………………………(166)
　　3. 在渠道及媒介方面，加强活动阵地建设 ……………………(166)
　　4. 在长效机制建设方面，完善制度建设和考评制度 …………(167)
　参考文献 ……………………………………………………………(168)

第十六章　武汉市八区行政监察的问卷调查分析 ………………(169)
　一　研究模型与实证设计 …………………………………………(169)
　　1. 多元线性回归模型设计 ………………………………………(169)
　　2. 问卷调查设计与组织实施 ……………………………………(169)
　二　统计分析与讨论 ………………………………………………(170)
　　1. 样本分布情况分析 ……………………………………………(170)
　　2. 样本数据的信度分析 …………………………………………(172)
　　4. 样本数据的回归分析 …………………………………………(178)
　三　模型解读 ………………………………………………………(184)
　参考文献 ……………………………………………………………(186)

第五部分 反腐败工作机制研究

第十七章 高级领导干部腐败问题研究：基于107个案例的分析 …（190）
 一 研究样本的选取、分析维度与建立案例库 …………………（190）
  1. 样本的选取 ………………………………………………（190）
  2. 分析维度与案例库建立 …………………………………（191）
 二 涉案信息分析 ………………………………………………（191）
  1. 个人基本信息维度分析 …………………………………（191）
  2. 职位信息维度分析 ………………………………………（193）
  3. 查处信息维度分析 ………………………………………（194）
  4. 涉案金额分析 ……………………………………………（196）
  5. 涉案金额相关性分析 ……………………………………（198）
 三 讨论和建议 …………………………………………………（201）
  1. 高级领导干部腐败的特征 ………………………………（202）
  2. 高级领导干部腐败的原因 ………………………………（203）
  3. 惩处高官腐败的模式 ……………………………………（204）
  4. 高级领导干部腐败防治措施建议 ………………………（204）
 参考文献 …………………………………………………………（209）

第十八章 多角度管控"裸官"：张曙光贪腐案的警示 ……………（211）
 一 "裸官"的含义、类型、特征及其易贪腐的原因分析 ………（211）
  1. "裸官"的含义、类型和特征 ……………………………（211）
  2. "裸官"易贪腐的原因 ……………………………………（212）
 二 案例对管控"裸官"的警示 …………………………………（213）
  1. 张曙光受贿案简介 ………………………………………（213）
  2. 多角度管控"裸官" ………………………………………（215）
 参考文献 …………………………………………………………（217）

第十九章 乡镇负责人腐败现象及其防治措施研究 ………………（219）
 一 乡镇负责人的职责和工作特点简述 ………………………（219）
  1. 乡镇负责人的职责 ………………………………………（219）
  2. 乡镇负责人的工作特点 …………………………………（220）
 二 近些年乡镇负责人发生腐败的表现 ………………………（221）

  1. 选人用人方面的"买官""卖官"交易 …………………… (221)
  2. 经济事务方面的贪污受贿 ………………………………… (221)
  3. 作风方面的专断、无耻和不作为 ………………………… (222)
 三 乡镇负责人腐败的成因：基于 A 县的问卷调查分析 ……… (223)
  1. 问卷调查简介 ……………………………………………… (223)
  2. 乡镇负责人腐败的内因 …………………………………… (226)
  3. 乡镇负责人腐败的外因 …………………………………… (227)
 四 防治乡镇负责人腐败的措施探讨 …………………………… (230)
  1. 加强廉政教育和群众路线教育实践活动 ………………… (230)
  2. 完善乡镇管理体制和工作机制 …………………………… (230)
  3. 改进对乡镇负责人的监督 ………………………………… (232)
 参考文献 …………………………………………………………… (233)

第二十章 "村官"腐败现象及其防治措施研究 ……………… (234)
 一 "村官"腐败现状的实证分析：基于 A 县调查 …………… (235)
  1. 调查问卷设计与信息整理 ………………………………… (235)
  2. "村官"腐败的类型和特点 ……………………………… (235)
  3. "村官"腐败的原因分析 ………………………………… (239)
 二 完善村治机制，形成防治"村官"腐败的管理体系 ………… (241)
  1. 重视完善村务综合治理 …………………………………… (241)
  2. 形成防治"村官"腐败的管理体系 ……………………… (245)
 参考文献 …………………………………………………………… (249)

第二十一章 权色交易研究：基于 159 个案例的分析 ………… (250)
 一 研究设计与数据采集 ………………………………………… (250)
  1. 案例数据库维度体系的设计和维度编码的形成 ………… (250)
  2. 样本选取与数据采集 ……………………………………… (251)
 二 基于 159 个案例的实证分析 ………………………………… (252)
  1. 样本总体描述性分析 ……………………………………… (252)
  2. 基本统计维度分析 ………………………………………… (254)
  3. 部分维度间的相关性分析 ………………………………… (256)
 三 讨论与建议 …………………………………………………… (260)
  1. 权色交易的诱因与危害 …………………………………… (260)
  2. 权色交易防治措施建议 …………………………………… (261)

参考文献 ………………………………………………………………（264）
第二十二章　贪腐心理研究：100名贪腐人员样本分析 …………（266）
　　一　样本选择 …………………………………………………………（266）
　　二　样本分析 …………………………………………………………（267）
　　　　1. 贪腐心理类型及其排序 …………………………………………（267）
　　　　2. 贪腐心理及其行为的诱因 ………………………………………（270）
　　　　3. 贪腐心理作用的涉及领域 ………………………………………（271）
　　三　预防贪腐心理的对策探讨 ………………………………………（271）
　　　　1. 完善防范机制 ……………………………………………………（271）
　　　　2. 完善惩罚机制 ……………………………………………………（272）
　　　　3. 完善保障机制 ……………………………………………………（273）
　　参考文献 ………………………………………………………………（274）

第六部分　监察干部队伍研究

第二十三章　监察人员心理压力研究 …………………………………（280）
　　一　调查对象的选择、访谈及问卷设计 ……………………………（280）
　　二　监察人员心理压力状况分析 ……………………………………（282）
　　　　1. 访谈分析 …………………………………………………………（282）
　　　　2. 监察人员心理压力源量表的分析 ………………………………（284）
　　　　3. 监察人员心理压力水平分析 ……………………………………（291）
　　三　讨论与建议 ………………………………………………………（298）
　　　　1. 心理压力的诱导因素 ……………………………………………（298）
　　　　2. 组织干预与自我疏导 ……………………………………………（299）
　　参考文献 ………………………………………………………………（300）
第二十四章　胜任力视角的地方监察干部队伍建设研究 …………（302）
　　一　胜任力模型与监察干部队伍建设的契合性 ……………………（302）
　　二　W市J区监察干部队伍建设的现状分析 ………………………（303）
　　　　1. 访谈内容与结果 …………………………………………………（303）
　　　　2. 问卷调查及其数据分析 …………………………………………（304）
　　　　3. 胜任状况分析 ……………………………………………………（306）
　　　　4. 存在的不胜任问题及其原因分析 ………………………………（306）

三　提升地方监察干部胜任力的举措探讨 …………………… (307)
　　　　1. 以健全体制和机制为支撑，营造"敢干事"的环境 ……… (307)
　　　　2. 以提高干部综合素质为抓手，培养"会干事"的能力 …… (309)
　　参考文献 ………………………………………………………… (309)
结束语　加速监察改革 …………………………………………… (311)
　　一　行政监察这些年来仍然不同程度地存在若干问题 ………… (312)
　　二　监察改革，指导思想上要以科学理论为指导 ……………… (313)
　　三　监察改革，体制上要理顺，机制上要健全 ………………… (314)
　　四　地方监察改革中，监察职能及其行使方式应切实转变和
　　　　创新 …………………………………………………………… (316)
　　　　1. 在执法监察方面，完善组织结构、管理系统、人事管理和
　　　　　 信息技术运用 ……………………………………………… (317)
　　　　2. 在效能监察方面，完善"治庸问责"长效机制 …………… (317)
　　　　3. 在廉政监察方面，要多角度管控"裸官"，加强廉政教育，
　　　　　 防治腐败 …………………………………………………… (318)
　　　　4. 在方法手段方面，要进一步发挥电子监察和网络监督的
　　　　　 功效 ………………………………………………………… (319)
　　五　监察改革，要提升地方监察干部的胜任力 ………………… (319)
附录1　行政监察基本情况调查问卷 …………………………… (321)
附录2　行政监察干部队伍建设调查问卷（节选） …………… (328)
后记 ……………………………………………………………… (332)

第一部分
（导论）监察变迁、研究回顾与选题设计

在马克思看来,"一个时代所提出的问题,和任何在内容上是正当的因而也是合理的问题,有着共同的命运:主要的困难不是答案,而是问题"①。研究改革开放以来我国监察制度变迁的历程和存在的理论与实践方面的问题,并采取可行性措施创新我国监察制度,对于完善国家监察制度和促进政府廉政、社会廉洁具有重要的理论意义和现实意义。

制度系统由理念(制度规则所体现出来的价值判断与目标取向)、规则(制度的具体的内容)、对象(制度所涉及的范围和所指的目标)、载体(制度的形式如法律、规章、惯例、心理认同)等要素构成。这四个相互依存的要素在制度建设(含制度领导体系、制度组织体系、制度实施体系、制度评价体系、制度监督保障体系等的建设)中协同作用,才能使制度的应然性功能变现为实然性功能。影响制度设计的前置假设主要是人性善恶、行为模式的利义和理性程度等的考量。设计好的制度一般来说是相对稳定的,但实际上又是适应社会与人的需要而呈现出改良、变革、创新等变迁和演化(尽管常受路径依赖影响而显时滞),以彰显其合理性、合法性和现实性。现实中,制度因素因组合不同而产生若干结构、层次、类型的变幻,但人们力图避免"制度决定论"的影响而关注偏多的是:制度网络中的体制和机制;制度实然性功能的展现(确定界限、形成秩序、提供预期和营造制度生态)以及制度功能实现过程中因利益冲突、集体行动、合作方式等造成的困境、失灵和异化;制度维系途径方面路径依赖的自我强化、政治权力的强制实施、制度环境的密切契合和观念因素的支撑。②

这一部分,首先,在马克思主义历史唯物论和辩证唯物论指导下,借鉴制度变迁理论的思路与方法,介绍改革开放以来监察制度变迁的三个阶段,对变迁的动因、主体以及变迁特征问题进行了探讨,总结出了变迁过程中存在的主要问题。其次,通过对30多年监察研究文献的梳理显示,监察研究表面的繁荣难以掩饰内在的品质危机。知识增长缓慢、缺乏问题意识和研究质量低下,可以视为当前我国监察研究存在的三个突出问题。出于推动行政监察知识增长的考虑,我们认为未来的监察研究需要立足于实践改革,提高研究的精细化和规范化的程度。最后,简介了选题的背景、选题的理论意义与实践功效、国内外研究现状述评(对现有成果及代表性观点的综述和评价)和本课题的总体框架与预期目标。

---

① 《马克思恩格斯全集》第40卷,人民出版社1982年版,第289页。
② 参见辛鸣《制度论:关于制度哲学的理论建构》,人民出版社2005年版,第11—14页。

第一章 改革开放以来监察制度的变迁

1987年监察部恢复组建后,各级监察机关坚持以廉政监察为重点,开展以反贪污受贿为抓手的反腐败斗争,围绕治理经济环境、整顿经济秩序开展执法监察,加强纠风工作。1993年,中共中央、国务院为了加强纪检工作和强化行政监察职能,决定纪检监察机关合署办公来提高监督的整体效能,监察各项工作取得明显成就。制度变迁可以理解为一种更具效益的制度代替或改善原有制度的过程。研究改革开放以来我国监察制度变迁的历程和存在的问题,对于采取可行且有效的措施创新监察制度具有重要的理论意义和现实意义。本章主要结合中共十八大以来的纪检、监察改革实践和廉政建设实践,尝试着运用历史制度主义、理性选择制度主义的思路和方法探讨改革开放以来监察制度变迁的三个阶段,对变迁的动因、主体以及变迁特征进行了探讨,总结归纳出了变迁过程中存在的主要问题。

一 监察制度变迁的历程和要素

1. 基于关键节点的监察制度变迁的历程

(1)监察制度的恢复阶段(1978—1992年)。1986年11月,国务院向第六届全国人民代表大会常务员会提出恢复监察部的议案。同年12月,第六届全国人民代表大会第十八次会议通过《关于设立中华人民共和国监察部的决定》,决定设立监察部,恢复行政监察体制。1987年7月1日,国家监察部正式对外办公。同年8月,国务院发出了《关于在县以上地方各级人民政府设立行政监察机关的通知》。到1988年年底,各级县级机关先后完成了监察机构的组建工作。至此,我国行政监察制度的体制初步确立。但是,运作机制及其框架到1990年年底才构建起来。1990

年11月，国务院颁布了《行政监察条例》。《行政监察条例》对监察机关的职责职能、监察程序、管理体制等问题做出了明确的规定。监察部还根据实际的工作需求，制定了一系列的部门规章。如《国家行政机关工作人员贪污贿赂行政处分暂行规定》《国家行政机关及其工作人员在国内公务活动中不得赠送和接受礼品的规定》《监察部信访工作办法》《监察部处理电话举报暂行办法》《监察部处理外国人和华侨、港台同胞来信来访试行办法》等。

（2）监察体制变革阶段（1993—2002年）。1993年2月，中共中央与国务院批转了中央纪委、监察部《关于中央纪委监察部机关合署办公和机构设置有关问题的请示》，提出中央纪委、监察部合署，实行一套工作机构、两个机关名称。合署后的监察部依然属于国务院系列，接受国务院的领导；中纪委受党中央的领导，对党中央负责。合署后的纪检机关、监察机关实行双重领导体制，监察机关同时接受同级人民政府和上级监察机关的领导。纪检机关、监察机关合署办公和双重的领导体制一直延续至今。这一时期的监察立法也有进展。1997年5月，《行政监察法》正式颁布实施。该法在监察实践和《行政监察条例》的基础上，进一步明确了监察机关的职责、权限、工作程序、法律责任等事项。

（3）监察体制机制深化改革阶段（2002—2016年）。中共十六大以来，我国进入改革和发展的关键阶段，但反腐败形势也严峻。中共中央提出了反腐倡廉建设的新构想，"推进和完善惩治和预防腐败体系建设"。为适应反腐战略的需要，监察据此进行了一系列的调整，一是对派驻机构实行统一管理；二是国家预防腐败局的成立；三是新修改的《行政监察法》进一步明确了监察对象、机构、职能、方式等，监察工作走上规范化和法制化的轨道。中共十八大以来，纪检体制、监察体制进一步深化改革，监察工作也已经有了长足发展：监察机关重视主业主责，从过多的"副业"中抽身，在全面从严治党、依法行政中找准定位，创新执纪监督方式，强化监督执纪问责，深化转职能、转方式、转作风，全面提高履职能力。2016年年底，针对行政监察地位低、权力少、方式简、覆盖窄、协调其他监督力量难等问题，在北京、山西、浙江开展监察体制改革试点，致力于形成完整的权力制约与监督体系——监察委员会。

2. 基于行为体与制度结构环境互动的监察制度变迁的要素①

（1）变迁的动因。从微观层面来说，监察制度变迁的动因在于解决现存监察制度设计与工作安排上的缺陷或不足。解决现有制度安排的缺陷，是监察制度变迁的一个重要动因。从中观层面上看，监察制度变迁的动因在于提高政府的反腐廉倡能力、服务能力和绩效。从宏观方面看，监察制度变迁的动因在于为改革开放保驾护航。这主要体现在：落实廉政建设责任制，为经济发展提供政治保障；查办违法违纪案件，为经济发展扫除障碍；纠正相关部门和行业的不正之风，解决严重损害群众切身利益的问题；开展执法监察，确保经济发展不"毁于蚁穴"。

（2）变迁的主体。制度变迁的主体可以分为"初级行动团体"和"次级行动团体"。初级行动团体是制度变迁的推动者和决策者，次级行动团体是执行者和实施者。在我国，党和政府是监察制度变迁的初级行动团体。监察机构、媒体、学者和公众构成了监察制度变迁的次级行动团体。其中，监察机构是重要的次级行动团体，是监察制度变迁的实施者，根据党委和政府的制度安排，具体推动监察机构的变迁并根据工作的需要制定相关的法规；公共媒体为制度变迁宣传造势，引导社会舆论，一方面将社会民意反馈给政府，另一方面也将政府的意图传达给公众，在制度变迁过程中媒体成为公众与政府沟通的媒介；学者为制度变迁及具体的制度制定和创新出谋划策，保证了新制度的科学化；公众理解、参与并支持制度变迁及新的制度。

（3）变迁的特征和影响因素。笔者认为，一方面，改革开放以来监察制度的变迁具有路径依赖特征。受我国传统政治文化的影响，"官本位"意识、"人治"意识与"法治"观念在不同时空格局中依靠一定载体交织并存，加之监察机构也独立性与依附性并存，以及纪检、监察在某些事务上"党政不分"等，导致监察制度变迁中，既有法律、法规、规范性文件等正式制度的影响，又有文化、习俗等非正式制度的影响。

---

① 从制度变迁来诠释，行为体、制度、结构环境等应区别开来，且充分考虑其互动状态。国外研究显示，行为体在制度设置方面具有不同的、不确定的限制和权力，同时宜区别中层的制度与更为宽广的结构环境。此处的观点参见［澳大利亚］斯蒂芬·贝尔《制度变迁的诠释路径："建构制度主义 V.S. 历史制度主义"》，滕白莹等编译，《国外理论动态》2016 年第 7 期。

另一方面，改革开放以来监察制度变迁具有渐进性变革的特征，经历了多次的变革和调整，但都是在既定的政策、法律规定的范围内适度地变革和调适。

二 监察制度变迁过程中的路径依赖问题

监察工作在实践中探索，在改革中发展，坚持"围绕中心、服务大局"来全面履行监察职能，切实维护和发展人民群众根本利益，促进政府机关为民、务实、清廉；坚持结合机构改革和政府职能转变，依法监察，严格规范行政权力，整体推进教育、制度、监督、改革、纠风、惩治工作，不断完善政府系统惩治和预防腐败体系，注重探索新思路新方法和运用现代科技成果来不断提高监察工作科学化水平；坚持把监察工作纳入了党风廉政建设和反腐败工作的总体部署，加强同党的纪律检查机关和政府其他部门的协调配合，综合运用各种监督形式，增强监督的整体效能，形成反腐倡廉的合力，共同抓好廉政、勤政方面各项任务的落实。但是，监察工作中也还存在以下提及的一些问题。

1. 政府和公职人员的角色定位不标准

治理主体的观念和需要会塑造制度和驱动制度变迁。因此，政府的角色定位在制度变迁过程中具有重要影响。当政府将自身定位为"社会人"的时候，政府推行制度变迁时追求的是社会公共利益最大化；而定位为"经济人"的时候，政府推行制度变迁时寻求的是自身利益最大化。从法理上说，政府存在的根本目的就是实现公共利益，但是政府的具体部门也多少有其自身利益的考量。改革开放以来监察制度变迁过程中，地方政府的定位一直在"社会人"和"经济人"之间摇摆。官员和公职人员应该是人民的"公仆"，理应以公共利益为追求的目标。但地方政府部门及其官员、公职人员等的权力不受制约和监督时，若规则和标准不严格，仍然会滥用。特别是在以强制性变迁为主的监察制度变迁过程中，由于公众参与的缺乏以及监督体制和机制的不健全，政府部门在政策的制定和政策的执行环节有放大自身利益、忽视公共利益的可能。政府（尤其是地方政府）及其官员、公职人员的角色定位不清晰，权威就绝对不够，进而出现的"精英政治"现象等直接影响了行政监察的地位、职责和功能，最终导致许多观念、规则、秩序等需要政治家或政党领袖来解释和推行。

2. 强制性变迁和诱致性变迁的不平衡

依据制度变迁是由政府强制推行或是自发进行来区别，可以将制度变迁分为诱致性变迁和强制性变迁。诱致性变迁是指现行制度安排的变更或替代，或者是新制度安排的创造，它是由个人或者一群人在响应获利机会时自发倡导、组织和实行的。强制性变迁是指由政府命令和法律引入实现的制度变迁。改革开放以来，我国监察制度的变迁以强制性变迁为主。政府在制度变迁的过程中发挥的主导作用具体表现在：监察制度的制定者和创新者是政府；制度变迁的技术选择者是政府；政府通过组织控制、发布命令、自上而下地推行新的监察制度。与此同时，民众通过信访、电话举报、网络举报等方式参与行政监察，专家和学者为监察制度变迁提供专业意见，媒体积极为监察制度的变迁宣传造势。民众所发挥的作用主要局限于对制度变迁效果的巩固、对新制度的执行等方面，其对制度变迁的推动作用不足。强制性变迁和诱致性变迁的不平衡，直接导致了权力制约不力，信息不对称下的博弈困局和监察的合理性难题。

3. 制度供给不足

我国目前与监察相关的法律法规较少，目前只有 2010 年修改后的《行政监察法》《公务员法》和相关党内监督条例、规定、办法以及行政纪律等。监察的实体、程序等方面法律的缺失以及国家监督体制的不完善，影响了行政监察工作的开展。一方面，监察法律法规规定不明确，概念笼统，影响了法律法规的具体实施和推行。如惩戒性法规中，有"视情节轻重"，并没有做出具体的规定；法律法规中的"应当""建议"等词比较多，也没有相应的解释，这些笼统的词汇，增加了实施中权衡的难度。另一方面，现存的监察法配套制度大多数是以规章、规定、通知、办法等形式来规定的，如《关于对党和国家机关工作人员在国内交往中收受礼品实行登记制度的规定》《严禁用公费变相出国（境）旅游的通知》等，这些规范性文件的权威性比较低，实际发挥作用的效果不大，致使监察主体与监察对象之间常常权力不对称，引起"管不着，管不住，管不了"的尴尬。

参考文献

[1] [美] 道格拉斯·C. 诺斯：《制度、制度变迁与经济绩效》，上海三联书店 2008 年版。

[2] [美] 道格拉斯·C. 诺斯：《经济史中的结构与变迁》，上海三联书店 1994 年版。

[3] 范如国：《制度演化及其复杂性》，科学出版社 2011 年版。

[4] 马雪松：《政治世界的制度逻辑——新制度主义政治学理论研究》，光明日报出版社 2013 年版。

[5] 黄宝玖：《新中国反腐倡廉建设历程》，世界知识出版社 2011 年版。

[6] 中央纪委、监察部纪检监察研究所：《在具有中国特色的行政监察之路上开拓奋进——纪念行政监察体制恢复建立二十年》，《中国监察》2007 年第 13 期。

[7] 胡杨：《我国行政监督制度创新的路径依赖分析》，《江汉论坛》2010 年第 2 期。

[8] 黄毅、田湘波：《论我国行政监察体制的改进》，《湖南行政学院学报》2009 年第 3 期。

[9] 殷峰：《论新时期我国行政监察制度的发展与完善》，《西安文理学院学报》（社会科学版）2012 年第 12 期。

[10] 中央纪委监察部廉政理论研究中心：《行政监察工作历史回顾与展望》，《求是》2011 年 8 月 1 日。

第二章 国内行政监察研究的回顾与反思

本章将关注的范围定为1983—2013年,重点考察这段时期我国学界围绕监察制度所进行的学术探索和创新。通过对30多年行政监察研究文献的梳理显示,行政监察研究表面的繁荣难以掩饰内在的品质危机。知识增长缓慢、缺乏问题意识和研究质量低下,可以视为当前我国行政监察研究存在的三个突出问题。出于推动行政监察知识增长的考虑,未来的行政监察研究需要立足于实践,提高研究的精细化和规范化的程度。

一 行政监察研究的样本分析

对行政监察研究文献的梳理,主要是针对我国1983—2013年在各种期刊上公开发表的学术论文,并没有包括各种会议论文、著作和博士论文等。在涵盖期刊论文最为广泛的中国知网、维普和万方三种数据库中,分别用"行政监察""执法监察""效能监察"和"廉政监察"等作为搜索关键词,总共获得与行政监察有关的各种论文600多篇。在剔除各种公告、笔谈以及一稿多投等文章以后,共获得有效论文样本175篇。针对这175篇论文,本书又从论文标题、发表时间、论文出处、作者、作者单位、研究主题、研究资助以及研究方法八个方面进行编码统计分析,以方便提供行政监察研究的整体轮廓。

1. 谁在研究

表2-1显示,有44.0%的研究者来自高等院校,倘若剔除其他或未标明者,来自高等院校的研究者的比例将会更高,这说明高等院校是行政监察研究的主要阵地。党校(行政学院)系统和政府部门的研究者所占比例均为8.6%,来自社科院系统的行政监察研究者仅占1.1%。与来自高等院校和科研院所的研究者相比,政府部门的研究者的学术训练和学术

规范显现出较大差距，但是丰富的行政监察实践经验有助于他们敏锐地捕捉问题，提供具有经验性的研究成果。进一步的文献分析显示，高等院校以及科研院所的研究者与政府部门研究者之间似乎形成了两种话语体系，两者缺乏合作和交流，形成了理论和实践的鸿沟，即"理论上不错，但在实践中却并非如此"。

表 2-1　　　　　　　　行政监察研究者的单位

作者单位	频次	百分比
高等院校	77	44.0
社科院	2	1.1
党校、行政学院	15	8.6
政府部门	15	8.6
其他或未标明	66	37.7
合计	175	100

表 2-2 显示，行政监察研究者呈现出年轻化的特点，讲师、博士研究生和硕士研究生构成了行政监察研究的主体，三者在研究者总数中合计占到了 30.9%，若剔除了"未标明者"则三者所占比例将更高。进一步地分析显示，具有更高学术身份的教授和副教授们更容易在核心期刊上发表研究成果，研究质量也相对较高，他们也更可能成为行政监察知识的贡献者。统计分析还表明，行政监察研究者缺乏明确和持续的研究聚焦，除了 2 位研究者外，其余研究者发表的行政监察论文都不超过 3 篇。

表 2-2　　　　　　　　行政监察研究者的学术身份

	教授	副教授	讲师	博士、硕士生	未标明	总计
N	10	27	15	39	84	175
百分比	5.7	15.4	8.6	22.3	48.0	100

2. 在做哪些方面的研究

表 2-3 显示，行政监察研究既缺乏宏大的理论叙事，又缺少深入细致的微观分析。与政府绩效、政策网络等西方舶来品不同，行政监察具有浓厚的本土化色彩，本身就能为行政监察理论构建提供丰富的土壤。然

而，围绕行政监察理论构建所进行的研究不仅数量缺乏，仅占总数的 5.14%，而且研究质量也不尽如人意。在研究主题分布中，行政监察比较分析占据了论文总数的 19.43%，这些研究大多缺乏深度，重复性研究多，一些重要的研究议题反而缺乏关注。例如，行政监察工具研究的学术关注度为 0。

表 2-3　　　　　　　　　　行政监察研究主题分布

研究主题	频率	百分比
行政监察理论	9	5.14
行政监察权力	4	2.29
行政监察职能	3	1.71
行政监察机构	7	4.0
行政监察绩效	20	11.43
行政监察工具	0	0
行政监察比较	34	19.43
行政监察体制	16	9.14
行政监察模式	13	7.43
其他	69	39.43
合计	175	100

3. 研究类型

表 2-4 显示，175 篇论文样本都大致可以归类为规范性（或质性）研究，没有涉及影响行政监察运作变量分析和因果论证。就行政监察研究而言，实证研究中存在的问题似乎可以归纳为三个方面：其一，数据获取困难。其二，研究资助少。其三，研究者主要以青年学者为主体独立展开，通常缺乏组建各种学术团队的基本条件。

表 2-4　　　　　　　　　　行政监察研究类型

	频率	百分比
实证研究	0	0
规范研究	175	100
合计	175	100

4. 研究论文来源

表 2-5 所示，在全部 175 篇论文样本中，只有 60 篇属于核心期刊论文，占论文总数的 34.3%，多达 65.7% 的论文发表在非核心期刊上。核心期刊更加偏爱实证取向的研究成果，而行政监察研究在这方面的薄弱限制了其进入核心期刊的可能。核心期刊对论文的资助情况、论文作者的学术身份等提出了更高要求，行政监察研究者的年轻化以及研究资助少的特点也增加了行政监察研究成果进入核心期刊发表的难度。

表 2-5　　　　　　　　行政监察研究论文出处

年份	1983—1996	1997—2009	2010—2013
核心（N）	33	24	3
非核心（N）	18	70	27
合计	51	94	30

二　我国行政监察研究理论成果述评

1. 1983—1996 年行政监察制度的探索研究

中共十一届三中全会以后，经济建设成为国家发展的中心任务，铺张浪费、贪污受贿等违纪违法现象也随之抬头，地方诸侯经济和保护主义导致的政令不通现象也日益突出，这使得监察制度的重建问题受到了学者的关注。作为较早关注此问题的学者，张鸣起认为监察制度的缺失导致国家权力监督存在盲区，在他看来，重建监察制度已经刻不容缓，并提出了包括实行双重领导在内的重建监察制度的构想。[①] 似乎是为了给监察制度的重建提供更多的智力支持，韩晓武梳理了新中国成立以来监察制度的发展变化，认为重建监察制度需要遵循检查、督促、处分相结合、独立处分以及双重领导等原则。[②] 邹钧则详细分析了日本行政监察制度建立的背景和

[①] 张鸣起：《重建我国行政监察制度之探讨》，《法学》1983 年第 11 期。
[②] 韩晓武：《建国以来我国行政监察制度的发展变化》，《河北法学》1984 年第 5 期。

特点，指出日本行政监察制度的发展与日本政府的重视和行政学界的努力有着很大的关系。① 或许正是基于学者的呼吁与经济建设中不断涌现的以权谋私、侵犯公民权益和严重的官僚主义现象的驱使，阔别政治舞台20多年的行政监察机构又应势而重生，被赋予了"检查监察对象贯彻实施国家政策和法律法规的情况"，"监督处理监察对象违反国家政策、法律法规和违反政纪的行为"等重任。

虽然行政监察机构被赋予了很高的期望，但是监察法制的不健全、监察机构双重领导体制的不完善等"先天不足"导致监察机构在履行监察职能的过程中暴露出了一些问题。对这些问题，学者也进行了分析和探讨。针对动辄建议实行垂直领导的政策建议，陈国权认为研究行政监察领导体制首先要抛弃在"垂直领导"和"双重领导"之间进行非此即彼选择的思维方式，而着眼于研究"双重领导"内部职权的合理划分。通过对领导职权的合理调整，形成既有利于执行国家的统一意志、又有利于满足地方政府要求的体制。在他看来，为了提高监察机构的地位和权威性，监察机构应改为委员会建制，监察机构的领导由政府常务会议的成员兼任，加强综合领导和协调功能，密切政府决策与监督的有机联系。② 面对同样的问题，李和中也认为需要通过宪法来提高行政监察机关的地位，提高行政监察的立法层次。③ 在另一篇文章中，通过对行政原则的研究，陈国权认为行政监察的职能不只是廉政监察、执法监察和效能监察，还应包括法制监察和民主监察。④ 同样是对行政监察原则的分析，周叶中认为，行政监察的基本原则是指行政监察机关、组织在组建和开展工作过程中必须遵循的最重要的准则，是贯穿监察活动始终的指导精神，包括独立、平等、公开和密切联系群众等方面。⑤

行政监察研究在这一时期受到了学者较多的关注，在监察制度重建、提高行政监察法制建设的层次以及监察原则等方面达成了基本共识，也得到了政府很好的回应。不仅如此，这时期的行政监察更多是从法学角度展

---

① 邹钧：《论日本的行政监察》，《日本学刊》1985年第2期。
② 陈国权：《行政监察领导体制研究》，《浙江大学学报》1991年第4期。
③ 李和中：《加强行政监察的法制建设》，《政治与法律》1996年第6期。
④ 陈国权：《行政原则与行政监察职能的相关性分析》，《浙江大学学报》1990年第2期。
⑤ 周叶中：《试论行政监察的基本原则》，《江西社会科学》1990年第5期。

开研究的，在全部33篇核心期刊论文中，发表在法学期刊的就有18篇，主要是探讨行政监察权、行政监察立法以及行政监察法制建设等问题，从而为《行政监察法》的出台创造了条件。相对而言，从政治学与行政管理学的角度探讨行政监察问题的论文较少，主要涉及行政监察的原则与领导体制等问题，对效能监察、廉政监察等问题探讨较少，只是零星出现了一些观点的争鸣。

2.1996—2009年行政监察制度的发展研究

1993年监察机构和纪检机构实行了合署办公，但是合署办公体制并没有彻底解决监察机构的权威性问题。伍劲松认为，合署办公后，纪委成了监察机关的直接领导机关，实际上形成了对行政监察的"三重领导"。除了权威性不足以外，行政监察决定执行不力、监察范围过于宽泛以及行政监察缺乏相应的补救机制等问题也制约着监察制度的效力。[①] 安嫒嫒认为，议会监察专员制度能够为公民提供更多的权利救济，应更多地考虑我国的现实国情，对该制度予以借鉴性吸收。[②] 除了围绕行政监察体制的缺陷及其救治展开探讨外，这时期的研究还有两个亮点。一是效能监察逐步纳入研究视野。[③] 但是针对效能监察的学术探讨此后并不多见。在王凯伟看来，开展效能监察，有利于遏止腐败行为，推动经济建设发展，促进政令畅通。效能监察需要涵盖行政管理的三个层次，即行政决策过程、行政执行过程、行政实施过程进行监察。[④] 二是官员也成为活跃的研究主体，对行政监察实践中出现的问题进行了专业探讨。作为其中的代表，张玲和张忠诚认为应该实行监审合一的监察模式，可合并监察机关与审计机关，组建监审合一的行政监察机构。

与上一个时期相比，这个时期研究行政监察的视角发生了转移，从法律角度研究的论文有所减少，从政治学和行政管理学研究的论文有了很大提高，不过大多数研究的同质化程度较高，学术规范性不强。

---

① 伍劲松：《我国行政监察制度之缺失与完善》，《学术论坛》2001年第6期。
② 安嫒嫒：《试论引入议会行政监察专员制度对我国的现实意义》，《人大研究》2004年第12期。
③ 何勇：《努力做好效能监察工作》，《中国监察》2000年第3期。
④ 王凯伟：《论行政监察中的效能监察》，《湘潭大学社会科学学报》2002年第3期。

3. 2010—2013 年行政监察制度的深化改革研究

2010 年 10 月，修改后的《行政监察法》被付诸实施，从法律的角度明确了对派出机构实行统一管理，这被视为其中的主要亮点。陈宏彩认为，《行政监察法》明确规定派出机构对监察机关负责，不再实行双重领导体制，这是基于历史和现实的理性选择。为了使这一改革取得预期成效，还必须在问责、经费、人事和权力等方面建立配套的保障性制度。[①]针对《行政监察法》的修改，王建华从提高完善监察建议制度的认识、明确监察建议所涉各方的法律关系、落实监察建议适用的范围情形等方面，他提出了进一步完善行政监察建议制度的思路。[②]

本阶段的行政监察研究较为平淡，研究同质化现象仍然很严重，行政监察的细化研究缺乏，这可能与考察的时间较短有关联。

三　我国行政监察研究的反思

本章的数据显示行政监察研究的整体状况与这种判断是相吻合的，或许还表现得更加突出。经过 30 年的学术积累，行政监察研究既展现了令人乐观的一方面，在监察的必要性、独立性等方面达成了基本共识，又存在不少让人忧虑和值得反思的地方。纵览与立法监督、司法监督甚至党内监督相关的文献，不难发现行政监察研究的广度与深度都无法与之相比，构成行政监察主要内容的廉政监察、效能监察和执法监察等往往渗透在腐败治理、政府绩效管理和行政执法等研究之中。

1. 缺乏问题意识

如果说在行政监察研究的早期还有明确的问题意识，即阐释"为什么要重建行政监察制度"以及"如何重建行政监察制度"，那么，这一问题意识在随后的研究中逐渐淡化甚至难以寻觅。行政监察研究问题的缺失并不表明目前的研究已经穷尽了所有的行政监察问题，恰恰相反，问题意

[①] 陈宏彩：《派出机构对监察机关负责：行政监察体制改革的重大突破》，《中共天津市委党校学报》2010 年第 5 期。

[②] 王建华：《论行政监察建议制度的完善》，《四川行政学院学报》2011 年第 3 期。

识的缺乏在很大程度上是与行政监察研究的指向相关联的，因为问题的感知、判断和阐释离不开研究者对监察过程的感知、探索甚至实践。我们的研究者却通常隔离于"真实的世界"之外。这或许与行政监察工作具有较强的保密性等有关，但无论如何都使得我们难以敏锐地建立问题意识及其系统处置路径。

2. 知识增长缓慢

首先，行政监察研究缺乏累积性，全部论文样本都没有进行文献综述或理论对话，一些文献虽然引用了前人的研究，并缺乏批判性的审视，没有考虑其研究与早期或同期研究之间的学术关联。这表现在行政监察研究成果中充斥着大量重复性研究，研究主题高度集中，研究方法单一，研究贡献呈现出边际效应递减。例如，早在行政监察制度的重建阶段，就有研究者提出要重视和保障行政监察的独立性，至今却仍然没有跨越"独立性"问题的识别阶段。其次，行政监察研究知识增长缓慢还表现为缺乏固定的研究主体，论文样本中很少有研究者是持续的代表，只有两位研究者在行政监察研究领域发表了3篇以上文章。研究者在不同研究领域研究或不同研究主题中不断游离，缺乏深入和持续的学术努力，似乎也是我国当前行政监察研究的缩影。

3. 研究质量低下

文献分析表明，行政监察研究基本没有遵循实证研究、诠释研究和批判研究各自的研究方法，在研究质量上都存在着严重问题，未能较快地高效地促进知识的增长。在全部研究文献中，不仅实证取向的研究基本为空白，而且非实证取向的研究也并没有遵循诠释研究和批判研究的基本方法。因此，监察研究以后宜关注观察法、实验法、访谈法、大数据分析、比较分析、量化分析的有效运用。

参考文献

［1］陈国权：《行政监察领导体制研究》，《浙江大学学报》1991年第4期。

［2］李景平等：《中外行政监察制度比较及其启示》，《西安交通大学

学报》（社会科学版）2008年第4期。

［3］张玲、张忠诚：《监审合一的行政监察机构设置模式研究》，《天津市政法管理干部学院学报》2000年第1期。

［4］陈宏彩：《派出机构对监察机关负责》，《中共天津市委党校学报》2010年第5期。

［5］陈诚、徐迪：《行政监察传统认识偏差之修正》，《电子科技大学学报》（社会科学版）2010年第3期。

［6］李辉：《当代中国腐败治理策略中的"清理"行动：以H市纪检监察机构为个案（1981—2004）》，《公共行政评论》2010年第2期。

第三章　监察理论和实践问题研究设计简介

一　选题的背景

1. 服务政府、责任政府、法治政府、廉洁政府建设对监察体制机制提出了防腐保廉促效能的更高要求

进入21世纪以来，随着中国经济建设、政治建设、文化建设、社会建设、生态文明建设的全面推进，工业化、信息化、城镇化、市场化深入发展，政府管理开始由"全能政府"向"法治政府""服务型政府"转型，全社会对政府在经济调控、市场监管、社会管理、公共服务和环境保护中的决策与执行边界要求的勤政与廉洁要求、绩效要求等也空前高涨。此氛围中，尽管制度规定和勤廉教育方面中央政府和地方政府都注重了反腐保廉中建立健全"教育、制度、监督并重的惩治和预防腐败体系"，注重了对县（处）级以上党政领导干部的监督检查和问责，但我们还是经常看到公职人员运用权力（尤其是运用经济管理权力）时"翻船""落马"演绎的权力腐蚀律情况。这些情况的发生，显示出公权力运作中有一个权力监督体系存在与运作，也让人感到政府治理体系和制度运行中因地缘政治、利益偏好、政治文化的某些狭隘，以及政治权力运作中执权者趋利避害的人性的弱弊和"官僚制"的局限等而发生若干地方主义的偏差、权力的异化和执权者自律与他律方面的失范，导致出现若干权力监控中的空监、弱监和虚监的尴尬或无奈。当代公共权力的正确行使在不断发展的社会主义市场经济、民主政治、行政改革环境中经受着种种考验与挑战，监察显得比以往任何时候更加紧迫，成为中国在治国理政现代化过程中必须下大力气彻底从体制机制上解决的问题。毛泽东、邓小平、江泽民、胡锦涛、习近平都强调干部特别是领导干部要树立正确的权力观,强调要加强干部监督和重视行政监察。

2.《行政监察法》修改与实施后监察领域的若干难题依然待解

运行十三年的《行政监察法》为中国的监察制度带来了深远的影响,但实践中暴露出来的问题同样不可避免。2010年中国首次修改的《行政监察法》对行政监察的对象、方式、程序以及监察机关的职责等进行了充实完善,进一步健全了监察制度。这个修正案将制度求变和经验留存两种修法思路交织其中,是这些年有成效的行政监察制度的总结。在我们看来,大部制改革后所形成的权力运作体系,给监察工作的体制、机制、方式、内容等都带来了一些新挑战与机遇,监察领域的若干难题依然待解;《行政监察法》还要逐步修订,要有配套细则以及地方上的实施办法以臻完善。比如,虽然新法规定了外派监察人员的统一管理制度与交流制度,但其财政权却仍然由监察对象单位负责;又如,外派监察人员的工资待遇差别仍存在一些福利差别;再如,监察权的范围、效力上应该有更加细化的规定;此外,在多重监督关系中递进关系也需要处理好,将监察部门整合也很有必要。

3. 监察工作需回应"四大危险",推进监督监察的理论和实践创新

胡锦涛在庆祝建党90周年大会发表讲话中强调:"在世情、国情、党情发生深刻变化的新形势下,提高党的领导水平和执政水平、提高拒腐防变和抵御风险能力,加强党的执政能力建设和先进性建设,面临许多前所未有的新情况新问题新挑战,执政考验、改革开放考验、市场经济考验、外部环境考验是长期的、复杂的、严峻的。精神懈怠的危险,能力不足的危险,脱离群众的危险,消极腐败的危险,更加尖锐地摆在全党面前,落实党要管党、从严治党的任务比以往任何时候都更为繁重、更为紧迫。"行政监察在改革开放中恢复以来,就一直在党和国家领导人指示下与时俱进,改革创新。江泽民曾在中纪委全会上要求纪委监察工作的思想方法和思想观念、工作方法和工作方法、人员素质和工作作风都要与时俱进。胡锦涛曾在中纪委全会上指出要深入研究反腐倡廉的重大理论和实践问题,实现反腐倡廉实践创新、理论创新、制度创新的有机统一。修改后的《行政监察法》(2010年)实施以来,进一步明确并适当扩大了监察对象范围，完善了监察制度建设中的举报制度、监察职责、监察权限与程序。在依法监察过程中，仍有必要以改革创新精神分析新问题、树立新观念、创新体制机制和方式方法，按照习近平强调的那样整合、协同和提升监察功效，既要"把权力关进制度笼子"，又要打"老虎"和拍"苍蝇"，遏制和预防腐败现象。

二　选题的理论意义与实践功效

1. 选题的理论意义

（1）学理提炼。解析现代国家形成与发展中的权力结构及其组织形式、运行逻辑和激励机制等，学术界常提及权力双面性：积极方面，权力的公共性、等级性、整合性、工具性、有限性等，确保了权力能够维护公共秩序，实现社会民众的公共利益；消极方面，权力的扩张性、干预性、支配性、诱惑性、腐蚀性等，又使不受制约和监督的权力极易蜕变为少数专断者谋取私利、损害公益的工具。面对之，西方现当代政治理论、公共管理理论中吸取了亚里士多德、洛克、孟德斯鸠、密尔、休谟、杰弗逊、麦迪逊、西蒙、诺斯、布坎兰、达尔、哈贝马斯等的观点或学说，含"权力有膨胀和腐败的趋势""绝对权力导致绝对腐败""好的人性假设导致坏的制度安排，坏的人性假设导致好的制度安排"[①]"无赖（或非天使）原则""委托—代理论""政治多元论""分权制衡论""制度博弈论""公共选择论""政府俘获论""有限政府论""多元民主论""协商民主论""社会资本论""法治政府论"等，虽常有争议，但都反映或显示了政治文明发展中人们对公权力行使中责权利均衡与冲突的高度警惕和积极防范意识。中国行政体制中运行的监察，既不同于中国古代传统的监察，也不同于苏联模式的监察和西方国家的监察，而是在马列主义监察理论指导下借鉴古今中外监察经验建立起来的行政监察，经历了创立、发展、改革与创新等阶段。因此，需不断在改革创新的同时提炼其理论主旨和总结其成功经验。

---

① 西方思想史上，涉及人性假设的政治假设主要可分为"善""恶"两类，经济假设主要是基于对亚当·斯密古典经济学解读的"自律"与"互助"社会管理假设主要是"复杂人"等。

（2）问题探讨。公共权力的有效运行，一是必须体现当代代议制民主运作中主权者的意志，在充分保障公民选举权的同时，让权力合理分解且不过分集中，并让主权者充分参与、协商和制约，由"无限"政府走向"有限"和"有为"的政府。二是必须依法科学地行使职责权力，部门之间、机构之间、人员之间应合理分工，协调配合，运行有序有效，形成决策、执行、监督三分且协同的体系和机制，界定政府职能，规范行政程序，实行政务公开，强化问责，以便体现公共服务精神，减少官僚体制中部门与官僚的冷漠、越权、滥权等弊政和怠政现象，由"管制"行政走向"服务"行政，由"人治"行政走向"法治"行政。三是必须对公职人员进行科学管理，促使其恪尽职守，抑制其个人利益最大化的冲动与追求，防范并抵御公权力的威严因人为因素引起的零效应和负效应，避免权权交易、权钱交易、权情交易、权色交易和权力滥用，防止"上有政策，下有对策"，纠正权力运行的偏差，放大权力的公益性，克服政府自利性和"预算最大化"倾向，努力做到公开、公正和公平，提高效能，由部门行政走向公共治理。要做到这三点，显然必须对政府及其公务员、公职人员的职业行为是否合法（遵循宪法、法律、法规、规章和条例）、合理（恪守行政规律、准则、原则、惯例和道德）和有效（有效运行）的状况予以审查、检查、督促和矫治。如何直面当代国家治理状况来总结监督监察的经验教训，总结反腐倡廉建设创新成果，在法治基础上按照民主与法治的要求来从系统科学视域下探讨监督监察的运作及其政治生态，就成了一个具有重大理论意义和实践价值的课题。我们试图从系统科学视阈洞悉监察的实际状况，探讨监察中的理论流变、马克思主义监察理论的中国化等理论问题，探讨监察主体权能、监督内容、监督方式、监督功效，监察协同、监察技术支持保障等方面的实践问题，或会"见一叶而知秋"，既可以多多少少解决些监察的理论疑惑与实践难题，进而从监察的角度来提示政府机关如何加强行政能力建设和提高治理水平，增强其合法性和公信力，又可以在学术上有效地充实公权力监察研究的多个薄弱环节。

2. 选题的实践功效

基于上述背景和意义的阐释，我们认为，开展对当前中国监察重大理论和实践问题的探讨，有下述功效：

（1）回应危机。我国目前正处于社会全面转型时期、小康社会建设攻坚阶段。此情况下，矛盾多发，新情况新问题层出不穷，监察直面治国理政的"四大危机""四大考验"。开展此项研究，正逢其时，可以有效及时地回应时代对监察的召唤。

（2）推动变革。自中共十七大以来，行政管理体制以"大部制"为标志已有了较系统的改革，监察在中央和地方都有了若干理论与实践方面的创新。在现行体制中总结、探索监察的理论与实践问题，正确地把握问题，科学地剖析问题，系统地提出可行性举措，必将有力推动我国行政监察的理论创新和实践变革。

三　国内外研究现状述评

国际上，监察往往因政治体制、政治文化及民族特征而异。多数国家的监察寓于权力制约监督之中。专设行政监察机构的国家并不多，主要是日、韩等。国内，自1987年行政监察恢复以来，大体上也是将其融于纪检、反腐等社会主义监督体制之中。因此，我们的检索和前期研究显示，监察专门研究的理论底蕴尚显不足、监察的实践研究尚显滞后。鉴于此，我们认为，相关的研究主要反映在以下五个方面。现简要述评如下：

1. 监察制度史研究

除了历代监察的律令、纲纪、官制和惯例外，清时流传的汪龙庄撰的《学治臆说》和《佐治药言》，方汝谦撰的《宝鉴洗冤录》、沈辛田撰的《刑钱指掌》、黄六鸿撰的《福惠全书》、程际盛撰的《州县须知》、刚毅撰的《牧令须知》，万枫江撰的《幕学举要》以及王荫庭撰的《办案要略》《刑钱必览》和《钱谷备要》等历代官箴文化及州县官的为政"治谱"，甚至包括《红楼梦》《官场现形记》等小说或野史笔记，为我们研究古代监察提供了丰富的素材。在现当代学术专著中，有徐式主著的《中国监察史略》（1937年），孙伯南著的《中国监察制度研究》（1982年），邓德龙编著的《中国历代官制（上、下）》（1990年），皮纯协等著的《中外监察制度简史》（1991年），邱永明著的《中国监察制度史》（1992年），关文发等著的《中国监察制度研究》（1998年），李小树著的《秦汉魏晋南北朝监察史纲》（2000年），卜宪群著的《秦汉官僚制度》

（2002年），胡宝华著的《唐代监察制度研究》（2005），胡沧泽著的《唐代御史制度研究》（1993年），柏桦著的《明清州县官群体》（2003年），贾玉英等著的《中国古代监察制度发展史》（2004年），郭建著的《师爷当家》（2004年），以及方宝璋著的《宋代财政监督研究》（1991年），张微著的《明代的监控体制》（1993年），徐炳宪著的《清代知县职掌之研究》（1974年），何增光著的《民国监督制度》（浙江大学博士学位论文，2004年），余华青主编的《中国廉政制度史论》（2007年），周天著的《中国历代廉政监督制度史》（2007年），孙季萍等著的《中国传统官僚政治中的权力制约机制》（2010年），也为我们开展监察研究提供了若干素材和启示。此外，国内外直接涉及中国古代政制的学术论文或论著，围绕着职官管理制度（含职权范围、选拔任免、等级、考核、奖惩、章服、待遇、退休抚恤）等的制度文本规定，从行政、财政、官僚、司法、荒政、教化等不同角度探讨官僚体制及其运作激励保障机制，对我们来说，既能获得素材开阔视野，又能获得某些方法论的启示。

这方面的成果，大多以监察制度（含御史、巡察、廉政、考核、督察等）的历史发展为主线，综合性地或专题性地分析、整理、描述并探讨了自秦汉以来中国古代反贪污、滥权、控权等的源流、理论基础、生存环境、运作机制、发展轨迹、成败得失和法制优劣等。其中，有不少方面涉及反腐败运行机制及其功效，探究和阐释了我国历史上反腐倡廉的主要机制和措施，如：科举考试选拔官员、官员任职回避与轮换、官员在位多重监察（言谏、纠弹、巡察、述职、举报、奖廉、惩贪等）、官员廉洁教育与激励（警示教育、严惩贪贿、养廉银、告老还乡妥善安置养老等）；揭示了封建皇权专制体制中制约和监督权力运行的"开始重视，中期疏忽，后期放任"的"兴衰周期律"。但总体来看，从制度入手研究反腐败与权力制约监督的多，从政治文化和行政生态的角度研究反腐败与权力制约监督实际运行的少。

2. 监察制度比较研究

监察制度的比较，主要散见于一些制度比较分析的著作和论文中。较为集中开展的比较研究，可以数出陶百川著的《比较监察制度》（1978年）和刘明波主编的《国外行政监察理论与实践》（1990年）。前者结合我国台湾地区监察制中的若干监察权进行了中外比较，后者则介绍了若干国家颇具特色的监察制度。其后，我们可见石俊超等著的《比较监察制度》（1993年）、陈国权主编的《比较行政监督导论》（1993年）、王名扬著的《英国行政法》（1987年）、《法国行政法》（1988年）、《美国行政法（上、下）》（1995年），胡建淼著的《比较行政法——20国行政法评述》（1998年）、张正钊等主编的《比较行政法》（1998年）、俞可平主编的《当代各国政治体制丛书》（1998年），侯志山编著的《外国行政监督制度与著名反腐机构》（2003年），尤光付著的《中外监督制度比较》（2003、2008年）等，也对监察制度开展了有较高学术价值的比较研究。张杰的研究（《科学治理腐败论》，2012年）认为，当前国际上防控权力腐败的趋势是：高度重视腐败的生发、蔓延领域和途径等问题；着力建构贪贿犯罪预防机制（含法制、政策的改善、公务员制度改革、专门预防机构、社会参与、权力制约与监督、透明等）；编制严密的惩治贪贿犯罪的刑事定罪与执法机制、诉讼规则和处罚措施；构建反腐倡廉、打击腐败犯罪的协同机制和国际合作（含司法合作、执法合作、培训合作、援助和信息交流）；在防治、惩处腐败的法治方面，用定义式、列举式界定了腐败的含义和要素，严格规定了公务员廉洁从政准则，明确了预防、调查、惩处措施，设立了防治机构，确立了责任与追责形式等。

这方面的成果，在梳理和综述的基础上，或强或弱地采用比较分析方法系统探讨了监察的理论、主体、权责、程序和方式等的"同中之异"和"异中之同"，并试图从其规范分析和实证分析中探寻出一些国家权力监督制约的共同特征和变革启示。它们为监察研究提供了若干比较分析的典型材料、学术观点和分析方法。但是，这些比较研究的著作、论文，某些方面的比较视角和方法值得商榷。

3. 监察总体探讨与专题研究

现当代中国监察体系的总体探讨，近年来有若干论文和论著发表。这方面的著述，较有特色者当数周继中主编的《中国行政监察》（1989年）、蔡定剑著的《国家监督制度》（1991年）、陈哲夫主编的《监察与监督》（1994年）、尤光付著的《行政监督理论与方式》（1997年）、王勇飞著的《中国行政监督机制》（1998年）、朱光磊著的《当代中国政府过程》（修订版）（2002年）、张立荣著的《论中国特色的社会主义行政制度》（2003年）、左连壁著的《中国监察制度研究》（2004年）、杨曙光等著的《行政执法监督的原理与规程研究》（2009年）、杜兴洋主编的《行政监察学》（2008年）、邓频声等著的《中国特色社会主义权力监督体系研究》（2010年）、阎德民著的《中国特色权力制约和监督机制构建》（2011年）、王世谊等著的《权力腐败与权力制约问题研究》（2011年）、魏宏著的《权力论：权力制约与监督法律制度研究》（2011年）、刘俊杰著的《当代中国权力制衡结构研究》（2012年），以及若干专题研究报告和任建明、李成言、林喆、陈国权、蔡宝刚等众多学者发表的学术论文。

这方面的成果，将中国情境与国际视野结合起来，以马克思主义监察理论为指导，阐释了监察的理论基础，论述了人大监督、纪检监察、司法监督、审计监督、社会监督、舆论监督等的职责权限、监督规则、监督路径、监督手段、监督标准、监督程序、监督绩效和经验教训等，进而从政府监察的内外层面和监察主体的权能两个视角切入来探讨了科学构建中国特色的监察体系及其运作机制的若干问题与对策，既重视理论阐释和实证分析，又尝试量化分析，不仅对当代中国权力制约监督的现状予以关注，而且试图借鉴西方的"有限政府"理论、"治理"理论、政府行为"决策—输出"理论、"委托—代理"理论等予以解读，带有一定的拓展性，让我们看到了权力制约监督背景下监督监察的广泛内容和生机勃勃的成长空间，看到了制约权力的多维度架构及其不足。[①] 但同时，也给人留下某些遗憾：一是理论阐释颇泛，彰显出权力制约监督尚有若干理论与实践问题待科学分析、把握和解决。二是案例选择与分析尚简，彰显出现有研究中本土化研究不充分、缺乏理论支撑的系统性、缺乏对问题的深入剖析。三是没有形成较为统一的方法、问题与范式，其规范分析过浓，实证分析欠缺，难免有些空泛之言（讲制约时多重视西方国家；讲监督时侧重国内的若干监督架构改进；讲机制时大多轻描淡写），且未具体论及权力制约监督体系运作中的惩戒、预防、保障等机制（尽管有的著述有所

---

① 参见喻中《权力制约的中国》（法律出版社2013年版）、何增科《腐败防治与治理改革》（吉林人民出版社2009年版）、刘金国《权力腐败的法律制约》（《中国法学》2000年第1期）、缪青《反腐治本之道：制度推进、参与氛围和常态化反腐路径》（《廉政文化研究》2011年第2期）和蔡宝刚《认真对待权力制约权力机制的反腐缺漏》（《理论与改革》2016年第6期）。

提及)。

4. 反腐倡廉建设研究

总体来看，截至 2015 年年底的公开文献，反腐倡廉建设方面的研究主要可以归纳为四大方面：

(1) 腐败的复杂成因及相关的遏制、防范等系统治理的研究。这方面比较有见地有影响的优秀研究成果主要是：金维新著《反腐败论析》(1996 年)，分析了腐败的七大表症，探讨了腐败的成因，简介了国外反腐败体制理论设计。黄百炼著《遏制腐败》(1997 年)，简评了世界各国和地区惩治腐败的制度和程序。倪星等人撰《中国腐败现状测量与腐败后果的估算》(《江汉论坛》2003 年第 10 期)，尝试着对当时的数据进行客观测量和主观测量，并在此基础上根据官方数据、腐败黑数、破案率、各类租金的规模等估算了腐败引起的经济损失。孟祥馨等著《权力授予和权力制约》(2005 年)，提出构建职务权力标准制度、职务权力运作制度、权力的工薪保障制度(如廉政公积金)等制度。过勇著《经济转型、制度与腐败》(2007 年)，对腐败的特点、类型、变化趋势进行了比较分析和实证分析。中纪委、中央党校组织编写的《新时期领导干部反腐倡廉教程》(2007 年)，根据中共中央颁布的《建立健全教育、制度、监督并重的惩治和预防腐败体系实施纲要》的内容，总结了这之前相关的学术成果，阐释了反腐倡廉的理论、模式和中外反腐倡廉法制实践和长效措施。张法连主编《预防腐败势在必行：国内外预防腐败问题研究》(2008 年)，探讨了美、德、法等国预防腐败的策略。王一江撰《影响腐败程度的权力和因素》(《经济科学》2008 年第 2 期)，搜集了 130 个腐败官员案例，采用计量回归的方法分析影响腐败金额的微观因素，发现官员的教育水平和级别是影响腐败金额的显著变量。罗忠敏主编《腐败成因与防治对策——北京市典型案例分析》(2008 年)，在总体分析基础上，重点分析了局级领导干部、基层单位、国企、高校的腐败现象的表现与成因。李光明等著《权力监督与廉政法律制度建设研究》(2009 年)，分析了社会转型期权力主体腐败演变的心理、行为特点和根源，分析了监督体制存在的不足，提出要从源头上构建长效的完善的防治腐败的廉政法治体系。周琪等著《美国的政治腐败与反腐败》(2009 年)，通过若干美国政治过程中的事件、个案分析，探讨了美国反腐败中的监督、法制等诸方面的制约措施。柳晞春著《行业腐败犯罪的状况分析与防治》（2010年），对金融、国企、建筑、交通、医卫、海关、税收、工商、司法、农村基层组织等领域的职务犯罪状况及其防治措施进行了分析。李红权撰的《腐败的发生机理及腐败风险的预警》（《学理论》2010年第18期），指出制度缺陷是腐败发生的客观条件，腐败动机和成本分析是腐败发生的决定性因素。预防腐败的重点是能够发现腐败的苗头，把握腐败的发展趋势，构建防范、发现和预警机制。孙国祥等著《反腐败国际公约与贪污贿赂犯罪立法研究》（2011年），比照公约要求，从立法学、刑法学角度探讨了贪污受贿立法中的数额规定、共犯认定、利用影响力受贿、巨额资产来源不明罪等问题。王雪著《国有企业惩治和预防腐败体系评价实务》（2011年），以惩防体系的评价考核为切入点，构建了惩防体系建设的系统模型，把质量管理、绩效管理等引入惩防体系建设的全过程。胡杨主编的《反腐败导论》（2012年），分析了腐败的危害，评述了反腐的理论依据（主要包括委托—代理理论，寻租论，治理论，制度预防论等），概述了反腐战略，探讨了廉政教育、权力监督、国际合作等途径和方式。林喆著《权力腐败与权力制约》（第二版）（2012年），探讨了权力的本质、权力的分化、权力的交换、权力的腐败、腐败的领域、腐败的形式及其根源，论述了反腐的基本模式（重法促廉、低薪清廉、高薪养廉、以法导廉），评述了廉政建设的若干问题。李抒望撰《腐败与反腐的文化维度》（《青岛日报》2012年3月31日），认为要高度重视转型期腐败文化的蔓延问题，腐败文化会导致"笑贫不笑娼，恨腐又羡贪"的可怕现象。阎德民等著《论"期权腐败"及其治理》（2012年），探讨了关于惩治"期权受贿"犯罪的立法问题。陈刚、李数、尹希果（2008年）以1998—2006年省级面板数据为样本实验检验了腐败对经济增长的总体效应，及其对经济增长各个源泉的影响。陈郎平、赵丽（2009年）利用1991—2006年我国部分省市的面板数据对腐败的决定因素进行了研究。高远（2010年）利用1988年间中国各省详细的反腐败信息和省级FDI的面板数据，系统考察了这20年来反腐败努力在多大程度上吸引FDI来中国投资。朱军（2012年）基于省级政府的面板数据采用联立方程模型的两个阶段最小二乘法方法研究了腐败问题、经济开放、现代化对地方政府公共支出结构的影响。万广华、吴一平（2012年）创建了一个基于回归方程的分析框架，并将其运用于中国1989—2006年的跨省份面板数据，分析了影响中国腐败变化的原因，强调了制度建设与反腐败成效的关系。此外，一些学者探讨了治理腐败宜重视上海的"制度+科技"的经验，认为"制度+科技"的刚性约束，着力解决了制度的执行力问题；"制度+科技"的公开透明，着力解决了信息不对称、"暗箱操作"问题；"制度+科技"的标准化管理，着力解决了自由裁量权过大的问题；"制度+科技"的动态监控，着力解决了全方位监督问题。苏进军撰《对贪污受贿犯的心理特征分析及矫正对策》（2002年）中，以广东某监狱随机抽样的75名贪官为调查对象，通过艾森克EPQ问卷和气质测量表等，分析了这75名腐败人员的心理特征。丁锦宏撰《30名贪污受贿人员心理蜕变过程的质性研究》（2010年）中，以30个贪官案件为研究对象，利用Nvivo8.0质性分析工具，对腐败心理状态进行了研究。叶景山撰《腐败现象的心理分析》（2003年）、侯卫国撰《公务员心理分析》（2003年）、苏荣芳撰《腐败的心理成因分析》（2005年）、李迎春撰《公务员腐败心理分析》（2007年）、胡成国撰《党政官员腐败心理分析》（2007年）、姜丽钧和杨亚清撰《从犯罪心理学视角分析腐败行为发生的根源》（2009年）、陆威撰《"贪腐瘾君子"的六种犯罪心理》（2011年）、徐钰洁撰《贪污贿赂的心理分析》（2011年）、邱章铭撰的《腐败产生的文化心理分析》（2011年）等，主要以贪官心理的变化来剖析堕落腐化的过程，重点剖析了侥幸心理、失衡心理、攀比心理、从众心理、贪婪心理、权势心理、享乐心理和拜金心理八种贪腐心理类型；以定性的研究分析了他们在面对诱惑、迈向错误之时的心理轨迹，以及他们世界观、人生观、价值观、从政道德观等的演变、堕落过程。

（2）反腐倡廉机制探讨。机制构建的探讨，学界主要是结合国外的经验和国内各地的试点来开展的：①机制理论阐释模型探讨。主要有黄志强撰《公共管理领域监察合谋防范机制》（《中国管理科学》2006年第3期），通过一个"政府/监察者/企业"三层代理模型表明，事前的低成本、高效率惩罚机制对合谋防范合约的效率非常重要；纯粹依赖于支付防范合谋激励报酬的合约安排难有效率，而纯粹依赖惩罚防范合谋的合约安排也只是在某些条件下有效率。②机制构建的借鉴与实践经验总结。主要有：黄百炼、杨小云撰《西方国家预防腐败的程序和制度评析》（《政治学研究》1996年第4期），评述了官吏选任制、公务员制、程序制、财产申报制、金融实名制、限制兼职制和限制"金钱政治"制等。李秀峰主编的《廉政体系的国际比较》(2007年),评述了美国、英国、瑞士、日本、韩国、新加坡、中国香港的廉政体系。何增科撰的《建构现代国家廉政制度体系:中国的反腐败与权力监督》(《广州大学学报》2011年第1期),在评述改革开放以来中国的反腐败基础上,认为中国建立了国家廉政制度体系的各项机构性支柱,明确了各个机构行动者的地位和作用,健全了一些机构行动者正常运转时需要的核心规则;反腐倡廉教育和廉政文化建设提高了公众和公职人员崇尚廉洁反对腐败的意识,为国家廉政体系打下了良好的基础。但总体来看,反腐败成效的有限性与我国目前的国家廉政制度体系在监督和制约权力、预防和惩治腐败方面的有效性严重不足密切相关。刘杰等著的《中国廉政建设路径分析》(2012年),提出了廉政建设的六大路径,即价值路径、政党路径、制度路径、司法路径、社会路径、心理路径和科技路径。邵景均撰《改革开放以来反腐倡廉制度建设取得的成果》(2010年),认为改革开放以来反腐倡廉制度建设取得的成果主要有:规范领导干部廉洁从政行为的法规制度日趋完善;党员权利保障制度更加健全;违纪违法行为惩戒制度渐成体系;对党员领导干部进行监督制约的法规制度取得重要进展;规范反腐败领导体制和工作机制的法规制度进一步健全。③具体机制的探讨。主要有:刘克权撰的《加强廉政文化建设,构建惩防腐败体系》(《冶金企业文化》2007年第6期),提出构建惩防体系应该做到抓教育,使人不想腐败;抓制度,使人不能腐败;抓监督,使人不愿腐败;抓改革,使人不便腐败。周亚越著《行政问责制研究》(2008年),比较分析了中西行政问责制的设计、内容、运作、案例和文化差异等。李大林撰《发达国家公务员保障》(《甘肃社会科学》2008年第6期),通过比较分析,认为发达国家公务员的保障机制中有齐全的工资福利制度、完善的社会保障制度、法制化身份保障系统、规范的申诉控告保障和培训激励制度化,而我国公务员社会保障体制机制和内容等不健全、培训激励绩效不明显,故要改革公务员薪酬、健全公务员社保、加强公务员培训、充实公务员权力救济机制。曾志刚等撰《以尊重党员主体地位和保障党员民主权利促进反腐倡廉建设》(《学习论坛2008年第10期》),认为尊重党员主体地位和保障党员民主权利在惩治和预防腐败中具有基础性保障作用。必须加强以党章为核心的党员民主权利教育,增强全体党员的权利意识;必须大力推进党务公开,增强党组织工作的透明度,落实好党员的知情权;必须保障党员的选举权和被选举权，理顺和纠正权力授受关系；必须保障党员的参与权、建议权、表决权、批评权、检举权等。应松年主编《公务员法》（2010年），在第三、四、五章探讨了公务员素质保障与更新机制、激励机制和监察机制（含权利义务、惩戒、回避、申诉、控告、法律责任等）。金太军等著《政治文明建设与权力监督机制研究》（2010年），着力探讨了当代中国结构机制和政治文明视野下的权力监督体制及其改进。苗伟东撰《完善党员权利保障机制问题探讨》（《理论导刊》2010年第10期），认为党员权利保障机制是一个系统的工程，由一系列相互影响、相互制约、相互依存的制度构成，主要包括党内选举制、党代会制、党内监督和党员权利救济制等。秦馨著《新时期廉政文化建设论》（2011年），阐述了廉政文化建设的基本内容和防腐功能。刘娅著《转型期政治：机制的突破与困扰——以深圳为例的实证研究》（2011年），探讨了深圳反腐倡廉的创新试验。倪星著《惩治与预防腐败体系的评价机制研究》（2012年），从"机会—意愿—行为"的腐败滋生逻辑和"投入—过程—产生—影响"的绩效评估维度出发，构建了一套包括腐败控制指数和腐败感觉指数在内的、主客观相结合的惩防腐败评价指标体系。高祖林等著《权力公开透明运行与常熟实践》（2012年），从常熟市的做法和经验出发，探讨了权力主体职权的界定、权力运行程序的规范与公开。杨金卫《网络：一种新的反腐利器》（2012年），在论及网络反腐的同时，提出健全反腐倡廉机制，有必要建立健全腐败风险防控机制、权利公开透明运行机制、预防腐败奖惩机制、有效揭露腐败行为的惩处机制、反腐倡廉建设绩效考核和责任追究机制。2015年，倪星等撰《中国特色廉政体系的理论框架与研究方向》（《中国共产党》2015年第12期）一文，认为中国特色廉政体系宜分为价值理念、主体结构、体制机制、方法策略、评价调适5个维度，研究重点应包括中国廉政建设的历史规律、借鉴境外经验与教训、构建中国特色廉政理论、探索反腐败战略与策略等。

（3）职务犯罪防治与惩戒的研究。职务犯罪防惩的研究直接涉及权力运作的惩戒机制。这方面的研究涉时较长。樊凤林、宋涛主编《职务犯罪的法律对策及治理》（1994年），探讨了职务犯罪的特点、构成、原因、惩治的司法对策和监督措施。林喆等主编《腐败犯罪学研究》（2002年），探讨了中国社会转型时期腐败犯罪增生的多方面原因、惩治的难点和对策。朱兴有著《预防职务犯罪问题研究》（2004年），第五章中论及了中国历史上预防与惩治官吏犯罪的思想和措施；第六章论述了世界上一些国家职务犯罪预防的立法状况和主要法治措施，并重点探讨了职务犯罪预防机制。刘家琛主编《职务犯罪惩治法律分解适用集成》（2005年版），以我国刑法中关于职务犯罪的规定及其配套法规和相关司法解释为经，以相关法律法规的具体条文为纬，循法条之间逻辑联系，分解组合成若干法律问题和法规操作规范，既集成了职务犯罪各罪名的认定标准，又概括了职务犯罪的刑罚及其适用，还总结了职务犯罪的预防措施（一般规定、廉政准则、政务公开、职务管理、监督制约、责任追究、党纪党规）和惩治职务犯罪的程序性规定（含举报、立案侦查、涉案物品的处置、协作与配合）。于涛著《我国十大职务犯罪防控理论与实践》（2008年）和杨晞著《行业腐败犯罪的状况分析与防治》（2010年），论及了我国职务犯罪预防现象的历史变迁、当代的预防体系建设和党政机关、司法部门、国企、金融等十大部门（行业）职务犯罪现象的特征和预防对策。王璋编著《权·钱·色——三权交易轨迹与防控探究》（2011年），论述了权权交易、权钱交易、权色交易的背景及其变化轨迹、表现特征和社会危害，并结合各地的实践探讨了防控策略。王雪著《国有企业惩治和预防腐败体系评价实务》（2011年），以惩防体系的评价考核为切入点，构建了国企惩防腐败体系的系统模型。李翔著《反腐败法律体系构建的中国路径研究》（2013），探讨了反腐败的语境，反腐败法律完善的议程和构想，主张制定国家廉政法。

（4）反腐败领导体制和工作机制研究。从目前的学术文献看，1998年，张锦贤在《江南论坛》就中共十五大提出的要求发表了《反腐败领导体制和工作机制刍议》。2001年，容青在《广西社会科学》上发表《关于创新、完善反腐败领导体制和工作机制的若干思考》，论及了相应的五大原则和解决五大问题的相关机制。任建明主编《反腐败制度与创新》（2012年），借鉴"透明国际"的思路与方法，提出反腐败制度主要包括十四项，即民主、法治、权力监督、市场经济体制、廉洁文化、政府信息公开、公务员制、公共财政与预算、利益冲突、财产申报、政府采购、反腐败机构与体制、惩治制度、反腐败国际合作。这其中，若干制度都是预防性的。在该书第十二章"反腐败机构与体制"的第三节和该学者发表于2010年的《我国未来反腐败制度改革的关键》中，分析了我国反腐败体制的架构存在的不足，并在此基础上提出了完善之策：在反腐败机构内部进行垂直化改革；整合现有的反腐败机构；通过体制改革和立法对反腐败机构进行充分授权；完善反腐败机构的内部和外部制约机制。李永忠在《人民论坛》上发表《十八大后制度反腐展望》（2012年），建设改革权力结构（党内分权、党政分工和党政分开）、改革选人用人体制（逐步直选）、以特赦化解腐败呆账（学习香港经验）、动员并组织群众支持和参与、设立政治体制改革试验区。李松在《中国纪检监察报》发表《形成惩防体系建设整体合力的思考》（2012年8月28日），主张领导体制上，要突出党委、政府的主体地位，进一步完善分工明确、权责统一的责任推动机制；工作方式上，要发挥纪检监察机关的组织协调作用，进一步完善内外结合、有效运行的组织协调机制；任务落实上，要强化牵头协力单位的职能责任，进一步完善跟踪问效、常抓不懈的项目倒逼机制；力量整合上，要重视人民群众的支持参与，进一步完善广纳民意、集合民智的群众参与机制；平台搭建上，要借助科技的力量，进一步完善情况互通、资源共享的信息交流共享机制。庄德水撰《公权力运行监控机制的完善路径》（2013年），认为要以顶层制度改革的深化推进廉政风险防控机制建设，廉政创新的策略选择不能依赖微观行动理论和中观治理理论。这之后，几位专家提出国家监察体制大部制改革主张和建立国家反腐败委员会主张。

自中共十五大提出"完善反腐败领导体制和工作机制"以来，因纪检工作、监察工作和防腐、反腐工作某些方面的保密性强，国内学者的相关研究大多是依据中共中央2005年发布的《建立健全教育、制度、监督并重的惩治和预防腐败体系实施纲要》和参考《联合国反腐败公约》来对国外相关情况的比较研究，且过多地偏重于纪检监察监督的理念、体系、机制和方式，偏重于反腐败的机理、措施和法制等。但毋庸讳言，正如倪星等学者的分析所言，反腐败的学术研究和工作分析方面，总体研究质量不高，宏观化、对策式研究盛行；经验主义研究严重匮乏；不同学科的研究比例失衡，缺规范理论指导和科技知识整合。这些不足，导致反腐败领导体制和工作机制研究方面的学理解释不足、体制设计不全、配套机制不齐、操作程序不严、功能整合不匹配、发展目标探讨不明。

中共十八大以来，在习近平反腐倡廉的若干讲话指导下，我国党风廉政建设和反腐败工作有了长足发展，出现了新的面貌。此状况引起了学界的重视。对于健全反腐败的领导体制和工作机制的探讨多了起来。特别是围绕习近平"把权力关进制度的笼子里，形成不敢腐的惩治机制、不能腐的防范机制和不易腐的保障机制"等讲话，依据中纪委的报告等，近三年来学界发表了若干相关的学习、研究的文稿（含论文、著作等）。其中，有代表性的专著是杨绍华著的《把权力关进制度的笼子里：中国特色反腐倡廉制度创新研究》（2013 年）。该书在学界研究的基础上，较好地总结并进一步探讨了反腐倡廉制度建设的理论基础、主要功能、历史经验、新形势下的创新（含制度创新；重点领域、重要部门、关键环节反腐倡廉制度建设和创新），以及对提高反腐倡廉制度执行力的探讨。有代表性的论文有刘笑霞、李明辉撰的《论反腐败体系的功能与构成要素》（《中州学刊》2015 年第 9 期），该文认为，一个完整的反腐败体系应具备预防、发现、惩戒、预警和控制五项功能，并应依这些功能确定反腐败体系的有机要素（含预防、发现、惩戒、预警和控制机制），从而构建起一个有着内在逻辑的、系统的、完整的、开放的反腐败体系。近两年来，我们还看到了对若干重点领域、重点人物反腐倡廉的研究，看到了若干既拍"苍蝇"又打"老虎"的创新之策探讨，看到了对于社会领域反腐的对策探讨，看到了反腐败工作中对于裸官的治理和国际合作追逃追赃的研究。

5. 国外监察相关理论和实践状况研究

政治文明历史多显用权与控权之中腐败与反腐败的博弈。古希腊罗马时期的苏格拉底、柏拉图、亚里士多德、波利比乌斯等就有若干惩腐防腐制权的论断。古罗马《十二铜表法》第九表中即有对贿赂的惩处规定。解析国家形成与发展中公权力的来源、基础、类型、手段、特征、实质、组织形式、运行逻辑、激励机制和权力感知等，无论是因果分析、结构功能分析、心理分析，还是利益分析，都反映或显示了政治文明发展与建设中人们对权力偏离正确行使方向或滥用权力谋私利的防范意识。

权力滥用是现当代国际社会的公害。它不仅使发展中国家社会进步、经济增长举步维艰，也对发达国家的经济制度、法律体系构成现实的和潜在的威胁。特别是随着经济全球化进程的加快，权力腐败既出现了一些新的形式又有蔓延态势。在此背景下，国际上的一些学者、智库、社会组织等从 20 世纪 60 年代起加紧了对制约和监督权力、反腐败的对策研究。这其中，较有影响的有塞缪尔·菲利普斯·亨廷顿对权力腐败与政治稳定关系的研究（《变化社会中的政治秩序》）；罗伯特·克里特加德运用"委托人—代理人—顾客"模式，以若干实例探讨了遏制权力腐败的综合治理措施（《控制腐败》）；里克·彭赫斯特在总结分析若干国家和地区反腐败经验基础上提出了腐败成本测量方法和有效反腐策略要素（《反腐败——国家廉政建设模式》）；克里斯托费·胡德等在对80多位相关人访谈基础上开展了节俭、优质与廉政体制设置的探讨（《监管政府：节俭、优质与廉政体制设置》）；哈罗德·D. 拉斯维尔、丹尼斯·朗、罗伯特·格林等对权力运作形式、基础、要素、过程、影响因子、手段、用途等进行了分析（分别见《权力与社会：一项政治研究的框架》《权力论》《权力的48条法则》）；迈克尔·约翰斯顿对若干国家中权势市场、精英卡特尔、寡头与帮派、官僚权贵四组腐败症候群进行了分析（《腐败症候群：财富、权力和民主》）；海登海默认为腐败是一种运用公共权力来谋取私人利益的行为，同时他依据人们对腐败行为的容忍程度提出了著名的"三色腐败理论"（即"黑色腐败""白色腐败"和"灰色腐败"）。萨塔罗夫主编的《反腐败政策》（2011年）探讨了国际反腐中的战略战术。安德鲁·韦德曼著的《双重悖论》（2013年），区别了"发展性腐败"和"衰退型腐败"，认为中国社会的"发展性腐败"与大幅的经济增长同步，腐败给增长造成负面影响，故政府宜简政放权，减少寻租创租机会，并建立一套由独立和廉洁的司法机构监督的法规。苏朋·罗斯·艾克曼著《反腐与政府》（2000年），从经济、文化、政治问题视角分析了腐败并提出了一些预防建议。此外，若干学者在论及官僚政治、政党政治、利益集团政治、国会政治、选举政治等领域时，也对权力腐败有若干精辟入里的见解。值得注意的还有：一是"透明国际"基于现有的组织机构来进行筛选后对"国家廉政体系"及其规则与实践的阐释。二是国际反腐败法治。回顾国际反腐败历程中的立法和实践，参考马海军等著《中国反腐败国际合作研究》（2011年）、包玉秋著《反腐倡廉立法研究》（2013年）、张穹著《权力制约与反腐倡廉》（2009年），从若干国际组织（主要包含联合国、世界银行、国际商会、透明国际、国际反贪局联合会、国际刑警组织、经合组织、美洲国家组织、欧盟、非盟、亚太地区反腐败行动计划、亚太经合组织、亚洲监察专员协会等）和若干国家（如美国、英国、德国、法国、日本、韩国、新加坡等）的反腐败立法与实践方面比较分析，大致可见倡导防范、内抑性和综合性惩治贪贿的理念；

注重廉政建设中的机构、运行机制、公开透明系列制度、人事行政中的廉洁设计、廉政文化等的规范化、制度化；预防腐败犯罪的立法模式有：（1）专门法律和其他行为规范相结合的模式；（2）以行政立法为主导的模式；（3）单一立法模式；（4）刑法与其他法律相结合的模式，并且逐步注重防范、查处、惩罚、国际合作、硬件软件等方面的配套。三是国外行政监察主要是从伦理、廉洁、效能诸方面督促政府高效运作。其有关内容散见于各国有关行政法律法规之中。四是国际组织、跨国之间反腐败的合作及其研究。

四 本课题的总体框架和预期目标

1. 总体框架

从问题导向出发，在对现行的监察体制机制做静态描述和动态评价的基础上，可确定研究的主要问题及其相关内容如下：

（1）监察的工作指导是什么？研究内容主要包括：监察的经验梳理，特别是改革开放以来邓小平、江泽民、胡锦涛、习近平监察思想、主张和工作思路的研究；十八大以来党中央新的反腐思路和方针（以习近平的讲话和中纪委的行动为分析对象）。对相关内容的研究，有益于在研究把握中央的决心、精神和工作思路，进而能让研究具有前瞻性、开拓性和咨询服务性。

（2）监察领导体制的现状与发展趋势是什么？研究内容主要包括：我国行政监察工作体系的现状如何？这一体系存在哪些欠缺和不适应的地方？国际上反腐败与监察工作模式及其启示是什么？如何按照十八届三中全会深化改革的决定要求来科学建构监察领导体制（含名称、组织机构配置、组织职能等）？相关内容的研究，有益于在研究中致力于顶层设计，进而解决监察工作的首要问题和战略关键问题。

（3）如何科学设置监察工作机制？研究内容主要包括：监察工作机制的机制设计与流程再造基础（实践基础和理论基础）是什么？工作运作（流程）机制包括哪些？工作任务机制包括哪些？国际上反腐败与监察工作机制及其启示是什么？对相关内容的研究，有益于在研究中致力于流程再造，形成系列匹配的工作机制，进而促进监察工作的有效运行，

"把权力关进制度的笼子里"：提高制度系统科学性，实施"科学造笼"；打造权力清单等有效管权管事管人方面的关键制度，保障"权力入笼"；强化监督制约和问责惩治机制，防范"权力出笼"。

（4）如何改革监察体制？所涉及的研究内容主要包括：客观地科学评估纪检监察1994年合署办公以来的工作绩效和不足之处。适应反腐倡廉、党风廉政建设的新形势和战略格局的变化，纪检监察体制改革如何让监察重归到主要职能的践行，让纪检主抓党风廉政建设和党内监督，进而让纪检牵头反腐败工作体制的改革与创新。适应行政体制改革中"大部制"的思路，实行"监审合一"的行政内部监督或者整合监督行政的力量成立监察委员会。对于这一问题的研究探讨，有益于化解目前我国的监督体制存在的空监、漏监、弱监、虚监的问题，使监察归其位和尽所能。

2. 预期目标

围绕上述问题开展的研究，我们预期可能达到相应的三大目标，即理论目标、政策目标和技术目标：

（1）理论目标：总结中国监察的理论来源、创新历程，提炼出中国特色社会主义监察理论体系。监察的发展、变革与完善，离不开科学的理论指导。解决好了理论体系问题，才能在理论指导下解决好实践问题。

（2）政策目标：通过深入地调查研究，抓住主要矛盾，科学把握和分析监察实际运作中直面的重大现实问题和前瞻性问题，提出可行的系统的解决方案。

（3）技术目标：在绩效评估的基础上，提出整合监察的制度创新举措和技术支撑建议。

第二部分

治国理政中的权力监察思想研究

古代中国治国理政思想史上，权力监督监察的几类主张源远流长。

西方近代史上洛克、卢梭、孟德斯鸠彰显自由、契约精神的权力分立与权力制衡思想，以及中国近代史上孙中山"五权分立"基础上的"监察院"监督思想，都曾经风靡一时。

当代中国特色社会主义监察理论体系主要是以马克思列宁主义、毛泽东思想指导治国理政、党风廉政建设和反腐败斗争取得的重要理论成果。这一理论体系源于革命根据地时期的工农监察和民主监督实践，探索于以毛泽东为核心的第一代中央领导集体，开创于以邓小平为核心的第二代中央领导集体，丰富和深化于以江泽民为核心的第三代中央领导集体和以胡锦涛为总书记的党中央。中共十八大以来，以习近平总书记为核心的的党中央，坚定道路自信、理论自信和制度自信，以前所未有的力度开展党风廉政建设和反腐败斗争，作出了监察工作方面的一系列重大决策和部署，提出了许多新思想、新部署、新要求（如从严治党、以零容忍态度惩治腐败、制度建设、推动党的纪律检查工作体制机制改革和健全、把权力关进制度笼子里、加强党内监督等），推动了监察体制机制、监察内容、监察方式、监察手段、监察法治等的创新，在监察的指导思想、形势判断、战略定位、路径选择和改革目标取向上取得了丰硕的实践技艺和理论成果。

党和国家领导人的权力监督思想是适应国家治理体系和治理能力现代化的要求，对权力监督制约和监察实践规律的总结，涵盖广泛、思想深邃，是一个趋向系统、完整、严密、科学的理论体系，贯穿着马克思主义立场、观点和方法，闪耀着辩证唯物主义和历史唯物主义的理论光芒，凝结了中国共产党对监察发展规律的深刻认识，指明了我国监察未来改革与发展的方向和路径，蕴含着鲜明的中国特色社会主义监察理论特质和理论品格。

限于水平、篇幅和避免与我们以前的相关研究重复（比如，马克思恩格斯、列宁的权力监督思想，我们在《中外监督制度比较》（商务印书馆2013年版）一书中有专门的论述）。在这一部分，我们主要依据党和国家领导人公开发表的著作和中共中央有关公开文献，学习和研究了毛泽东、邓小平、江泽民、胡锦涛权力监督思想和中共十八大以来习近平关于反腐倡廉、纪检和监察改革的思想。

第四章　孙中山监察思想研究

毛泽东指出："我们不应当隔断历史。从孔夫子到孙中山，我们应当给以总结，承继这一份珍贵的遗产。这对于指导当前的伟大的运动，是有重要的帮助的。"[①] 孙中山的监察思想，是在既吸收西方"三权分立"学说又有效借鉴中国传统的御史监察制度的基础上，以天赋人权、主权在民、天下为公，自由、平等以及"五权分立"为监督指导原则，形成以人民行使直接民权为主体，通过四项"政权"与五项"治权"并借助国民大会对政府权力进行监督的监察体系。本章将散见于孙中山五权宪法思想中的监察思想进行梳理与提炼，探讨了孙中山监察思想的发展历程、主要内容以及其监察思想的积极作用和历史局限性。

一　孙中山监察思想的发展历程

1. 萌芽与形成：辛亥革命以前

1897年，孙中山在《伦敦被难记》中在揭露清王朝吏治腐败的同时，开始萌发在不久的将来革命成功之后如何一改几千年来的官场之风气，涤荡革新官场积疾沉疴，铲除侵蚀腐化官场腐败土壤的初步构想。1904年，他在纽约与留美攻读法律的王宠惠探讨其考察成果——五权宪法思想。在1906年11月15日《与该鲁学尼等的谈话》及随后在日本东京《〈民报〉创刊周年庆祝大会的演说》中，他对"五权分立"这一构想展开了比较完整的阐释，而且还有专段论述监察权的独立："兄弟的意思，将来中华民国的宪法是要创一种新主义，叫作'五权分立'。"所谓"五权分立"是指在统一的"治权"之下实行行政、立法、司法、考试、弹劾五权分

[①]《毛泽东选集》（第2卷），人民出版社1991年版，第496页。

治。这以后，他的监察思想开始由萌芽迈向成熟，在各种场合和若干文献上反复重申并明确提出建立"五权分立"的政府架构，极力强调将监察权独立出来与其他的四权在地位上平等，作为国家权力结构的重要组成部分之一。

2. 完善与发展：辛亥革命以后

1912年，中华民国南京临时政府制定的《中华民国临时约法》和政府的机构组建中，并未采纳孙中山的"五权宪法"主张，监察权依旧隶属于参议院，未能独立开来。辛亥革命失败后，封建专制复辟倒退、贪污腐败泛滥。严酷的现实和惨痛的教训警醒孙中山：必须彻底从政治制度的设计上建立起一套完整的具有独立、完善、严密和具有权威功能的监察体系，才能从根本上扭转军阀专制的政治困局，才能从根本上剜除贪污腐败的痼疾。

基于这样的认识，他在其后期的政治活动中，投入更大精力对监察权的建构作了更为深入的理论挖掘与拓展。1921年，在《三民主义》系列讲演中，他从"权能分离"的视角阐释了人民作为直接民权主体在监察系统中的重要地位与功用。1924年，中国国民党在广州召开第一次全国代表大会，此次会议的宣言中指出："民权运动规定于宪法，以孙中山所创立之五权分立为之原则，即立法、司法、行政、考试、监察五权分立是已。"至此，孙中山监察思想正式成为国民党在当时施政的指导思想。

二 孙中山监察思想体系阐释

1. 理论基础

（1）权能区分论。孙中山以"进化论"的观点考察了社会政治制度历史变迁后，认为人类社会发展历程中不仅有量变，而且还有着"洪荒时代"—"神权时代"—"君权时代"—"民权时代"等不同社会形态更替的质变。依这种进化发展的观点，他力求制定出能够充分体现"为一般平民所共有，非少数人所得而私"的充分彰显民权主义原则的政治方案："民权的国家，最怕的是得到了一个万能的政府，人民没有办法去节制它。最好的是得到一个万能政府，完全归于人民使用。第一说是人民怕不能管理的万能政府，第二说是为人民谋幸福的万能政府。"解决问题的关键在于把现实的"第一说"变为理想的"第二说"。基于此，孙中山总结并提出了权能区分论，就是"把政治的大权分为两个：一是政府权，一是人民权"。人民要能指挥政府，便需要拥有选举与罢免、创制与复决这四种直接民权；政府要有效率和"万能"，也需要有立法权、行政权、司法权、考试权、监察权这五项"治权"。"用人民的四个'政权'来管理政府的五个'治权'，那才算得上是一个拥有完美民权的政治机关。""有了这九项权力，并使彼此之间保持平衡，'民权'问题才算得上是真解决，政治才算是有轨道。"① 在"权能分立"的基础上，他设计了"五权宪法"。1922年，他在《中华民国建设之方略》中写道："吾于立法、司法、行政三权之外，更令监察、考试二权亦得独立，合为五权。""所谓宪法者，就是将政权分为几部分，各司其事。"②

（2）全民政治论。孙中山认为，若要使人民能够直接管理政府，便要使人民能够实行选举、罢免、创制、复决这四个民权。"人民能够实行四个民权，才叫做全民政治。"③ 人民既"对于官吏有选举之权，亦须有罢免之权"。这样，人民便"对于政府之中的一切官吏，一面可以放出去，一面可以调回来，来往都可以从人民的自由"④。由此二项可以看出，他试图通过"全民政治"和"代议政治"相结合，"直接民权"和"间接民权"相结合来有效监督公共权力。

总之，从权能分立、全民政治的理论基础出发，可以发现孙中山监察思想的重要内容主要表现在：监察权从属于政府权、监察权独立、监察权自身必须受监督、监察院的监察与人民的监察相结合、监察权不局限于弹劾权等。

2. 监察权独立的主张与设计

（1）监察权独立。在孙中山看来，裁判人民的司法权独立，裁判官吏的纠察权也应当独立。比较分析美国和古代中国的治理体制的运作机

---

① 《孙中山全集》（第9卷），中华书局1986年版，第352页。
② 孙中山：《总理全集》（第1集），上海民智书局1930年版，第331页。
③ 同上书，第194页。
④ 同上书，第104页。

理、文化和绩效后，他认为，政治中包含有两个力量：一个是政权，一个是治权。人民拥有的四权为直接民权，也叫作政权，就是管理政府的权。同时，"治权"是"政府来替人民做工夫的权"，包括行政权、立法权、司法权、考试权、监察权这五权。其中，监察权独立，人民通过国民大会对监察权等政府治权进行监督；监察院向上只对国民大会负责；若监察人员不积极履行监督职责而出现失职行为，则有由国民大会自行弹劾而罢黜之。

（2）监察院统一行使权力监督。孙中山主张通过实行五权分立，设立独立的与其他四院平行的监察院，找到一条"集中外精华"、独立完善的监察体系：主要分中央与县级两个层级。中央一级由各县选举一名国民代表组成国民大会，再由国民大会完成总统选举，总统组织政府，政府再组建监察院。监察院与立法院、行政院、司法院、考试院同等并列，既各自独立又协同运作，进而构建起一个系统完备、结构合理的治国理政体系。地方县一级实行直接民权，人民有权罢官也可以直接对县级官员进行选举和罢免。

三　孙中山监察思想的进步性和局限性

1. 历史进步性

（1）追求民主反对专制，将人民纳入监察的主体范围内。在"五权宪法"中，孙中山追求的是民主立宪的政体。他认为，封建社会中的政府机构也有监察权的"分立"，事实上制衡的功能并不明显，监察权皆向君主负责，是君权的工具。犯颜诤谏、触犯龙颜者历代不乏其人，但都是为了君主的统治。"五权宪法"融入西方"三权分立"的制衡机制，打破了"君权至高无上"的皇律，体现出了当时的民主性。把四万万人看作是主人，这说明他是重视"人民就是政府的原动力"。在他看来，只有通过"权能分治"，才能保障人民控制万能政府为民服务，从而真正实现主权在民。

（2）注重知行合一，推动了近代监察思想和监察制度的进步。孙中山关于监察院的制度设计是中国近代史上一次监察制度的创新。在对西方宪法史和美国宪政实践长期冷静观察与思考之后，孙中山主张在中国推行宪政和进行法制改革时，应借鉴西方近代法治理论和经验，应吸收和继承中国古代治理文化的有益经验，"发挥吾固有之文化，且吸收世界之文化而光大之，以期与诸民族并驱于世界"。在他看来，中国古代监察制度有许多经验值得当世借鉴。在当时的历史条件下，五权宪法下的监察院设计具有鲜明的独特性，表明他当时已经破除了对西方宪政制度的迷信，致力于寻求一种更适合本国发展的的权力制约模式和监察制度。南京国民政府以孙中山"五权宪法"理论为基础，并根据其"民权主义"中关于国家政治体制的主张而创设了监察院；构筑了监察法律体系（含《国民政府组织法》《弹劾法》《监察院组织法》《监察委员保障法》《监试法》《审计法》《监察使署组织条例》《惩治贪污条例》等监察法律法规，并制定了《监察院统计室组织规程》《监察院统计室办事细则》《监察院审查规则》《监察委员审查室暂行办事细则》《监察院调查规则》《监察委员办公室办事细则》《监察院分层负责办事细则》《监察使巡回监察规程》《监察使署办事通则》等）；拓展并规范了监察权，融入了更多的民主、分权等现代化因素；确保监察权独立行使，不受任何权力干涉。不过，这一时期的监察法在制度设计上缺乏对最高统治者的有效监督；监察院无惩戒权，弹劾效力大打折扣；在国民党执政的国家结构中，监察院的监察权无法独立实施。①

2. 时代局限性

（1）"权能分治"的局限性。孙中山主张通过"权能分治"保障人民控制万能政府为民服务，从而真正实现主权在民。但是，他的"革命程序"论和他的"人类智愚三等说"，偏颇地将人民群众视为"后知后觉"的"无能"之辈，把领导者看成天生的贤能圣人。所以，人民必须为此服从党，接受党的教训和开导。这样一来，"民主"在南京国民政府"训政"下演变成了"为民做主"而不是"人民做主"，造成党国不分和以党代政。

（2）将监察权归于政府的"治权"，使监察权独立性不强。孙中山认为监察权归议会会产生很多的弊端，议会的权力过大会对政府的行政权形

---

① 参见张京凯《南京国民政府时期监察法制及其史鉴价值》，《国家行政学院学报》2017年第1期。

成制约而导致政府无能。因此，在五权宪法中，他将监察权从议会中分离出来，使监察权独立并创建了监察院。但是，将监察权归于政府的"治权"，监察权实际上成为政府官僚系统内部的权力。监察院虽然可以弹劾其他四院成员，但是惩戒权却在国民大会，国民大会才是国家最高的权力制裁机关。他说："监察权就是弹劾权，外国现在也有这种权，不过把它放在立法机关之中，不能成为一种治权罢了。"① 在实践中，弹劾和惩戒的分离会破坏监察权的完整性。依靠一个政府内部的监察机构来监督一个拥有无限权力的万能政府是很难有效的。从民国时期的"顾孟余"案中可以看出，缺少惩戒权的监察院尽管对案件的裁决很不满，但对结果却无可奈何。孙中山去世之后，历史也客观验证了监察权设计在一个"党国一体"的国家治理结构体系中是多么的式微。

参考文献

[1]《孙中山全集》（第1—10卷），中华书局1985—1986年版。

[2] 中国第二历史档案馆编：《中华民国史档案资料汇编》，江苏古籍出版社1999年版。

[3] 牛彤：《孙中山宪政思想研究》，华夏出版社2003年版。

[4] 王晓天：《孙中山的监察思想》，《求索》2007年第12期。

[5] 马克敏、王波：《孙中山监察思想述略》，《辽宁行政学院学报》2008年第11期。

[6] 贾孔会：《孙中山权力制约思想述略》，《三峡大学学报》（人文社会科学版）2009年第1期。

[7] 郭宝平：《民国监察体制述论》，《政治学研究》1989年第6期。

---

① 《孙中山全集》（第5卷），中华书局1985年版，第495页。

第五章 毛泽东、邓小平、江泽民、胡锦涛权力监督思想研究

毛泽东监察实践及其重要主张是在传承马克思、恩格斯、列宁监察理论的前提下，在扬弃中国古代监察制度的基础上，在中国革命和建设中形成和发展起来的，是马列主义监察理论创新的重要理论成果，为我国监察理论的发展奠定了基础，也为我国监察实践指引了方向。邓小平、江泽民、胡锦涛在继承和发展马克思、恩格斯、列宁和毛泽东的权力监督思想的基础上，在领导中国改革开放与现代化建设初期和前期事业的伟大实践中，形成了具有中国特色的社会主义权力监督思想。研究四位国家领导人的权力监督思想，一方面，有利于进一步拓展权力制约监督的理论研究视野，促进马克思主义的权力制约监督理论研究；另一方面，对于更好地把握中国特色社会主义权力监察的思想精髓，继往开来地指导我国监察工作和党风廉政建设，具有重要的理论价值和现实意义。

一 四位领导人思想的主要内容

1. 毛泽东权力监督思想的主要内容

（1）查处大案要案，严厉惩肃贪腐。如何防治当官做老爷和以权谋私，历来是新兴政权面临的难题。1931年11月，在被选举为中华苏维埃临时中央政府主席后，毛泽东领导临时中央政府组建了从中央到地方的辖有"控告局""突击队""群众法庭"的各级工农监察部（后改名为工农监察委员会），以利于工农兵及一切劳苦大众开展对自己的政权及其工作人员的监督，反对苏维埃政府中出现的形式主义、官僚主义作风和贪污、腐化、变质、堕落、脱离群众等行为。1933年12月15日，毛泽东以中央执行委员会主席的名义签署了《关于惩治贪污浪费行为》的训令，对

惩处贪污浪费行为和经济渎职行为作出了具体规定。依照这些规定，中央苏区查处了一系列大案要案，严惩了谢步升、左祥云、唐达仁、熊仙壁等典型贪腐分子。1933年8月29日，在《查田运动的初步总结》中，毛泽东主张在严惩贪污、浪费的同时，在监察机关工作中既要反对官僚主义和形式主义的错误、包庇贪污浪费者的错误，也要反对在惩治贪污浪费分子时采取简单化的处理。1934年1月，毛泽东在《对第二次全国苏维埃代表大会的报告》中，总结了工农监察委员会成立以来的经验。在党内监察方面，1938年9月，中共中央六届六中全会决定在各解放区党委之下设立"监察委员会"，行使对中共各级党的机关，党的干部及党员的工作、财务、违纪等情况的监察职能。[①] 据统计，"1939年至1940年，边区政府先后查出乡级干部贪污分子150名，区级以上的27名，逐个驱逐出政权机关，罪大恶极者绳之以法"[②]。惩肃贪腐行动方面，除从严从重处治了黄克功案之外，还从严从重惩处了肖玉壁贪腐案、刘震球贪腐案等。

（2）制定党纪政纪，把规则挺在前面。土地革命时期，毛泽东领导制定了《中华苏维埃宪法大纲》《关于检查苏维埃政府机关和地方武装中的阶级异己分子及贪污腐化动摇消极分子问题》《关于惩治贪污浪费行为》等。抗日战争时期陕甘宁边区政府运作中，1942—1943年，毛泽东先后领导、制定、颁行了一系列的法律制度，有《陕甘宁边区简政实施纲要》《陕甘宁边区政纪总则草案》《陕甘宁边区各级政府干部管理暂行通则》《陕甘宁边区干部任免条例》《陕甘宁边区干部奖惩暂行条例》和《陕甘宁边区政务人员公约》《陕甘宁边区行政实施纲要》等。解放战争时期，毛泽东和中国共产党领导制定了《华北人民政府组织大纲》《华北财政经济会议决议》《关于反贪污浪费的指示》。新中国成立后，1950—1952年，在毛泽东领导下先后制定、颁行的一系列法规和规章制度为行政监察实践提供了法制基础。其中，主要有《各级党委人民政府人民监察机关设置人民监察通讯员通则》《加强人民通讯员和人民检举接待室的指示》《关于在报纸刊物上展开批评与自我批评的决定》等规定；有《惩治贪污条例》《关于处理贪污、浪费及克服官僚主义错误的若干规定》等

---

① 中央档案馆：《中共中央文件选集》（第11册），中共中央党校出版社1991年版，第771—772页。

② 郭大方：《挑战腐败——兼论治腐机制的构建》，军事科学出版社2001年版，第40页。

法律法规；有《关于统一国家财政经济工作的决定》《关于实行国家现金管理规定》《财政部设置财政检查机构办法》《关于财经部门增加专司政治工作的副职的决定》《关于禁止机关部队从事商业经营的批示》《统一管理机关生产的决定》等财经管理制度；有《关于党政军群负责人视察、参观、休养、旅行时地方负责人不许接送、宴会和送礼的规定》《关于降低国家机关三级以上领导干部工资标准的决定》《关于不准请客送礼和停止新建招待所的通知》等制度。这些法规制度为开展行政监察以改造党和政府的"机关主义、官僚主义、形式主义"，达到"精简、统一、效能、节约和反官僚主义"目的，提供了重要制度依据和保障。

（3）坚持"他律""自律"结合的监督方法。"他律"方法指依据党纪国法通过监督监察惩处政府中出现的贪腐浪费行为和官僚主义现象，直接对政府公职人员产生震慑作用。毛泽东重视抓大案要案，新中国成立后在处决刘青山、张子善时，毛泽东说："正因为他们俩人的地位高、功劳大，所以才要下决心处决他们，才可能挽救20个、200个、2000个、20000个犯有各种不同程度错误的干部……""自律"方法指通过思想作风教育而产生的政府公务人员的"自监督"。毛泽东在革命和建设中都相当重视用"整风""整党"的形式开展对党员干部的思想作风教育，用思想作风教育的手段克服主观主义、教条主义、宗派主义、官僚主义等不良作风，树立和强化为人民服务的宗旨、艰苦奋斗的作风、批评与自我批评的作风等优良作风。"硬"以"他律"，"软"以"自律"，"硬""软"结合，使党政干部克己奉公、清正廉洁。例如，在陕甘宁边区，参议会根据相关制度对边区政府及工作人员行使监察之权，监督边区政府及工作人员；同时，通过整风运动来清除全体党员的非无产阶级思想。

（4）注重体制机制探索，致力全方位监察。在革命和建设的各个时期，毛泽东不仅重视行政监察机关对政府及工作人员的监督检查，而且还重视政权机关、党的监察机关、人民群众、民主党派、舆论等对政府及其工作人员的监察。毛泽东将这几种监察方式结合起来，形成了对政府及工作人员的全过程立体的监察。在陕甘宁边区政府，毛泽东领导中国共产党在边区实行"三三制"，将很大一部分民主人士吸纳到政府工作管理中来，同时也注意听取民主党派或民主人士的意见，如毛泽东就采纳了李鼎铭先生"精兵简政"的意见。对于民主人士和民主党派的监督，毛泽东认为"共产党员只有对党外人士实行民主合作的义务，而无排斥别人、垄断一切的权利"，因为"国事是国家的公事，不是一党一派的私事"①。1945年民主人士黄炎培曾向毛泽东问及如何摆脱历史"周期律"，毛泽东回答："共产党人已经找到能跳出这周期律的新路，就是民主；只有让人民起来监督政府，政府才不敢松懈；只有人人起来负责，才不会人亡政息。"1948年9月，根据《华北人民政府组织大纲》第九条的规定，华北人民政府成立了华北人民监察院（存在时间是1948年9月—1949年10月），行使对政府及其工作人员的行政监察职权。《华北人民政府组织大纲》第九条，规定了华北人民监察院的人员组成、任务及职权，如人员组成方面规定："华北人民监察院为行政监察机关，设人民监察委员会，以院长及华北人民政府委员会任命之人民监察委员五人至九人组织之"；规定华北人民监察院的任务是"检查、检举并决议处分各级行政人员、司法人员、公营企业人员之违法失职、贪污浪费及其他违反政策、损害人民利益之行为，并接受人民对上述人员之控诉"。② 监察机关从过去的参议会中独立出来，专职行使对政府及工作人员的监察职能。1949年9月29日，第一届政协全体会议通过了《共同纲领》。其中，第十九条规定在县市以上的各级人民政府内，设人民监察机关，以监察各级国家机关和各种公务人员是否履行其职责，并纠举其中之违法失职的机关和人员。人民和人民团体有权向人民监察机关或人民司法机关控告任何国家机关和任何公务人员的违法失职行为。1949年10月，中央人民政府按照《各级人民监察委员会组织通则》，建立了各级人民监察委员会。1952年12月，为了便利对财经系统的公务人员实施监察，政务院在全国财经系统设置了监察室。1954年，根据《国务院组织法》，政务院、政务院人民监察委员会分别改称为国务院、国务院监察部。1955年11月2日，国务院常务会议批准了《监察部组织简则》，简则详细规定了监察部的任务、职权、机构设置、人员配备和内部领导关系等。毛泽东还相当重视报纸杂志等舆论工具在监督政府及其公务人员中的作用。1953年，毛泽东强调"凡典型的官僚主义、命令主义和违法乱纪的事例，应在报纸上广为揭发"，使这三种不良现象在人民群众面前无所遁形，以收到"过街老鼠，人人喊打"

---

① 《毛泽东选集》（第3卷），人民出版社1991年版，第809页。
② 《华北人民政府文献选载》，《党的文献》2006年第4期。

的效果。①

2. 邓小平权力监督思想的主要内容

新中国的发展历程足以说明权力过分集中、缺少制约监督的严重后果。邓小平反复强调腐败的危害性、反腐斗争的长期性和极端重要性，认为在整个改革开放过程中都要反对腐败。在其许多论著中，他提出要完善法制以消除集权现象、健全民主以加强权力监督等措施规制领导人的权力，结合现实国情构建了我国权力制约监督体系和机制：

（1）改革党和国家领导制度，避免领导人权力过分集中。邓小平1980年在中央政治局扩大会议上明确提出"权力不宜过分集中"的观点。在他看来，权力过分集中是造成机构臃肿、职责不清、人浮于事的总病根，危害很大。制约领导人的权力，关键是要靠改革、靠制度和靠法制。改革开放初期，邓小平在总结过去发生的各种错误的教训时认为："制度好可以使坏人无法任意横行，制度不好可以使好人无法充分做好事，甚至会走向反面。"②

（2）干部的权力必须接受全方位、多层次的监督和制约。1956年，邓小平就明确指出："我们需要实行党的内部的监督，也需要来自人民群众和党外人士对于我们党的组织和党员的监督。"1957年，他在《共产党要接受监督》一文中，明确提出"我们党是执政党……如果我们不接受监督，不注意扩大党和国家的民主生活，就一定会脱离群众、犯大错误。"③ 20世纪80年代，针对当时一些领导干部搞特权和违法乱纪等问题，邓小平指出，要着力改革党和国家的领导体制。要"让群众和党员监督干部，特别是领导干部。凡是搞特权、特殊化，经过批评教育而又不改的，人民就有权依法进行检举、控告、弹劾、撤换、罢免，要求他们在经济上退赔，并使他们受到法律、纪律处分"④。"越是高级干部，越是名人，他们的违法事件越要抓紧查处，因为这些人影响大，犯罪危害大。抓

---

① 《毛泽东选集》（第5卷），人民出版社1977年版，第74页。
② 《邓小平文选》（第3卷），人民出版社1993年版，第208页。
③ 《邓小平文选》（第1卷），人民出版社1994年版，第270页。
④ 《邓小平文选》（第2卷），人民出版社1994年版，第332页。

住典型，处理了，效果也大。"① 邓小平告诫全党，干部要自觉接受各个方面的监督，包括党内监督、民主党派监督、群众监督和舆论监督，要用手中的权力真正为人民服务。

（3）依法依纪防范和惩治权力腐败。邓小平指出，改革开放中要依法依纪查处、惩治腐败，并强调"纠正不正之风、打击犯罪活动中属于法律范围的问题，要用法律来解决，由党直接管不合适"②。在他看来，一是要抓好党员干部的教育工作，包括理想教育、法纪教育和艰苦奋斗的教育；二是要高度重视腐败的危害的同时依靠群众依靠法制反腐防腐惩腐，并常抓不懈，但不要搞大规模的运动式反腐。

3. 江泽民权力监督思想的主要内容

1989年6月至2002年11月，以江泽民为核心的党的第三代中央领导集体对新形势下监察工作的不断深入思考和实践，注重党风建设（1989年6月至1992年9月）、注重纪检监察体制机制协同（1992年9月至1997年9月）和注重标本兼治（1997年9月至2002年11月），推动着我国监察思想的发展。

（1）基本主张。江泽民主张，第一，坚持邓小平理论、"三个代表"重要思想为指导，不搞政治运动，要靠制度反腐、靠立法反腐、靠群众反腐，靠舆论反腐。第二，领导干部要发挥好领头羊的作用，身先士卒，以身作则，率先垂范、做好表率。第三，法律面前人人平等，只要触犯党纪国法，都要依法受到惩处和制裁，绝不姑息、绝不纵容、绝不手软。第四，建立健全惩治和预防腐败体系，在加大惩治腐败力度的同时大力加强反腐倡廉思想教育。

（2）工作思路。第一，反腐倡廉建设是一个复杂的系统工程，需要与经济建设、政治建设、文化建设、社会建设、生态文明建设以及党的建设密切地结合起来，贯穿于社会主义现代化各方面建设的始末。反腐倡廉必须常抓不懈，拒腐防变必须警钟长鸣。第二，大力发展社会主义民主，建立健全各项规章制度。江泽民指出要"从严治党，建立健全一套拒腐

---

① 《邓小平文选》（第3卷），人民出版社1993年版，第152页。
② 同上书，第163页。

防变的制度，采取切实有效措施，加强党内监督和人民群众的监督"①。第三，积极创新各种体制机制，有效防止权力的滥用。反腐败工作方针要坚持综合治理、坚持标本兼治，同时加大治标和治本的力度。第四，加强党的思想政治建设，加强根本宗旨教育和党风党纪教育。第五，认真落实党风廉政建设责任制。各级党委、各个部门各负其责，接受党委的统一领导，纪检部门进行组织和协调，依靠人民群众的参与和监督。第六，党员领导干部要自觉接受各民主党派和人民群众的监督，始终保持同人民群众的血肉联系。第七，抓行政项目审批制、人事制度、财政制度等几个重点领域的改革和监督。

4. 胡锦涛权力监督思想的主要内容

中共十六大、十七大期间，形成了以胡锦涛为总书记的中央领导集体。在任期间，胡锦涛认为，我国现阶段存在的腐败现象，是在经济体制深刻变革、社会结构深刻变动、利益格局深刻调整、思想观念深刻变化的条件下产生的，制度不完善、管理有漏洞是腐败滋生的一个重要原因。因此，必须从科学发展的角度，坚持通过深化改革加强制度建设，努力解决导致腐败滋生的深层次问题，做到用制度管权、管事、管人。要针对腐败案件易发多发的领域和环节，站在国家治理的高度深入推进干部人事制度、行政审批体制、财政体制、金融体制、投资体制、司法体制等改革，建立健全相关制度，最大限度地减少以权谋私、权钱交易的体制机制漏洞。依据中纪委的报告中的总结，胡锦涛权力监督思想的主要内容如下：

（1）方针和原则。坚持"标本兼治、综合治理、惩防并举、注重预防"方针，在坚决惩治腐败的同时，更加注重治本，更加注重预防，更加注重制度建设。

（2）工作思路。强调要以完善惩治和预防腐败体系为重点加强反腐倡廉建设，努力形成拒腐防变教育长效机制、反腐倡廉制度体系、权力运行监控机制；推进反腐倡廉理念思路、体制机制、工作内容、方式方法创新，不断提高反腐倡廉建设科学化水平。

（3）任务部署。强调党风廉政建设和反腐败工作是一项系统工程，

---

① 江泽民：《论党的建设》，中央文献出版社2001年版，第35页。

必须进一步抓好领导干部教育、监督和廉洁自律，抓好大案要案查处，抓好纠正损害群众利益不正之风，抓好反腐倡廉工作体制机制创新。他明确提出"建立健全与社会主义市场经济体制相适应的教育、制度、监督并重的惩治和预防腐败体系"；明确要求国家政权"建立健全决策权、执行权、监督权既相互制约又相互协调的权力结构和运行机制"；明确提出"加强廉政文化建设，形成拒腐防变教育长效机制、反腐倡廉制度体系、权力运行监控机制"；明确主张"以党风建设带动政风和社会风气的好转"，促进领导干部恪尽职守、审慎用权，努力做到公共权力"权为民所赋，权为民所用，情为民所系，利为民所谋"。

（4）组织领导。强调坚持党的领导是加强反腐倡廉建设的根本政治保证，各级党委和政府要严格执行党风廉政建设责任制，切实担负起全面领导党风廉政建设和反腐败工作的政治责任。

二 四位领导人思想的联系

1. 历史传承性

马克思、恩格斯提出了许多公共权力监督的原则，如民主政府、公仆政府、廉洁政府等。在马克思、恩格斯看来，腐败是一种历史现象，腐败是私有制催化公职人员的贪欲和权势欲所致；要防止腐化堕落，必须像巴黎公社那样，建立民主选举、民主监督和公职低薪制来"防止国家和国家机关由社会公仆变成社会主人，防止人们去追求升官发财"[1]。在促进官吏成为总是在公众监督之下进行工作的"社会公仆"和公社政权的"勤务员"的同时，马克思还由此阐释了廉价政府的主张："国家必须限制自己的开支，即精简政府机构，缩小其规模，尽可能减少管理范围，尽可能少用官吏，尽可能少干预公民社会方面的事务。"[2]

从列宁开始，权力制约与监督不再仅仅停留于思想层面上，由于有了苏维埃政府这个现实的存在，列宁的权力监督思想开始注重制度化，通过实践具有了可操作性。在反对苏维埃政权中存在的拖拉作风、特权思想、

---

[1] 《马克思恩格斯选集》（第3卷），人民出版社2012年版，第55页。
[2] 《马克思恩格斯选集》（第1卷），人民出版社1972年版，第467页。

贪污受贿、"相互服务的交易"、利用职权"曲线谋私"等毛病时，列宁注重加强党员干部思想政治教育，重视依纪依法惩戒腐败，注重执政党的能力建设，也十分重视监察委员会的监督、人民群众的监督和各种舆论监督来铲除"官僚主义的莠草"，防止权力滥用，并对专门监督机关（如工农检察院）的工作寄予厚望。

毛泽东在继承马列主义思想的基础上，借鉴列宁苏维埃政权建设的经验，在革命根据地建设中经过探索实践提出了若干权力监督机制和反腐败工作机制（如工农监督等）。① 邓小平继承和发展了毛泽东关于党风廉政建设的思想，强调加强党风廉政建设是关系党和国家前途命运的大事。随着改革开放向纵深领域发展，江泽民、胡锦涛等党和国家领导人强调党风廉政建设、权力制约与监督等关系到党和国家的前途命运，关系到我国改革开放的顺利进行，关系到现代化建设事业的兴衰成败，是保持共产党先进性的有力武器，是巩固执政党执政地位的重要基石。

2. 现实针对性

随着社会经济的不断发展，领导干部滥用职权、贪污腐败、腐化堕落的现象日益凸显，反腐倡廉建设面临愈来愈紧迫、愈来愈严峻的形势，加之执政党在新的历史条件下，面临着"四种风险"的严峻考验，使得党的四位领导人都将党风廉政建设和反腐败斗争提到了事关党和国家生死存亡的全局角度和战略高度予以重视和加以部署。针对权力腐败的原因、类型、危害等，四位领导人的权力监督主张从自律和他律两方面着手，建立起一套党风廉政建设和国家反腐败工作体系，体现了现实针对性。

以邓小平为核心的党中央从战略高度对社会主义现代化建设进行通盘考虑和全局部署，高屋建瓴、准确把握时代脉搏和世界潮流，把坚决反对腐败的问题适时地摆在全党面前。邓小平提出了坚持"两手抓""长期抓"的方针，依靠教育和法制两种手段，主张标本兼治、重在治本，走出一条具有中国特色的社会主义民主法制治腐道路。

江泽民要求各级党委和部门深刻认识到权力制约与监督工作的重要性和紧迫性，要求全面落实党风廉政建设责任制，将权力制约与监督归为新

---

① 这方面，有土地改革时期的苏区"工农监察委员会"、抗日战争时期的"三三制"和解放战争时期的"人民代表大会"等。

时期党的自身建设伟大工程的一个部分，将反腐倡廉和党风建设统筹考虑到改革和发展的全局之中，将反腐倡廉和经济发展融为一体，突出了党风廉政建设工作在社会主义市场经济发展过程中的重要作用。

中共十七大报告首次将加强反腐倡廉建设写进党的全国代表大会的报告中，提高到关系党和国家生死存亡的战略高度。加强反腐倡廉制度建设，建立一套坚持用制度管人、按制度办事、靠制度限权的长效机制，最大限度地减少体制机制障碍与法规制度漏洞。在胡锦涛的领导下，中共中央全面推行反腐倡廉制度的建设，推动组建了专门的巡视机构，确立了干部引咎辞职制度，下发了《建立健全教育、制度、监督并重的惩治和预防腐败体系实施纲要》，深入开展了纠风专项治理，严肃查处了一些违纪违法案件，严格执行了领导干部问责制，形成了防治不正之风的若干长效机制，并且把党风建设挺在前面。

3. 注重形成监督合力

十一届三中全会后，邓小平就十分重视如何形成监督合力、提高监督成效的问题。十三届四中全会后，江泽民对形成监督合力的思考是："在我们国家生活的各种监督中，人大作为国家权力机关的监督是最高层次的监督。监督'一府两院'的工作是人大及其常委会的一项重要职责。"①"保证人民政协发挥政治协商、民主监督和参政议政的作用。"②"强化法律监督机关和行政监察机关的职能。"③ 同时，"各级党政领导班子必须严格实行民主集中制，加强领导班子内部监督，保证领导班子成员依纪依法办事，防止发生各种违法违纪行为，防止任何个人凌驾于党组织之上。"④ 中共十六大后，胡锦涛在庆祝中国共产党成立85周年暨总结保持共产党员先进性教育活动大会上的讲话中提出，要"把党内监督与人大监督、政府专门机关监督、政协民主监督、民主党派监督、司法监督、群众监督、舆论监督等很好地结合起来，形成监督合力，提高监督效果"。

---

① 《江泽民文选》（第1卷），人民出版社2006年版，第115页。
② 《江泽民文选》（第3卷），人民出版社2006年版，第554页。
③ 《江泽民文选》（第1卷），人民出版社2006年版，第236页。
④ 《江泽民文选》（第3卷），人民出版社2006年版，第188—189页。

参考文献

[1] 熊胜安:《毛泽东邓小平江泽民论干部监督》,载《学习读本》,中共中央党校出版社2000年版。

[2] 邬思源:《中国执政党监督体系的传承与创新》,学林出版社2008年版。

[3] 陈挥等:《中国共产党行政监察建设史》,国家行政学院出版社2011年版。

[4] 胡松等:《论毛泽东"让人民来监督政府"思想》,群众出版社2009年版。

[5] 吴珏:《民主革命时期中国共产党党内监察机制研究》,人民出版社2012年版。

[6] 周澜:《浅析毛泽东民主监督思想的有机构成——对毛泽东民主监督思想内在逻辑体系的重新解构》,《青海社会科学》2011年第1期。

第六章　十八大以来习近平反腐倡廉思想研究

自中共十八大以来，基于对新形势下的民情、社情、党情、国情和世情的深刻分析和判断，习近平从治国理政现代化的战略高度出发，在传承马列主义经典作家和中国共产党往届领导人的权力监督和廉政思想的基础上，着眼于"四个全面"战略布局的整体设计，坚定推进全面从严治党，对治国理政中的反腐倡廉工作提出了一系列立意高远、内涵丰富、思想深刻的重要论述，科学地解答了一系列重大理论和现实问题，丰富并发展了中国特色社会主义反腐倡廉理论，对开展纪检监察工作具有重要的指导作用。

一　习近平反腐倡廉思想的内容体系

1. 任务部署上，提纲挈领，注重标本兼治

中共十八大以来，中共中央采取了一系列的治标和治本的措施，以高压态势强力惩治腐败，以"壮士断腕"的决心反腐，"老虎"和"苍蝇"一起打等；开展党的群众路线教育实践活动、制定"八项规定"，通过组织反对"四风""三严三实""两学一做"等活动，加强党的作风建设；针对主要官员、主要职位、主要职责，渐进地建立防控风险报警、内部约谈、纠错整改、绩效评估等机制，逐步形成一套行之有效的防控廉政风险制度；制定副处级以上领导干部个人有关事项报告制度，要求副县级以上官员主动报告自己的住房、收入、投资、配偶及子女的从业情况等内容，有效地防范了"裸官"、家属子女经商等问题；《中国共产党纪律处分条例》，把之前规定的10类违纪行为整合修订为违反政治纪律、组织纪律、廉洁纪律、群众纪律、工作纪律、生活纪律6类外，增加了拉帮结派、对

抗组织审查、搞无原则一团和气、非组织活动、不如实向组织说明问题、不如实报告个人有关事项等违纪条款；改进中央和省市区的巡视制度，修订《中国共产党巡视工作条例（试行）》《党内政治生活的若干准则》和《党内监督条例》等，把党的纪律法规挺在前面，"把权力关进制度的笼子里"，营造廉洁从政良好环境，有效降低腐败案件的发生。

可以看出，在习近平的主张和领导行为中，反腐倡廉注重了如下几点：

一是抓住热点，制定"八项规定"和反"四风"。加强和改进党的作风建设，核心问题是保持党同群众的血肉联系。官僚主义、形式主义、享乐主义和奢靡之风，通过各种形式表现出来，会腐蚀党的肌体，损害党的形象，必须坚决反对。习近平强调："工作作风上的问题绝对不是小事，如果不坚决纠正不良风气，任其发展下去，就会像一座无形的墙把我们党和民众隔开，我们党就会失去根基、失去血脉、失去力量。"[①] 2012年12月，中共中央政治局审议通过了《关于改进工作作风、密切联系群众的八项规定》，内容涉及规范调查研究、精简会议、改进会风、厉行勤俭节约等。习近平强调："各地区各部门要不折不扣执行改进工作作风相关规定，把要求落实到每一项工作、每一个环节中。"[②] 2014年3月，习近平提出了"三严三实"的具体要求，进一步升华了"八项规定"和反"四风"的精神。三年多来，中央相继出台了一系列细化的政策措施，将"八项规定"落到实处。地方也纷纷出台了规范公务接待、会议支出、公务用车、因公出国（境）等管理办法，制定相应规章制度，切实转变工作作风。

二是抓住难点，"老虎""苍蝇"一起打。"老虎"是指官职高、权力大的贪官，一般握有较大的人权、物权、事权。"苍蝇"是指有微腐的基层干部或者"村官"。2013年1月22日，习近平在中共十八届中纪委第二次全体会议上强调要坚持"老虎""苍蝇"一起打。2014年1月14日，在十八届中纪委三次全会上，习近平指出："对腐败分子，发现一个就要坚决查处一个。要抓早抓小，有病就马上治，发现问题就及时处理，

[①]《工作作风上的问题绝对不是小事》，新华社，2013年1月23日。

[②] 习近平：《在第十八届中央纪律检查委员会第二次全体会议上的讲话》，人民网，2013年1月22日。

不能养痈遗患。要让每一个干部牢记手莫伸，伸手必被捉的道理。领导干部要心存敬畏，不要心存侥幸。"时隔一年之后，2015年1月14日，在十八届中纪委五次全会上，习近平又一次强调必须坚持零容忍的态度不变、猛药去病的决心不减、刮骨疗毒的勇气不泄、严厉惩处的尺度不松。

三是抓住"关键少数"，破解一把手监督难题。2016年1月12日，在第十八届中央纪律检查委员会第六次全体会议上讲话时，习近平指出，要抓住"关键少数"，破解一把手监督难题。"关键少数"，主要指中国党政机关主要负责官员，主要含中共中央政治局委员、省部级高级领导干部、县委常委等。"一把手"违纪违法最易产生催化、连锁反应，甚至造成区域性、系统性、塌方式腐败。许多违纪违法的"一把手"之所以从"好干部"沦为"阶下囚"，有理想信念动摇、外部"围猎"的原因，更有日常管理监督不力的原因。中共十八大以来，习近平从从严治党思考在抓住"关键少数"事务（指向谁、抓什么和怎么抓）上注重了精细化管理。2012年12月4日，中共中央政治局会改审改选过了《关于改进工作作风、密切联系群众的八项规定》。此后，2013年下半年开始，中央政治局率先开展党的群众路线教育实践活动。2015年起开展的"三严三实"专题教育聚焦县处级以上领导干部。2015年2月，在学习贯彻党的十八届四中全会精神专题研讨班上，习近平强调依法治国、从严治党，必须抓住领导干部这个"关键少数"。2016年10月，中共中央十八届六中全会通过的《中国共产党党内监督条例》专门就党的中央组织的监督单设一章。在习近平看来，中央政治局委员要牢固树立政治意识、大局意识、核心意识、看齐意识，当政治上的明白人，密切联系人民群众；高级干部必须时刻警醒自己，做到自重自省自警自励，越是高级干部越要严格自律；当县委书记就要做焦裕禄式的县委书记，始终做到心中有党、心中有民、心中有责、心中有戒，清清白白做人，干干净净做事，坦坦荡荡为官。中纪委网站的数据和案例通报等显示，中共十八大以来，通过巡视监督、执纪审查、审计司法、信访、举报、网络监督等方式，加大和严厉了对领导干部的监督与问责。

四是注重规则，把守纪律讲规矩放在重要的位置。国家的法律法规、党的纪律和规矩都是全党长期坚持并自觉遵循的规矩。法律是治国之重器，良法是善治之前提。2013年1月22日，习近平在中共十八届中纪委二次全会上强调："要善于用法治思维和法治方式反对腐败，加强反腐败国家立法。"同时,"要加强纪律建设,把守纪律讲规矩摆在更加重要的位置"①。"过去形成了这么一种现象,就是不到违法的程度大家都可以'包容''宽容',到了违法就由他去吧。这是对党和干部不负责任的表现。""出问题的人之前就会有迹象,为什么不及时帮助他们认识和解决问题呢？这就需要把纪律挺在前面。"② 2015年6月26日,习近平在十八届中央政治局第二十四次集体学习时的讲话中指出,对违规违纪、破坏法规制度踩"红线"、越"底线"、闯"雷区"的,要坚决严肃查处,不以权势大而破规,不以问题小而姑息,不以违者众而放任,不留"暗门"、不开"天窗",坚决防止"破窗效应"。

五是注重顶层设计,强调党内监督体制机制和国家权力监督体制的改革创新。习近平在中共十八届中央纪委二次全会上强调:"要把权力关进制度的笼子里,形成不敢腐的惩戒机制、不能腐的防范机制、不易腐的保障机制。"③ 2016年年初,习近平在十八届中央纪委六次全会上的讲话中,提到"要完善监督制度,做好监督体系顶层设计,既加强党的自我监督,又加强对国家机器的监督","要健全国家监察组织架构,形成全面覆盖国家机关及其公务员的国家监察体系"。

2. 组织领导权责分明,落实"两个责任"

习近平指出,党委能否落实好主体责任直接关系到党风廉政建设的成效,各级党委不抓党风廉政建设就是严重的失职,要追求相关领导的责任。一些地方出现窝案串案、官员麻木不仁等严重腐败现象,党委有不可推卸的责任。党委是党风廉政建设的领导者和推动者,是第一负责人,党委必须强化自身的责任意识和担当意识,从全局的角度规划反腐倡廉工作,发挥带头和表率的作用。

2015年1月13日,在第十八届中央纪律检查委员会五次全会上的讲话中,习近平指出,要建立有利于干部敢抓敢管、有利于党委担负主体责

---

① 习近平:《深化改革巩固成果积极拓展 不断把反腐败斗争引向深入》,新华网,2015年1月13日。
② 习近平:《在第十八届中央纪律检查委员会第六次全体会议上的讲话》,人民网,2016年1月12日。
③ 习近平:《习近平总书记在中纪委全体会议上讲话》,人民网,2013年1月22日。

任的制度；各级党委要加强干部日常管理，及时了解所管干部的思想、工作、生活状况，抓早抓小，敦促领导干部按本色做人、按角色办事；中央纪委、中央组织部要加强对地市党政"一把手"的关注和了解，督促省委加强管理和监督；巡视工作要向地市县一级延伸，盯住"一把手"。纪检监察部门作为反腐倡廉工作的专门机关，要不断强化自身的监督意识，不断优化监督方式，转变工作作风，聚焦于监督、执纪、问责的中心任务，严格做到有案必查、有腐必反，提高纪委反腐败的威慑力。党委或纪委存在不作为、乱作为现象时，要追究相关人员的责任。强化责任制，必须有科学的考评体系和严格的监督检查程序，对党委和纪委的工作进行有效的评估，解决"党委主体责任虚化，纪委监督责任软化"的问题，防止"灯下黑"，造就一支忠诚、干净、有担当的纪检监察队伍。

3. 目标追求志存高远，营造"干部清正、政府清廉、政治清明"的良好政治生态

目标追求是指领导活动所要达到的明确预期的目的或结果，是整个领导活动都必须集中指向的未来愿景。2013年1月，习近平指出，干部廉洁自律的关键在于守住底线，不把权力变成谋取个人或者少数人私利的工具，"只要能守住做人、处事、用权、交友的底线，就能守住党和人民交给自己的政治责任，守住自己的政治生命线，守住正确的人生价值观"[1]。2014年，习近平进一步指出，建设廉洁政治，努力实现干部清正、政府清廉、政治清明。[2] 这一全新论述从个体、政府、政治三个方面为我们反腐倡廉建设树立了新的奋斗目标。[3] 2015年3月6日，参加十二届全国人大三次会议江西代表团审议时，习近平指出，要着力净化政治生态，营造廉洁从政良好环境。要深入推进反腐败斗争，下大气力拔"烂树"、治"病树"、正"歪树"，使领导干部受到警醒、警示、警戒。要加强对干部特别是党员领导干部的监督管理，彻底改变对干部失之于宽、失之于软现象。2016年3月23日，视察国防大学时，习近平指出，要持之以恒推进党风廉政建设和反腐败斗争，严肃整改查处存在的问题，努力营造风清气

---

[1] 《十八大以来重要文献选编》（上），中央文献出版社2014年版，第138页。
[2] 习近平：《习近平在第十八届中央委员会第三次全体会议的讲话》，2013年11月9日。
[3] 《继续保持反腐败高压态势》，人民出版社2014年版，第151—153页。

正的良好政治生态。2016年10月，在中共十八届六中全会上习近平总书记指出，加强党内政治文化建设，党内政治生活、政治生态、政治文化是相辅相成的。此后，在十八届中央纪委七次全会上，习近平总书记又对党内政治文化建设作了进一步阐述。习近平指出要注重加强党内政治文化建设，倡导和弘扬忠诚老实、光明坦荡、公道正派、实事求是、艰苦奋斗、清正廉洁等价值观，旗帜鲜明抵制和反对关系学、厚黑学、官场术、潜规则等庸俗腐朽的政治文化，不断培厚良好政治生态的土壤。

二 反腐倡廉思想的特色

1. 创新性与务实性相结合

在传承、弘扬党和国家反腐倡廉建设中的智慧与宝贵经验基础上，习近平针对新时期党和国家迫切需要解决的新问题和发展的新需要，就深化改革反腐倡廉工作提出了一系列富有创见的新思想、新观点、新论断和新要求，深化、促进并开拓了反腐倡廉建设工作。如在反腐态度方面，创造性地提出惩治腐败要"零容忍"，继续保持反腐败高压态势，坚持"老虎""苍蝇"一起打；在反腐方法方面，开创性地提出"把权力关进制度的笼子里"、制定"八项规定"、落实党委的主体责任和纪委的监督责任、反腐败要坚持德治和法治相结合等。这些新思想和新要求体现了时代性和创新性的有机统一，为坚持和发展中国特色社会主义党风廉政建设和反腐败斗争注入了新的内涵。

习近平主张讲实情、出实招、办实事、求实效。如中央政治局制定的关于改进工作作风、密切联系群众的八项规定，字数不多，具体细致，便于落实。如在提到"要轻车简从、减少陪同、简化接待"时，明确规定要做到"五不"，即"不张贴悬挂标语横幅，不安排群众迎送，不铺设迎宾地毯，不摆放花草，不安排宴请"。八项规定，更具有可操作性，有助于高级领导干部将作风建设真正化为实际行动。从治理"舌尖上的浪费"、整治一张贺卡，到规范重大节日公务员的福利待遇等，这一件件小事让人们看到了习近平真抓实干、求真务实的反腐决心。务实性还体现在"以人民群众为中心"上。习近平多次强调党员干部要保持同人民群众的血肉联系，牢记党的性质和宗旨，要大公无私、公私分明、先公后私、公而忘私。为此，在习近平的领导下，从2013年6月开始，全党自上而下深入开展了以"为民、务实、清廉"为主题，以"照镜子、正衣冠、洗洗澡、治治病"为总要求的群众路线教育实践活动，教育广大党员干部要时刻把人民群众的利益放在首位，严格遵守党纪国法，永葆共产党人清正廉洁的政治本色。随着反腐败斗争持续深入，社会上出现了一些值得注意的舆论倾向和氛围。有几种论调还很有些市场，比如，反腐同群众利益无关，反腐让干部不作为，反腐影响经济发展，反腐是权力斗争，反腐应当缓缓手，等等。2016年1月12日，习近平在第十八届中央纪律检查委员会第六次全体会议上讲话时，强调对这些模糊认识和错误言论，必须加以辨析、引导，驳斥错误言论，化解消极情绪，消除偏见误解，说清楚我们党反腐败不是看人下菜的"势利店"，不是争权夺利的"纸牌屋"，也不是有头无尾的"烂尾楼"。

2. 系统性与科学性相结合

习近平从党和国家事业发展的战略高度出发，系统地提出了一系列内容丰富、逻辑结构严谨、可操作性强的新的思想、观点和举措。在"为什么反腐"问题上，习近平明确地指出，愈演愈烈的腐败现象会"亡党亡国"。在"谁来领导反腐败"问题上，习近平强调，要坚持中国共产党的绝对领导，强化党委的领导责任意识，提高纪委查办案件的能力。在"依靠谁反腐败"问题上，习近平主张，要紧紧依靠人民群众，人民群众是反腐败斗争的动力和主力军。在"如何推进反腐败"问题上，习近平从宏观的战略层面和微观的战术层面系统地提出了一系列举措。他提出反腐倡廉工作的总体战略可归纳为：用法治思维和法治方式反腐败，加快反腐败的国家立法，加强反腐败制度建设，构建权力运行制约和监督体系，标本兼治、综合治理。在策略方面，如严明党的纪律；深入落实中央八项规定精神，坚持不懈纠正"四风"；加强巡视制度建设；加强理想信念教育和廉洁从政教育；坚持"老虎""苍蝇"一起打；纪检监察要常抓不懈，拒腐防变必须警钟长鸣等；从国情出发，找真问题，抓真问题，解决真问题，切实促进党长期执政能力建设。

科学性主要体现在以下几个方面：一是依法反腐。习近平强调，要运用法治思维和法治方式反腐败，加快反腐败的国家立法。二是制度反腐。习近平创造性地提出"把权力关进制度的笼子里"，并加强制度的整体性、系统性布局，统筹兼顾，形成反腐的制度体系。三是注重运用科学的手段和技术。十八大后，各级纪检监察机关更加注重运用科技手段来提高反腐倡廉的科学化水平，综合运用现代高科技手段将信息技术、通信技术和网络技术等科技手段引入反腐败工作中，加强了党风廉政教育电子系统建设、电子政务服务系统建设、电子监察系统建设、办公网络系统建设等。

三 习近平反腐倡廉思想的价值分析

1. 传承和创新了反腐倡廉理论

习近平对毛泽东、邓小平等领导人的反腐败思想既有传承又有创新。

传承性主要体现在：一是反腐倡廉必须作为大事来，常抓不懈，以"零容忍"态度惩治腐败。二是反腐倡廉必须重视监督和巡视的作用，"要健全权力运行制约和监督体系，有权必有责，用权受监督，失职要问责，违法要追究"[1]。

创新性主要体现在：一是提高运用制度反腐的程度，强调"要加强对权力的制约和监督，把权力关进制度的笼子里，形成不敢腐的惩戒机制、不能腐的防范机制、不易腐的保障机制"。二是改革国家监察体制机制，通过"建立健全惩防腐败体系"来推动反腐败工作。三是超越以往运动式反腐、权力式反腐，"以法治思维和法治方式"依靠群众拓宽反腐的范围，没有"特区"，也没有"禁区"，"打虎拍蝇"鼓舞人民反腐信心。四是运用"两个责任""两个为主"激活反腐内生动力，强化监督执纪问责，落实管党治党责任。五是适应形势发展，推动巡视内容、方式、方法、制度建设的创新。

2. 促进了国家治理

（1）严查了一大批违纪案件。中共十八大以来，在习近平的带领下，中共从反腐关系到党和国家生死存亡的高度，严肃查处了一批贪污腐败分子。自中共十八大召开之日至2015年4月26日，落马的省部级及以上高

---

[1] 习近平：《习近平在纪念现行宪法公布施行30周年大会上的讲话》，2012年12月。

官102位，平均每年有43位高官被查。[①] 截至2014年12月31日，全国共查处违反中央八项规定精神的问题77606起，处理了102168人，其中给予党纪政纪处分的有31338人。[②]

与此同时，加强了国际反腐的合作，对追逃国境外贪官及赃款的力度明显增大。党的十八大以来，中央政治局常委会议3次听取专题汇报，习近平在国内国际近80次谈及反腐败国际合作和追逃追赃工作。2014年6月27日，中央反腐败协调小组国际追逃追赃工作办公室设立，含中纪委、最高法、最高检、外交部、公安部、安全部、司法部、人民银行等成员单位。该办公室先后开展了"天网2015""天网2016""天网2017"专项行动。

（2）推动了中共治理能力现代化。第一，抓学习，提升了服务群众的能力。通过开展党的群众路线教育实践活动、向焦裕禄学习等活动，领导干部带头深入基层，走进群众，广泛听取群众的意见和需求，提高了决策的科学性和民主性，提升了服务群众的能力。第二，抓制度，提升了执行能力。通过健全党内监督制度、党政领导干部选拔任用工作条例、权力清单制度、廉政风险防控等制度及建立惩治预防腐败体系和监督体系，运用制度治党、管权和治吏，提高了领导干部尊重制度、运用制度和执行制度的能力。第三，抓法治，提升了依法办事的能力。领导干部是依法治国的"关键少数"，要做尊法学法守法用法的模范。各级领导干部在习近平的号召下，在思想观念上尊崇法治，在领导方式和工作方法上自觉运用法治思维和法治方式，坚持依法治国、依法执政、依法行政，提高了依法办事的能力。

参考文献

［1］中共中央文献研究室等编：《习近平关于党风廉政建设和反腐败斗争论述摘编》，人民日报出版社2014年版。

［2］中共中央宣传部编：《习近平总书记系列重要讲话读本》（2016年版），人民出版社2016年版。

---

① 王聪：《十八大以来102名落马老虎名单：省部级69人军级以上33人》，中国经济网，2015年4月27日。
② 《2014年全国共查处违反中央八项规定精神问题5.3万起》，人民网，2015年1月6日。

［3］中共中央纪律检查委员会、中共中央文献研究室编：《习近平关于严明党的纪律和规矩论述摘编》，中央文献出版社 2016 年版。

［4］人民出版社编：《十八大以来廉政新规定》，人民出版社 2014 年版。

［6］李辉：《当代中国反腐败制度研究》，上海人民出版社 2013 年版。

［7］刘杰：《中国廉政建设的路径分析》，时事出版社 2012 年版。

［8］张鹏：《我国公务员集体腐败问题研究》，《政治学研究》2011 年第 5 期。

［9］邵景均：《探索强化党内监督的有效途径——学习贯彻习近平同志在十八届中央纪委六次全会上的重要讲话精神》，《人民日报》2016 年 2 月 5 日。

［10］赵秀玲：《习近平心中的反腐大局什么样?》，人民论坛网，2017 年 4 月 9 日。

第三部分
监察体制机制研究

按照《辞海》中的解释,"体制"是指国家机关、企事业单位在机制设置、领导隶属关系和管理权限划分等方面的体系、制度、方法、形式等的总称;"机制"原指机器的构造和运作原理,借指有机体的构造、功能和相互关系,泛指一个工作系统的组织或部分之间相互作用的过程和方式。讲到体制与机制,学界大多提及的是:(1)组织架构、权力配置(领导隶属关系和管理权限划分等);(2)执行机构、执行程序、规则与标准;(3)监督保障体系与制度(法治)建设。

监察体制是国家治理体系中的一个重要组成部分。马克思、恩格斯在指导德国共产党工作时、在评论"权力分立与制衡"主张时、在总结巴黎公社经验教训时,都重视了权力监督制度。列宁在领导苏维埃政权建设中,特别注重了工农检察院的改革和国家层面的民主监督。自中共十八大以来,中共中央从制定中央八项规定,修订《中国共产党巡视工作条例》,出台《中国共产党廉洁自律准则》《中国共产党纪律处分条例》《中国共产党问责条例》《党政领导干部选拔任用工作条例》《推进领导干部能上能下若干规定(试行)》和《关于防止干部"带病提拔"的意见》……对党员领导干部的自律规范,由"廉洁从政"扩展到"廉洁用权""廉洁修身""廉洁齐家"等方面;把违纪行为整合修订为违反政治纪律、组织纪律、廉洁纪律、群众纪律、工作纪律、生活纪律6类;强化党委(党组)及组织人事部门在推荐、考察、识别、使用干部中的把关责任,致力于做到有权必有责,用权受监督,失责要问责,违法要追究;在监督体系上,建立健全党中央统一领导、党委(党组)全面监督、纪律检查机关专责监督、党的工作部门职能监督、党的基层组织日常监督、党员民主监督的党内监督体系。2014年6月30日,中共中央政治局审议通过《党的纪律检查体制改革实施方案》,对党的十八大和十八届三中全会提出的纪律检查体制改革进行具体部署;第十八届中央纪委五次全会要求:"深入推进地市级纪委清理议事协调机构,重点研究探索县及县以下纪检机构职能定位、工作方式和作风转变问题,通过组织制度创新,把更多力量集中到主业上。"所有这些,为全面从严治党理政提供了制度支撑和实践载体。

监察体制机制应当有系统的变革。这一部分,立足当前纪检、监察工作实际合署运作情形,借鉴系统权变理论及其分析模型,检视当前监察体制和机制中存在的问题,系统探讨健全监察体制机制的思路、目标;以机制设计理论为视角,从信息效率和激励相容两个维度来探讨健全我国反腐败惩戒机制和预防腐败的制度体系和长效机制;以监察的三类模式为样本,对其监察体制、法制背景以及行政监察的职能、权限、程序、监察的方式方法等进行比较,进而找出异同和阐释启示。

第七章　健全监察体制机制研究：
以系统权变模型为视角

从权力制约监督角度思考，监察工作必须在理念、体制、机制和方式等各方面大力改革和创新。本章立足当前纪检、监察工作实际合署运作情形，借鉴系统权变理论及其分析模型，检视当前监察体制和机制中存在的问题，系统探讨健全监察体制机制的思路和措施。

一　系统权变视角下健全监察体制机制的可行性

从领导体制角度考察，我国纪检监察的变迁主要表现为三种形式。一是纪检机关与党的委员会平行设置；二是纪检机关作为党的委员会的一个工作部门；三是实行同级党的委员会和上级纪律检查委双重领导的体制。纪检监察体制机制的完善是一个内外环境相互作用的过程。纪检监察机关对自身工作规律的认识与党的中心任务及面临的形势共同作用于纪检监察体制变革的实践。中央层面，中纪委监察部按照"转职能、转方式、转作风"的要求，对机构内部架构重新进行了调整与优化；在"三不增"的前提下，增设了党风政风监督室和执法效能监督室，强化对自身内部的监督；进一步充实办案力量，直接办案人员和机构的数量大幅提高，职能更加明确，履职效率大幅提高。地方层面，各级纪检监察部门认真贯彻落实中央精神并参照中央一级的要求，制定了切合自身实际的具体规定，有条件地对机构内部架构重新进行了调整与优化。与此同时，制度反腐进入新阶段，形成了明确的制度反腐思路，各级纪检、监察机关突出查办案件职能，加大惩治腐败力度，"打虎"与"拍蝇"同时推进。

弗莱蒙特·E.卡斯特、詹姆斯·E.罗森茨韦克在《组织与管理：系统方法与权变方法》中，主张组织不仅是在与其存在关联环境的持续相互作用中达到动态合理平衡运行，同时仍保持其内外能量有效转换的开放性系统，还是关系整体同外界变化着的动态环境有一定区分限定的具有技术性的社会系统。在他们看来，任何组织一般都由目标与价值、技术、结构、社会心理、管理五个分系统组成，这五个主要分系统与对各分系统均有不同程度且具复杂性和非线性影响的环境超系统共同构成了解析组织与管理的系统权变模型（如图7-1所示）。

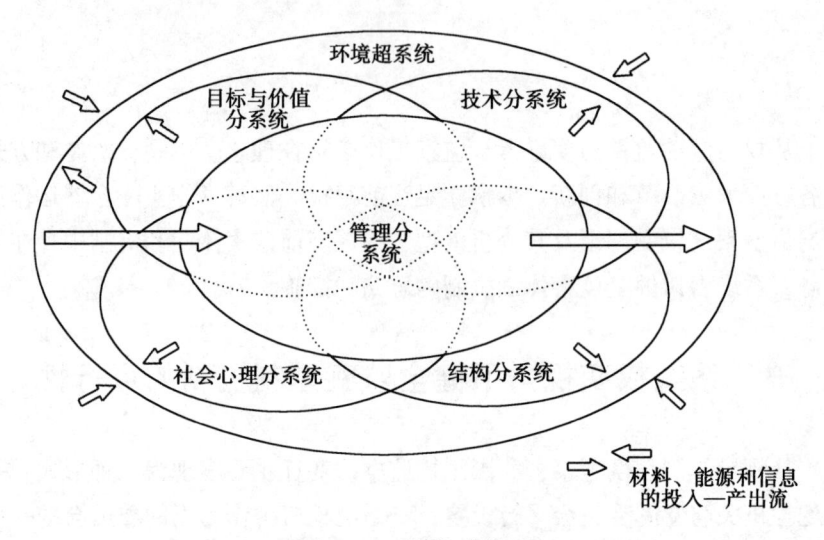

图 7-1 系统权变模型

依据系统权变模型，笔者认为，监察环境超系统就可以看作一个交融宏观政治、经济、文化、社会、生态以及国际因素等要素汇聚而成的庞杂系统：环境超系统通过人、财、物、信息等资源的投入供监察系统不断地吸收、转换和输出；监察的目标与价值分系统是一项涉及监察价值观和价值体系等要素的系统，该系统通过监察职能因子耦合组织目标与组织决策，彰显监察宗旨与目标的监督价值；监察的技术分系统是一项涵盖完成纪检监察任务所需具备的专业知识和技能、硬件设施和软件设备等要素的系统；监察的结构分系统是一项包含监察组织模式、机构设置、职位数量、工作职责、管理层次与幅度等要素的系统；监察的社会心理分系统是一项囊括监察组织个体心理、群体心理、组织心理等要素的系统；监察的管理分系统是一项联系整个监察组织并使组织与其外部环境产生联系，涉及监察领导、决策、执行、监督等要素的系统。

基于以上分析，结合2014年以来监察体制机制改革的具体举措，监察体制机制的回应性与系统权变模型架构之间能够形成协同对应、有效匹配。

二 健全监察体制机制面临的问题

1. 理念偏差导致监察意识不强

行政监察工作原是对政府部门进行监督，但我国在制度设计时把监察部门放在行政部门之中，使得当监督者处于被监督者的领导或管辖之下时，监察部门缺乏独立性。监察部门对政府不能监察、不愿监察或无法监察。其原因在于，制度设计之初，就把政府内的官员多多少少假设为向善和追求公共利益最大化的，而没有假设信息不对称、权力无制约监督时存在"恶人"。

2. 体制不顺导致监察整合不够、职能不明、权责不清

在对2498人的调查中，结果显示约有13%和34%的调查者认为当前我国监察体制存在严重和较为严重的弊端（见表7-1）。[1] 在严重和较严重这两项指标中，进一步对被调查者分职业、分级别进行统计，非监察干部认为监察体制存在的严重性程度比重远大于监察干部（见表7-2），被调查者对监察体制弊端的严重性认识程度在不同行政级别中都占据较高比重（见表7-3）。

表7-1　　　　　　　目前的监察体制存在的弊端严重程度

您认为目前的纪检监察体制存在的弊端严重吗？（调查总人数：2498人）		
选项	回答人数（n）	百分比（%）
严重	316	12.650
较严重	839	33.587
不严重	831	33.267
不清楚	512	20.496

---

[1] 本章引用的数据由《行政监察理论与实践问题研究》课题组提供，下同。

表 7-2　　　　　　　监察体制弊端严重程度分职业统计

选项	统计指标	分职业统计	
		监察干部（调查总数：415人）	非监察干部（调查总数：2083人）
严重	回答人数（n）	39	277
	百分比（%）	9.398	13.298
较严重	回答人数（n）	148	691
	百分比（%）	35.663	33.173

表 7-3　　　　　　　监察体制弊端严重程度分级别统计

选项	统计指标	分级别统计			
		省级（调查总数：188人）	市级（调查数：950人）	县级（调查总数：1185人）	中央在汉部门（调查总数：175人）
严重	回答人数（n）	35	117	133	31
	百分比（%）	18.617	12.316	11.224	17.714
较严重	回答人数（n）	78	353	376	32
	百分比（%）	41.489	37.158	31.730	18.286

监察制度设计之初没有牢固树立用制度管权、管事、管人的观念，对干部的监督检查失之于宽、失之于软，出现"牛栏关猫"的现象。近年来查办的一些重大案件所暴露的腐败行为大都与监察体制存在缺陷和弊端有关，说明我国监察体制仍存不足。调查显示，监察体制在领导体制、监察法制、监察手段、监察监督部门沟通协调等方面被调查者认为亟待进一步完善与改进（见表 7-4）。

表 7-4　　　　　　　　　　监察体制存在问题分析

	体制不健全	法制待完善	手段不充分	沟通协调不够
占回答者比（%）	42.278	63.779	72.242	50.301
占答案选择比（%）	18.494	27.900	31.602	22.004
频数（n）	1054	1590	1801	1254

3. 监督机制不全导致执行不力

监察机关在履职过程中很难与其他监督主体达到信息上的沟通共享、行为上的相互配合。1292位被调查者认为应该独立或升格监察机关的权力和地位，比重高达52%。其中，有77.6%和74.7%的被调查者选择由于"人为阻力，使得畏首畏尾"和"人情关系难却"，形成好人主义、瞻前顾后、怕得罪人等"弱势"局面（见图7-2）。在这种情况下，致使监察人员在履职过程中存在较大心理压力，造成监督失效。课题组对监察人员的心理压力程度进行了调查，结果显示，有超过58%的被调查者认为存在较大程度的心理压力（见表7-5）。

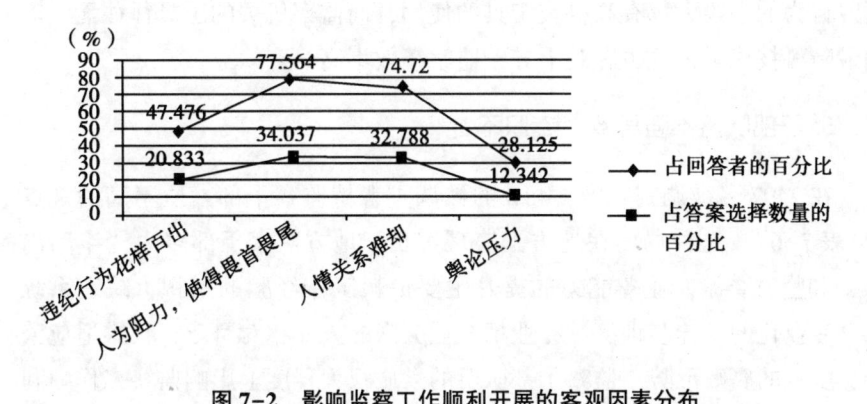

图7-2 影响监察工作顺利开展的客观因素分布

表7-5　　　　　　　　　监察人员心理压力程度统计

您认为，目前监察人员心理压力程度如何？		
选项	回答人数（n）	百分比（%）
很大，甚至不敢放手开展工作	74	12.606
较大，处于紧张状态	269	45.826
一般，通过调适可以减压	211	35.945
没有心理压力	33	5.622
合计	587	100.0

4. 方法欠妥导致监察绩效不高

监察机关在工作方式方法上存在包办代替、面面俱到现象，特别是在与其他行政管理部门联合执法中，一定程度上履行了其他部门的职责。[①] 这不仅导致了监察部门资源的浪费，导致监察部门工作任务繁重而超负荷运作，也不利于调动监察部门工作人员的积极性，在一定程度上削弱了监

---

① 参见左连璧《中国监察制度研究》，人民出版社2004年版，第176—177页。

察部门的监督功能。在我们的调研中，75.2%和73.2%的被调查者选择应当创新监察工作方法，广泛利用电视广播和网络、微博等开辟新的监察途径；67.3%和57.6%的被调查者认为应该赋予监察部门调查取证权和处罚权，以促进监察工作的有效开展和对监察对象的教育与惩罚；有39.8%和23%的被调查者认为将电子监察系统与传统的监察系统相结合会起到更好的效果。随着社会的发展和科技的进步，政府部门一些官员的违法或腐败行为的手段大都有高科技工具的使用，而监察机关的工具往往无法应用最新科技成果，这也客观上导致监察绩效不高。

5. 干部队伍不强导致"专职不专"

在2497名被调查者中，48%的被调查者持监察干部素质不高的观点（见表7-6）。这种局面在地方上表现突出。地方监察干部多为"半路出家"和临时委派，业务能力的提升主要依赖工作经验的累积，缺乏系统化、专业化的培养与训练。专业精、业务强的人才相对匮乏，很难适应繁杂、多变的腐败形势。监察干部队伍的素质很大程度上影响监察工作顺利推进。调查显示监察干部队伍的思想政治素质、业务素质、作风及职业道德等主观因素致使监察效率不高，其中业务素质所占比重比其他几个主观因素所占比重要大（见图7-3）。

表7-6　　　　　　　　监察干部队伍的素质统计

选项序号	选项	回答人数（n）	百分比（%）
1	高	296	11.854
2	较高	865	34.642
3	一般	1195	47.857
4	较低	93	3.724
5	低	48	1.922
合计		2497	100

您认为监察干部队伍的素质如何？

在干部队伍素质与能力建设中，现存的最大难题是"专职不专"，在实际工作和职责履行过程中既要履行好监督与检查等本职职能，又要承担一些其他不与自身本职工作相关的事项，容易出现业务能力不足、"本领恐慌"等诸多问题。

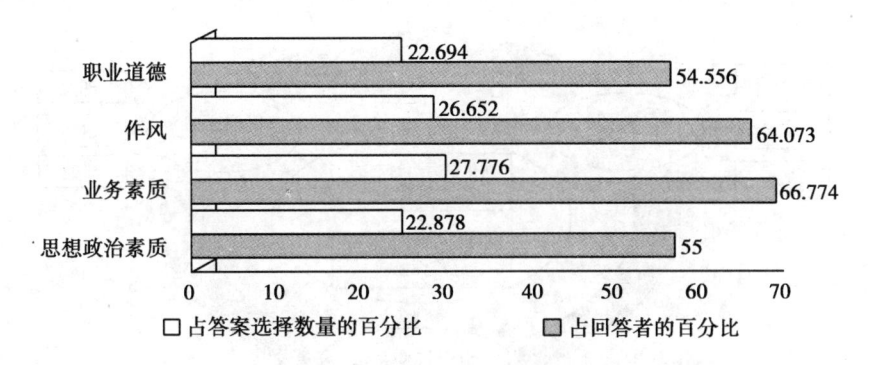

图表数据：
- 职业道德：22.694 / 54.556
- 作风：26.652 / 64.073
- 业务素质：27.776 / 66.774
- 思想政治素质：22.878 / 55

图例：□ 占答案选择数量的百分比　■ 占回答者的百分比

图 7-3　影响监察工作顺利开展的主观因素分布

三　健全监察体制机制的思路与措施探讨

1. 总体思路

强化对权力运行的制约和监督，必须改革与完善监察体制的适应性与有效性，建构体制机制适应性模型（见图 7-4）。该模型主要包括权力控制调适系统、机制整合系统、组织权变系统三大动力系统。这三大系统以强化权力运行制约与监督为目标取向，以完善监察体制机制适应性需求为核心，通过动态调整、优化与改进，整体推动监察工作向前迈进；权力控制调适系统是指在实现对权力的控制目标指导下，通过不断改进监察方式、变革反腐技术以及净化政治生态形成合理的调控行为整体；组织权变系统是指监察系统内部不断完善组织结构、优化职能、强化人员管理以灵活适应日益复杂的反腐倡廉需求；机制整合系统是指在监督理念创新、政策法规维系、责任绩效提升的基础上实现监察组织协同运作。

2. 创新监督理念，强化制约意识

一是树立强化权力制约与监督的正确观念，摒弃"不能、不敢、不必监督"的错误认识。要通过强化监督意识，更新角色定式，切实转变监督职能，专职当好执纪执法的"监督员"，勇当监督检查的"先遣队"。

二是树立民主、法治、科学意识和群众路线意识，转变监督工作作风，深化改革体制机制，促进依法行政、高效勤政、廉洁从政。

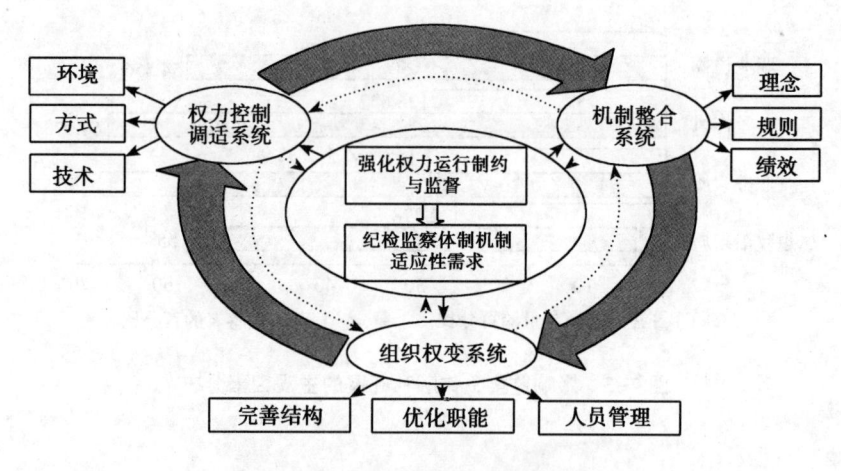

图 7-4 监察体制机制适应性模型

3. 改革体制和机制，提高监督效能

第一，进一步优化"领导体制"和监察机关架构，明确划清纪检与监察之间的界限，杜绝纪检与监察混淆、代替的现象，有效提升监察机关的独立性和权威性，进而充分发挥组织自身在监督检查工作上发挥有效的决策力、执行力、监督力与保障力，充分实现监察的"异体监督"功能。

第二，协调好纪检、检察院、法院、公安、监察、审计之间的职能作用，整合现有分散在相关部门的预防腐败局、反贪污贿赂局等反腐败专门机构的功能，形成监察委员会体系。

第三，改进方式方法，实现阳光监察。按照"公开常态化"的原则，实施决策、管理、服务、结果全方位公开；设置科学的权力运行流程，明确权力行使的条件和程序，主动满足需求、及时回应关切；从非公务员系统的机构、团体、公众中选拔监察专员、人民监督员、廉政专员，充分赋予其调查权、批评权、建议权、公开调查结果权，保证这些人员编制、福利待遇的独立性，使这些人员不受"体制内"条条框框的束缚，增强监察机制的弹性；完善电子监察系统，在公开的基础上优化监察办案流程，从案件的受理到已送审理的各个阶段都严格依法依规，保证监察工作在合法、合理、有权、有效的轨道上阳光运行。

第四，净化监察环境。监督制度改革与创新的同时也离不开对整个社会环境的优化与政治生态的净化。要有效铲除腐败存在的土壤，有效转变作风，形成风清气正的社会风气，需要着力扫除"四风"之弊，坚决治理公职人员工作上的"庸""懒""散""软""奢"行为，减少腐败存量，遏制腐败增量。

参考文献

[1] 本书编写组：《中国共产党第十八次全国代表大会文件汇编》，人民出版社2012年版。

[2] 李秋芳：《世界主要国家和地区反腐败体制机制研究》，中国方正出版社2007年版。

[3] 任建明：《反腐制度与创新》，中国方正出版社2012年版。

[4] 本书编写组：《十八大以来廉政新规定》，人民出版社2014年版。

[5] 李永忠：《二十五年纪检体制改革的实践》，《廉政瞭望》2004年第5期。

[6] 刘金程：《中国共产党纪检监察领导体制的演化：90年的回顾与展望》，《河南社会科学》2011年第5期。

[7] 欧阳媛：《刍议纪检监察体制机制改革与创新》，《中国党政干部论坛》2014年第5期。

[8] 徐喜林：《进一步健全党的纪检监察体制的思路对策》，《中州学刊》2014年第4期。

[9] 于学强：《制度视角下纪检监察工作存在的问题与对策》，《湖南师范大学学报》2014年第4期。

第八章　机制设计维度的预防腐败机制研究：以 T 县为例

为消除或减少腐败风险而制定的策略、计划、方案等，即构成腐败预防机制，含预防机构、宣传与教育机制、法律法规制度化建设机制、权力的制约监督机制和政府职能转变机制、利益冲突机制、信息公开机制和政治参与机制等。无论地域有何差异，在国家治理的框架中，县级政府都起着承上启下、联结城乡、沟通"条""块"的重要枢纽作用。在过去的几年里，各级纪检监察机关严厉查处发生在县域群众身边的"四风"和腐败问题，显示出县域腐败治理刻不容缓。本章以机制设计理论为分析视角，基于对 T 县政府腐败预防机制构建状况进行的实地调研，对腐败问题以及腐败预防机制运作现状进行分析，探讨构建预防腐败的长效机制。

一　研究视角、调查设计与实施

1. 研究视角：机制设计的两个维度

机制设计理论是研究在自由选择、自愿交换、信息不完全等条件下设计出一套规则或制度来达到先定目标的理论。[①] 在理性人假设、理性选择理论、博弈论和社会选择理论等基础上，机制设计理论的学者认为所有社会集体目标的达成都要以个人利益的实现为前提，通过分析社会选择规则从而对自身所涉及的这些选择规则进行分析，观察主体间的互动、分析主体间的行动策略，才能够设计出有效的机制来促进社会整体的效益和目标

---

① ［美］莱昂尼德·赫尔维茨、斯坦利·瑞特：《经济机制设计》，田国强等译，上海格致出版社 2009 年版。

实现。① 在此过程中，涉及两个维度：

第一个维度是信息效率，即实施机制设计的运行信息。在经济行为中，信息效率设计机制能够实现既定目标需要的信息量大小，即机制设计要求保证用最低的信息传递成本和较少的关于整个经济活动参与者的信息。信息传递成本指在机制的设计和执行过程中所要花费的信息交流要消耗的成本。由于现实中的个体都私自拥有属于自己的信息，信息不完全，在市场竞争的环境中，做出的决策则依赖于供需双方的信息交换，即是一个信息交换与调整的过程。其理论目标是减少信息传递的层次，信息成本也就相应地减少，在降低决策成本的基础上做出合理的决策。

第二个维度是激励相容，即构建的机制可以使参加者在实现自身利益的同时也能够实现既定目标。在信息不完全的条件下人们行为的经济理性，不会真实地将自己的偏好显现出来。激励相容的目标就是设计一种能真实反映偏好的机制，即在设计某种社会目标的基础上还需要设计一些原则或规则来保证各个参与者积极参与，在满足"经济人"自利的基础上激励参与者实现既定社会目标。

两个维度显示，完善的机制是应该很好地处理信息效率与激励相容这两个方面，在不完全市场有效利用信息，减少信息传递成本，同时参与者具有在追求自身利益时促进机制设计目标的激励，实现社会目标及社会问题有效治理。

2. 调查设计与实施

笔者在尽量保证调研科学性的前提下，于2015年6月15日至6月26日对湖北省T县进行调研。T县位于湖北省东南部，其下辖8个镇、4个乡、1个管委会，共有17个居委会、172个村委会，是一个旅游业较为发达的县，总面积2680平方公里，常住人口总数为41.84万人，其中农业人口33.62万人。T县在全省属于经济较贫困县，专项惠农、补助金项目较多。该县在笔者进行调研的前一周刚经过了省巡视组的巡查，该县整理的工作报告、工作总结等资料都很齐全。

（1）预防腐败机制构建情况问卷调查。调研的对象是县级政府及其

---

① 严俊：《机制设计理论：基于社会互动的一种理解》，《经济学家》2008年第4期。

下属各职能部门，在个人情况部分主要是对被调研者的性别、年龄、学历、职业、身份等几个变量进行考察。问卷内容主要在机制构建的两个维度基础上确定，结合《建立健全惩治和预防腐败体系 2013—2017 年工作规划》中提到的预防腐败应包含的四个方面展开提问（见表 8-1）。

表 8-1　县级政府预防腐败机制构建情况调查问卷设计分析

分析因素		具体分析内容
1	整体评价与感知	对目前县级政府预防腐败状况的总体评价（1）
		认为县级预防腐败的影响因素（2）
		预防县级政府腐败还需要如何创新（4）
2	廉政教育	认为政府部门干部队伍的职业素质如何（3）
		所在机关在廉政文化建设方面举行了哪些活动（5）
		贵单位是否每年按期举行廉洁从政专题教育学习（6）
		贵单位是否设有廉政文化基地与反腐网络专栏（7）
		通过哪些方式获得廉政建设的信息（8）
3	法制法规	所在单位是否重视依法行政（9）
		从哪些渠道了解预防腐败的法律法规（10）
		认为在针对预防腐败的法律法规上还存在哪些不足（11）
4	权力制约	认为县级政府监督机制存在哪些问题（14）
		所在部门政务公开执行得如何（16）
		认为县级政府权力约束还需要在哪些方面加强（17）
5	体制转变	所在岗位是否设置了风险监控与预防机制（12）
		认为当前预防腐败体制存在哪些问题（13）
		对单位的薪酬制度与薪酬水平是否满意（15）

本项研究向 T 县政府及其所属的各部门采取随机抽样的方法进行问卷调查。问卷调查共发放问卷 220 份，收回的有效问卷 202 份，有效比率为 92%，其中部门领导 10 人，中层管理人员 72 人，普通办事人员 100 人。具体如图 8-1 所示。

（2）访谈。访谈对象包括县长、县委书记、县纪委书记、纪委主任、法制办人员、财政局主任、税务局办公室主任、派驻纪检工作人员、人大常委会副主任。受访者不仅对县级政府及其部门在预防腐败工作上所做的工作进行了详细介绍，而且就自己所在的职位级别看到的县级预防腐败在

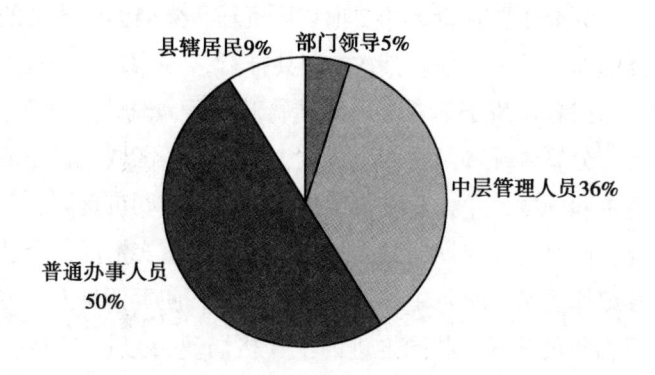

图 8-1　问卷调查对象基本情况

哪些环节做得不够提出建议，还有的访谈对象在沟通中向笔者提出了一些问题。访谈的内容让笔者对县级情况有全面把握的同时，也是对问卷内容的补充与具体化。

二　T县预防腐败机制构建工作分析

1. 预防腐败机制构建的简况

目前，我国治理腐败的工作安排由中央逐渐向基层覆盖，县级政府的反腐败工作主要是听从上级的安排来执行。在对 T 县进行调研期间，笔者曾多次向县级政府的不同部门提出查阅部门有关腐败治理问题的文件，工作人员一般都告诉我这些文件可以从省廉政网站上获得。[①] T 县的反腐败制度建设重点已经从预防为主转为以惩戒机制的建设为主。[②] 但是，调查显示 T 县反腐败工作实践中凸显出一系列预防机制。

（1）权力运行的监督管理机制。首先，T 县纪委、监察局实行合署办公，运行一套工作机制，分别对县委、县政府负责。县监察局仍属政府序列，接受县政府的领导，主要负责整个县的行政监察事务，负责调查和处理县级政府各部门、各乡镇政府内的违纪案件。T 县制定《关于落实党风廉政建设党委负主体责任、纪委负监督责任的意见》明确党委班子的 8

---

① 2015 年 6 月 20 日上午在 T 县政府办公室的访谈，访谈对象：办公室主任等。
② 2015 年 6 月 20 日下午在 T 县纪委会议室的访谈，访谈对象：县纪委领导等。

项集体责任、党委主要负责人的 5 项首要责任，党委其他成员的 5 项领导责任和纪委的 5 项监督责任。其次，T 县推行"一书二单三报告"制度，要求乡镇、部门各层班子签署党风廉洁行政建设责任书；按照党委班子、主要负责人、分管领导和纪委四个层次，划出责任区域和责任范围，列出各自责任清单和问题清单；党委班子成员定期向主要负责同志汇报主体责任落实状况，同级纪委定期向党委报告监督责任落实情况，全县党委定期向县委、县纪律委员会报告主体责任落实情况，使责任见人、见事，形成了各司其职、各负其责、共同推进的工作格局。[①] 最后，T 县严格的规范相关领域的管理流程，进行全面的风险点排查工作，积极地推进权力公开透明运行。例如，该县的地税局制定了一套较为完善的风险排查机制运作方案。

（2）制度化规范机制。T 县制定了一些规章制度用以规范政府行为。例如，印发了《全县农村集体"三资"清理和监管代理工作检查督办方案》；印发了针对公务用车和全县机关事业单位各层公职人员工作日中午禁止饮酒的规定等；出台了《县党政机关国内公务接待实施细则》《县级党政机关培训费管理办法》《会议费管理办法》《差旅费管理办法》，进一步规范公务接待、教育培训、会议、差旅费用的报销程序和标准。

（3）信息公开机制。T 县自上而下地全面推行了政务公开。在政府网站上，县政府会及时公开党风廉政建设工作情况、基层组织建设情况、干部人事任免情况、重大项目的招投标事项、监察机构的工作报告等政府部门有关的政务事项的网上公布。在政府办公大楼里，全县经济项目的开发与承建过程的财务信息会以文件的形式张贴在政府部门的公布栏上，关系民众生活的重大事宜开展听证会。县政府及其部门的办公大楼是对民众敞开的，随时欢迎民众来监督、咨询。政府部门的办公电话号码向民众公开，公民如遇到问题可以随时打电话到政府办公室进行咨询与监督。T 县以实施"十个全覆盖"争创农村党委工作作风廉政建设示范县为着手点，

[①] -当地的党风廉政责任书中明确"从严强化监督。带头贯彻执行民主集中制、重大问题决策、重要干部任免、重大项目投资决策、大额资金使用事项决策、'一把手'四个不直接分管等监督制度，继续推行廉政风险防控，党务、政务、政务公开和各领域办事公开，自觉接受法律、民主、审计、舆论和社会各方面的监督，把权力关进制度的笼子"。引自 2014 年 10 月 T 县《党风廉政建设责任书》，第 43 页。

将村庄民主化治理纳入监察之中,在全县所属农村社区里形成了落实村务公开和民主管理的有效机制和良好氛围。

(4) 积极推行权力清单制度。T县的权力清单制度主要由县法制办来牵头,县其他政府部门根据县法制办关于县行政权力和政务服务事项清理工作统计报送情况,积极加快促进县政府权力清单、责任清单及负面清单制度建设。县法制办办公室人员较全面地描述了整个流程:"我们县的权力清单制度,第一步是自行清理,就是谁行驶权力,谁清理,汇成电子档然后交我们法制办汇总。第二步由我们法制办审核确认,确定权力是否保留。这个要依法定依据,法定依据要是省一级的,市县文件不能为依据,县级政府权力主要是保留。我们上面的市级权力清单也是今年才开始,我们县也才弄了半年,我们一开始是选了四个试点单位,其他的后期再清理。第三步是流程再造,整合成电子档返还单位,编制流程图、责任清单,找廉政风险点,编制风险目录。第四步是权力公开阶段,县政府办公室通过政务外网公布职权目录。第五步是网上试运行。"① 据T县法制办统计,截至2015年上半年,全县有38家县直单位已报送行政权力和政府服务事项清理工作统计表。较为典型的有县国土资源局通过政务公开指南、展版、局门户网站"晒"出国土资源系统42个单位128项行政权力责任清单;县物价局按县就部门所有行政权和工作职责的清理工作要求,扎实开展行政权和工作服务职责清理工作,共清理出行政权力和工作服务事项29项,保留规范23项:非行政许可1项,行政处罚15项,行政强制1项,行政监督检查2项,行政奖励1项,行政备案2项,其他权力事项1项;取消4项:其中非行政许可1项,行政征收2项,行政备案1项。通过自查清理,制定价格权力清单,编制流程图、风险防控目录,确保了价格行政权力和服务事项依法、公开、规范、高效运行。

(5) 宣传教育机制。全县定时开展"党风廉政建设宣传教育月"活动,并针对宣传教育活动印发了相应的督察方案,规定了督察内容、责任单位、督察的具体工作要求以及督察重点几个事项。每个党风廉政建设宣传月活动都设定了不同的活动主题。活动的形式有主题演讲比赛活动、先进事例的学习教育活动、播放警示教育片、组织机关干部前往廉政教育基地进行教育等,旨在以更为生动、贴切的方式深化相关政府人员的廉政意

---

① 2015年6月24日上午在县法制办资料室的访谈,访谈对象:办公室公职人员。

识。T县纪委监察局充分利用手机廉政短信平台便利、快捷的优势，向全县党员领导干部发送助廉短信。其中，"动态型"短信传播廉政新政策；"提醒型"短信把好节日廉政关；"警示型"短信使廉政教育不间断。T县还在县电视台、县周刊等大众媒介上插播、刊印廉政提醒和廉政漫画、短片等，"截至2015年年中，全县已累计更新各类反腐倡廉宣传栏目、招贴、牌匾230余幅，发送廉政短信3万条，插播廉政提醒、短片26条次。"① "你进我们大楼的时候不知道你注意到没有，反腐倡廉的警示标语那是到处都是，不看都不行。我们的党风廉政宣传月活动一直开展，领导们都比较重视，等下把我们的工作监督方案拿给你看，那都是规规矩矩在做事，效果也是比较好的。"②

除了廉政文化的宣传外，T县还在教育上制定了一些规章制度。如该县工商局等部门的"一书两谈"制度，有效解决了党员干部在党风廉政建设中出现的苗头性问题。制度规定了节假日来临的廉政提示书的发放、工作例会上的中层以上干部的廉政谈话、对出现苗头性问题的党员干部及时进行约谈，2015年上半年统计仅县工商局就已发布廉政预警提示书4期，对14名单位负责人进行了廉政谈话，约谈违反工作纪律、会议纪律人员10人，公开点名通报处理2人。③

2. 预防腐败机制运行的绩效

（1）"四网合一"便民服务，打造治理网络模式。"T县政务信息公开网"与"T县财政与政务编制公开网""T县行政服务中心网""T县农村'集体重要三资'信息公开网"合一，设置"县级公开""乡镇公开""村级公开""便民查询"等9个栏目，分12个环节，将惠农资金发放、行政审批事项办理、农村集体"三资"、村务公开信息全部纳入网上公开，形成以信息公开查询为基础，以网上申报、投诉、预警纠错、绩效评估和公布结果等为拓展的综合便民服务公开查询系统。该系统开通以来，点击量已突破35万余次，提供各种服务5.5万余次。这样的模式改变了曾经自上而下的单向的信息传递方式，有利于提高信息的传播效率和利用

---

① 《"三型"短信 弘扬廉政正能量》，T县廉政网，2015年9月16日。
② 2015年6月20日上午在T县纪委会议室的访谈，访谈对象：县纪委办公室某主任。
③ 数据来源：《T县纪委2015年上半年工作报告》，第21—23页，2015年7月8日。

率（见表 8-2）。

表 8-2　　　　　　您所在的部门政务公开执行的如何？

选项序号	选项	回答人数（n）	百分比
A	响应中央政策、执行有力	145	71.78
B	政务公开流于形式	57	28.22
C	没有执行政务公开	0	0
	合计	202	100

数据来源：笔者在 2015 年 6 月 15—26 日调研期间所做的 T 县预防腐败机制构建情况调查问卷。

（2）群众对政府的评价与信任程度有较大提高。T 县从教育、监督、检查、处理、保障等环节入手，不断完善相关制度，相继推出了部门改进绩效考核评估制度和具体办法，将绩效管理与廉政风险防控相结合，建立廉洁从政责任落实检查制度，将廉洁从政建设责任检查考评与领导干部的考核与述职述廉、考察考核等工作综合起来等，能激励公务人员的行为与政策方向相吻合，也能使群众对政府的治理能力的口碑变好（见表 8-3）。

表 8-3　　　　　　您如何看待政府预防腐败的现状？

选项序号	选项	回答人数（n）	百分比
A	责任明确、预防有力	74	36.63
B	责任明确，但预防不得力	64	31.68
C	责任不明确、预防流于形式	33	16.33
D	说不清楚	31	15.35
	合计	202	100

数据来源：笔者在 2015 年 6 月 15—26 日调研期间所做的 T 县预防腐败机制构建情况调查问卷。

3. T 县反腐败预防机制运行的不足之处

（1）信息传递效率偏低。①政务公开不足。政务公开的范围主要是政府工作报告与总结、政府各部门相关文件及规章制度、政府组织相关工作的通知以及政府有关廉政建设的组织活动的报道等。其公开的信息明显有选择性，公开程度太小，透明度不足。②廉政教育抓不住重点对象。县级政府及其各部门的"一把手"应该是廉政教育的重要对象。而在 T 县的调研中，有公职人员告诉我们，其往往因为各种原因未来参加廉政教育学习活动。"在教育学习开展中，部门领导很少来参加学习。一些部门领导认为，抓教育学习活动是虚的，完成目标责任制的考核指标，有政绩，那才是头等大事。也有部门领导认为，党风廉政责任制摆在面前，风险防控点也确定了，大家自觉检查对照，再有犯事的该怎么处理就怎么处理就行了，没必要经常开会学习，发生的腐败案例多是有实权的人。"①

（2）激励相容不足。①权力监督不力。权力监督体制在县域多少存在着"上级监督过远，下级监督太险，同级监督为难，纪委监督偏软"等空监、虚监和弱监的状况，有"制度若干条，不如领导的批条；制度规定不具体，领导的指示批示就神通"的现象，有监察部门"单打独斗"而协同不够的现象，有对违纪行为宽恕进而"大事化小，小事化了"的现象，让公众感到监督可能不到位（见表 8-4）。②公务员薪酬激励机制不完善。基层官员感到自己的付出与收入不成正比而产生不满（见表 8-5）。③廉政评价中的评价指标的主、客观性不平衡。党风廉政责任制的考核评分标准是据不同的考核内容完成情况逐项评分，具有客观性，主观性评分因素在这个考核表中没有体现出。民主测评表的指标仅仅是以"优秀""称职""不称职"等具有主观性的指标进行评分，没有对受评对象的考核项目进行分项测评。②

表 8-4　　您认为目前监察体制存在监督不到位的情况严重吗？

选项序号	选项	回答人数（n）	百分比（%）
A	严重	26	12.65
B	较严重	68	33.58
C	不严重	67	33.26

---

① 2016 年 6 月 23 日下午在 T 县税务局会议室的访谈，访谈对象：县税务局办公人员。

② 参见 2014 年 T 县党风廉政责任制考核表和 T 县委组织部制定的县管干部廉政考核民主测评表。

续表

选项序号	选项	回答人数（n）	百分比（%）
D	不清楚	41	20.49
合计		202	100

数据来源：笔者在2015年6月15—26日调研期间所做的T县预防腐败机制构建情况调查问卷。

表8-5　您对您单位的薪酬制度与薪酬水平是否满意？

选项序号	选项	回答人数（n）	百分比（%）
A	非常满意	23	11.39
B	勉强满意	99	49.00
C	不满意	80	39.60
合计		202	100

数据来源：笔者在2015年6月15—26日调研期间所做的T县预防腐败机制构建情况调查问卷。

三　完善预防腐败机制的措施探讨

1. 提高信息效率，"把权力关进制度的笼子里"

（1）"三张清单"一张网。保证行政权力的规范、透明、公开，必须在厘清公权力的基础上，将职权明细、权力主体、法律依据等列举成清单并公之于众，让人民群众明白政府管什么、做什么、有哪些职责、有事找哪个部门，同时也增强政府的责任意识和真正做到有法可依、有章可循。在推行权力清单的同时，责任清单、负面清单的推行也要跟上，既要强调权力与职责的对等，也要建立针对权力运行的问责机制，厘清权责问题，明确问责范围大小，完善相关问责程序，进而合理定责、及时督责、科学评责和严格追责，让三张清单形成一张规范政府行为的网，厘清政府、市场和社会之间的界限。

（2）健全和完善政务公开制度。在腐败治理中，保证信息的及时性、准确性及有效性是基本要求。随着《政府信息公开条例》在全国范围内的实施，政府政务信息公开工作的专门机构陆续成立，政府政务信息公开目录开始编制，政府政务信息公开的程序越来越规范，公开领域大大扩展，政府政务信息公开的问责机制逐步建立。不能忽视的是，一些政府部门及其公务员长期受"官本位"思想的影响，公开的信息中大多内容滞后。针对此，第一，县级政府政务信息公开的主体以及公开范围应该予以扩展与标准化。第二，必须完善政务信息公开工作的监督、评估和问责机制。

（3）完善公务人员财产申报制度。2015年以来，北京、安徽、贵州、海南等十余省区市的部分地区，个人事项报告制度已悄然"下沉"至科级。[①] 然而，一些部门领导在申报个人事项时没有做到态度端正和严肃认真填报。这些现象的存在减弱了财产申报制度对部门领导的监督与约束作用。一套完善的官员财产申报制度应包含"申报、审核、公布、监督、问责"五个环节，并涉及配偶和子女。为防止不实申报，需要加强核查和明确瞒报、乱报的处分标准，并对公开问责。

（4）加大腐败风险防控。腐败风险防控管理可以实现信息成本的最小化，有效地解决信息的不对称问题，提高信息的利用效率。为此，第一，要明确开展防范腐败风险的目标。第二，建立完善的腐败风险识别与排查机制，查找思想道德、岗位职责、单位（部门）职能、制度机制方面存在的风险，评定风险等级，建立前期预防措施、中期监控机制和后期处置办法，按照计划、执行、考核、修正四个环节进行管理，内容明确，流程清晰，进而实现腐败风险的循环与动态管理。第三，建立腐败风险告诫、整改、追责和惩罚机制。

2. 兼顾激励相容，提升县级政府治理的效能

（1）完善权力制约与监督。现有的预防腐败机构人员编制少、缺乏具体有力的职能职权，更缺乏具体的预防技术。虽然各级党委设立了构建惩防体系工作领导小组，大部分还以党委"一把手"担任领导小组的组长；纪委内部则以主管领导为构建惩防体系工作领导小组的组长。因此，首先，预防腐败机构要充分发挥职能作用，加强对预防腐败工作的组织协调、综合规划、政策制定、检查指导。其次，深化改革纪检体制和监察体制，提高纪检监察干部的素质、突出纪检监察工作的重点，在协同的基础上提升党内监督制约、市县巡察工作和监察的效能。再次，要强化地方人

---

① 《官员报告个人事项下沉至科级——十省份试水》，《南方都市报》2015年5月19日。

大的监督职能，真正启动"质询"与"听证会"程序，对"一府两院"失职、渎职与贪赃枉法的公职人员进行调查、弹劾或罢免。又次，要畅通信访举报渠道，坚决摒弃现在很多地方采取的对群众正常上访实行的"拦、卡、堵、截"行为，规范对信访举报材料的处理规则与程序，使署名信访举报及投诉材料做到收件答复，及时给予反馈，健全完善信访举报责任追究机制。最后，要扩大群众对干部选拔任用的知情、参与、选择及监督权，拓宽群众监督、舆论监督的渠道。

（2）加强预防腐败工作专业化建设。专业化是预防腐败工作能否独立存在和是否成熟发展的重要标志。它包括专业化的理论基础、业务内容、操作流程、运作机制、管理模式、机构和队伍等。为此，第一，明确预防腐败的依据。第二，要赋予预防机构预防信息收集权、适度的线索初查权、协调指导权等。第三，要加强预防资源的整合，建立犯罪信息库、行业特征信息库、行贿档案查询信息库、预警预测信息库、预防对策信息库、工作管理信息库、绩效评估信息库等，运用计算机技术实现对违纪违法的方法、特点、规律等信息的存储、管理，实现预防工作数据科学分析运用，为预警和预防对策研究提供信息保障。

（3）改善公务员综合激励机制。预防腐败，必须进一步完善公务员制度，提高其科学性、规范性、有效性。一是要严把公务员队伍入口关。二是要完善公务员职业的准入、竞争、任用、培训、考核、薪酬、退出等机制，大力推进公开选拔、竞争上岗制度，规范操作，降低成本，提高水平。三是要从波特和劳勒的综合激励模型理论出发合理、充分地考虑不同级别、不同岗位的工作性质和工作强度来优化基层公职人员的绩效考评体系、廉政建设评价体系、薪酬制度和福利待遇，使其不敢、不能和不屑于接受贿赂。四是加强公务员职业道德建设，从思想意识方面防范"当官发财"等潜规则流行。

参考文献

［1］中共中央纪律检查委员会、中共中央文献研究室：《习近平关于党风廉政建设和反腐败斗争论述摘编》，中国方正出版社 2015 年版。

［2］《中华人民共和国反腐败和廉政建设法规制度全书》，中国法制出版社 2016 年版。

［3］《中国的反腐败和廉政建设白皮书》，国务院新闻办公室，2010年12月29日。

［4］尤光付：《中国县政府行政监督：观察与思考》，中国社会科学出版社2012年版。

［5］过勇、宋伟：《中国县级纪检监察机关改革研究》，清华大学出版社2014年版。

［6］程文浩：《预防腐败》，清华大学出版社2011年版。

［7］［英］克里斯托费·胡德等：《监管政府：节俭、优质与廉政体制设置》，陈伟译，上海三联书店2009年版。

［8］王秋林：《打造完整的权力监控链条——来自河北省行政权力运行监控机制建设的调查》，《中国廉政网》2009年第5期。

第九章 机制设计维度的健全反腐败惩戒机制研究

中共十八大以来，中共中央提出要加强对权力的制约，加强对权力运行的监督，要以制度制约权力，将权力关进制度笼子里，要形成"不敢腐的惩戒机制、不能腐的防范机制和不易腐的保障机制"（习近平语）。不敢腐的制度就要突出惩戒，既打"老虎"又拍"苍蝇"。只有对腐败行为进行严厉惩戒，才能通过治标来净化社会廉洁环境和营造优良的政治生态。本章主要通过对近年来我国惩治腐败过程中获得的成效、存在的不足及原因分析，以机制设计理论为视角，从信息效率和激励相容两个维度来探讨健全我国反腐败惩戒机制。

一 反腐败惩戒机制阐释

1. 反腐败惩戒机制的内涵

惩戒机制是管理者运用各种方式和手段来纠正被管理者的行为。当管理者和被管理者二者在信息不对称且个人目标、利益不一致的情况下，管理活动中就会出现偏颇行为。如若不能够及时地纠正与管理目标渐行渐远的行为，会造成管理集体的损失，会给那些遵章守序者带来不公平感，从而导致工作效率的低下，甚至会影响社会稳定。处罚有各种方法，如物质惩罚（罚款、扣奖金等）、行政处理（批评、处分、免职等）、舆论谴责等。

保障机制、防范机制与惩戒机制共同构成反腐败机制（见表9-1）。其中，防范机制是前提，加强对腐败行为的防范，能够起到扼制腐败萌芽的作用。保障机制是基础，包括对反腐败工作人员的制度保障、公职人员权益的制度保障和保障权力依法运作等。惩戒机制是关键，反腐败的重拳就在于惩戒，只有加大对已发生的腐败行为及腐败人员依法依纪进行严惩，才能发挥惩戒的震慑功能，起到警示作用。

表 9-1　　　　　　　　　　三大机制及其关系

机制类型	机制作用时段	机制功效	机制目标
防范机制	事前	不能腐	
保障机制	事中	不易腐	把权力关进制度笼子里
惩戒机制	事后	不敢腐	

2. 反腐败惩戒机制需要关注信息效率和激励相容

从理性选择角度看，当个人进行决策或选择时，面对多种选项，个人总会倾向于选择自己最偏好或者能够达到个人最大利益的选项，以最小的代价获取最大收益。但是，就像囚徒困境、公地悲剧等理论模型所阐释的那样，个人的最优选择或是经过博弈而产生的主体间的最终选择结果。从社会选择的角度上看，那些看起来是社会理性选择的结果，也有可能不是博弈主体间的理性选择。基于此，机制设计理论提示，考虑到信息不对称和激励相容，只有注重主体间的互动与他们的理性行动策略，通过对其社会选择规则进行分析，设计出符合主体间理性的机制（规制政策和博弈规则等），并使得委托—代理关系网络中的代理人充分理解这套机制之后，才能够有效地促进代理人的自利性行为能够达到委托人想要的社会整体的效益和目标实现。[①] 因此，机制设计主要应该解决以下两个问题：

一是信息效率问题。也就是实施机制设计的运行信息，主要是指搜集个体的决策信息及主体间显示偏好的博弈信息或策略的信息及处理信息的成本。信息是个体的偏好信息，等同于个体对于社会格局和利益关系的态度和立场，掌握主体间的这些信息，才能推断或设置社会目标。信息成本是指机制的设计和执行中信息的传递成本。信息传递的层次越少，信息成本也就相应地减少，从而降低决策成本，以便于做出合理的决策。

二是激励相容问题。在信息不完全化的前提下，除非能够得到好处，参与经济活动者一般不会真实地将个人对经济的偏好显示出来。激励相容就是摒弃封堵的措施而采取疏通的措施，使得参与者如实反映自己的真实

---

① 严俊：《机制设计理论：基于社会互动的一种理解》，《经济学家》2008 年第 4 期。

偏好。具体地讲，机制设计者在设计某种目标为社会目标的基础上，还需要设计某种原则或规则来保证各个参与者积极参与，并且承诺满足经济人自利（获得"信息租"等）的前提下，激励参与者实现社会目标且自身不会被"俘获"而合谋。一个好的机制应该满足信息效率和激励相容这两个方面。

信息的不对称是我国腐败案件滋生的一个重要因素。正是用权者与民众之间信息的不对称，民众无法准确地知晓用权者的权力边界、承诺力和执行力，不知道腐败是如何发生的、腐败发生在哪个领域和惩戒腐败的过程等。因此，反腐败惩戒机制应关注信息效率，运用现代化的技术对获得的信息进行过滤、筛选、甄别和传播，提高信息的利用效率。

个人过分或恶意追逐自我利益是导致我国腐败案件频发的主观原因之一。腐败所获收益高于被查出的成本，是导致我国腐败案件频发的客观原因之一。因此，应结合机制设计理论中的激励相容观点，采取措施对我国公职人员、举报人等相关人员进行系统的正向激励和负向激励，对其权益进行保障，对其义务进行规范，以促使其个人利益与集体利益一致，并创造出廉洁的组织环境和政治生态。

二　我国反腐败惩戒机制的现状分析

1. 反腐败惩戒机制运作的成效

（1）信息效率方面

一是公开查处数量，通报人数增大。分析了2014年各省查处官员情况的数据（见表9-2），河南、山东两省处分的人数列居前两位，广东省查处的厅局级干部就高达95名之多。2014年我国政府在查处案件方面，一个明显的成效就是通报查处案件的数量大。

二是在被查处的案件中，既包括较低级别的县处级干部，也涉及省部级干部。查处的"大老虎"级别的官员之中，7名中央委员及候补委员。根据中央反腐专题的数据收集，2014年将近有370名厅局级干部落马，有4名副国级大老虎落马。打"老虎"的同时，"苍蝇"也被大面积地清理着，2014年1月至9月我国监察机关立案查处的贪污贿赂案件27235件共35633人，其中县处级以下33025人。① 在查处的案件中，除了政府官员，还牵涉国企、高校等事业单位的领导人员。同时，我国政府也注意到"裸官"的潜在危害性，并开始着手清理裸官和境外追逃。据悉，2014年广东省就发现2000多名"裸官"，对866名拒绝将家人接回国内的"裸官"进行了调岗。

表9-2　　　　　　　　　　2014年各省官员查处情况②

省份	查处总人数	查处厅级官员人（件）数	发布会召开时间
广东	9782	95人	2014年1月20日
山东	15496	43人	2014年1月16日
湖北	9903	43件	2014年1月14日
河南	22039	40人	2014年1月20日
内蒙古	3372	39人	2014年1月21日
云南	4603	37人	2014年1月19日
江西	7720	32人	2014年1月20日
贵州	6011	21人	2014年1月19日
辽宁	8837	12人	2014年1月19日
上海	1039	未公布	2014年1月16日
安徽	未公布	公布了7名被查厅官	2014年1月20日

（2）激励相容方面

一是巡视力度加大。从巡视力度来看，除了对地方的常规巡视外，我国还增加了对国有控股企事业单位的专项巡视。中央巡视组用近两年的时间，对全国31个省区市和新疆生产建设兵团、19个部门和中央企事业单位展开专项巡查，仅2014年就增加了3个巡视小组，开展3轮巡视。2015年2月起，中央巡视组第一轮专项巡视进驻了26家央企，巡视时间约两个月，主要受理反映被巡视单位领导班子成员、下一级领导班子成员和重要岗位领导干部问题的来信来电来访，重点是关于党风廉政建设、作风建设、执行政治纪律和选拔任用干部方面的举报和反映。

---

① 《八大关键词透析反腐2014》，新华网，2014年12月2日。
② 《2014最新反腐落马官员全部名单：55个省部级3副国级大老虎落马 落马高官（省部级以上）》，热点网，2014年10月23日。

二是惩戒方式多样化。2014年，全国纪检机关共接收信访举报272万件，立案22.6万件，结案21.8万件，处分23.2万人，移送司法机关1.2万人。在党中央开展的反"四风"活动中，处理的案件5.3万件，处理人数7.1万人，党政纪处分2.3万人；对违反"八项规定"的案件曝光33起。[①] 人民网2017年2月7日报道，27省份晒2016反腐成绩单，超千名厅官被处分。可以看出，我国对腐败人员的惩处方式比较多，有曝光、警告等程度稍轻的惩处方式，有撤职、免职、开除处分、开除党籍公职、双开、给予党政纪处分等程度稍重的惩处方式，也有立案调查、移送司法机关、判刑等严惩的方式。在众多惩戒方式中，运用最多的惩戒方式还是开除党籍、立案调查、移送司法机关三种。

三是加强境外追逃。近年来，很多贪官为逃避我国法律制裁相继逃往境外，美国、加拿大、澳大利亚成为我国贪官逃亡的目的地，这对于我国惩治腐败难上加难。贪官外逃不仅不利于我国治理腐败，更会给我国经济带来巨大损失。为此，我国加强与这些国家的国家合作，共同追逃贪官，并发表《北京反腐败宣言》，启动反腐败执法合作网络。2014年共追逃500多人，追赃30多亿元。[②]

四是消除权力寻租的空间。以往查处的腐败案件中，权力边界不清、裙带关系、官员及其亲属腐败等问题层出不穷，究其原因就在于政府部门及其工作人员权力责任界定模糊。为此，在坚决纠正"四风"问题和查处违法中央八项规定案件外，今年我国政府公布"权力清单"，取消不必要的行政审批事项，规范现有的审批流程，以消除权力寻租的空间，致力于建造一个"干部清正、政府清廉、政治清明"的党风、政风环境。

2. 反腐败惩戒机制运作中存在的不足及其原因分析

（1）忽视信息效率的应用。第一，政府与公民、企业间存在的信息不对等，对于及时获取腐败信息，发现腐败行为非常不利。出于"公共利益部门化"的考量，有些政府部门发布信息的真实性和有效性也有待提升，诱致了"部门利益寻租化"，增加了惩戒腐败信息方面的沉没成本

[①]《图解2014年反腐数据：中纪委也是蛮拼的!》，人民网，2015年1月30日。
[②]《中纪委公布2014年反腐"成绩单" 中国反腐进入"新常态"》，环球网，2015年1月7日。

和时间成本。第二，惩戒腐败中存在的人情关系及人为阻力，使得惩戒腐败过程"雷声大雨点小"。由于部门间存在利益链，上下级之间、个人之间存在着裙带关系，官官相护，造成监督流于形式，惩戒腐败滞后。表9-3所示，违纪行为花样多、形式隐性化的比例也将近一半；影响我国监察工作顺利开展的因素中，人为阻力高达77.6%，人情关系占据了将近75%，而舆论压力却只占据了28%。

表9-3　　　　　　　影响监察工作顺利开展的客观因素

序号	选项	频数（n）	占选择数量比（%）	占回答者比（%）
1	违纪行为花样百出	1185	20.833	47.476
2	人为阻力，使得畏首畏尾	1936	34.037	77.564
3	人情关系难却	1865	32.788	74.720
4	舆论压力	702	12.342	28.125
	合计	5688	100.0	227.9

（2）忽视激励相容的应用。一是贿赂形式从现金、信用卡、购物卡扩展到了形形色色的"雅贿"方式。① 二是反腐败工作体制不顺和机制不畅。纪检监察机关双重领导体制造成纪检监察部门独立性受损，影响纪检监察工作的职责功能发挥。如表9-4所示，在2000多名调查者中，有将近一半认为我国当前监察体制存在弊端，不能较好地履行职责，存在缺位和监督较弱的问题。三是法治不健全。我国惩治腐败的法律法规不健全，多而繁杂，较为凌乱。各种法律法规、规章制度多达1200余件，散见于行政法、经济法、公务员法、刑事法律、党的纪律条例、部门规章中。这些法律、规章、制度对腐败的定性、惩处力度等解释不一，惩戒执行随意性强。例如，"不准""严禁"之类的规定后面，对于违法者如何处理却未作明确的规定；随着腐败方式和手段愈加隐性化，我国法律未涉及隐性的财产性利益和非财产性利益方面的权钱交易和权色交易；"为他人谋利益"手段更为隐蔽，需要利益冲突法对其进行规范；我国现有法律中有

---

① "雅贿"即行贿人不再送官员真金白银、香车豪宅和有价证券，改而送天价香烟、名家字画、珍奇古玩等，通过买卖文章著作、评委头衔、领导题字、巡回演讲、会议收费等方式收受贿赂。

一条罪名——巨额财产来源不明罪，但没有规定官员家庭财产申报、登记制度。此外，量纪量刑的标准不统一不透明，追缴的赃款去向和用途也很少向社会交代和公布。

表9-4　　　　目前的监察体制存在缺位、虚监、弱监和空监的弊端严重程度的选择

选项序号	选项	回答人数（n）	百分比（%）
1	严重	316	12.650
2	较严重	839	33.587
3	不严重	831	33.267
4	不清楚	512	20.496
合计		2498	100

三　完善反腐败惩戒机制的措施探讨

1. 转变惩戒腐败信息传播方式，扩大信息传递的渠道

我国当前对于惩戒腐败信息的传播还是处于单方面传播，由政府发布信息，通过信息媒介传递给公众。这样的信息传播方式容易造成政府与公众之间的信息不对等，使得查处腐败案件过程的神秘化和封闭化。我国政府应通过新闻媒体将查出的腐败案件进行详细报道，应重视网络反腐等新型反腐工具及渠道的应用，将惩戒事由、惩戒过程、惩戒结果等公开发布，保证惩戒腐败的信息能够透明、顺畅地传播，同时更要保障新闻媒体的自由，保证其曝光和揭露腐败行为的权利和自由，以方便公众对腐败行为进行监督。

2. 深化改革和抓紧立法，健全反腐倡廉体制和机制

（1）深化改革，简政放权，改革国家治理方式。首先，改革行政审批制度，取消不必要的审批事项，简化审批流程，进一步转变政府职能，该管的事务就管，不该管的不要插手，避免出现政府监管错位、越位和缺位。其次，深化行政执法体制改革，严格执法、文明执法，避免出现滋生

腐败的土壤和条件。①

（2）改革纪检、监察机关的体制。第一，明确职责。纪检监察部门作为监督部门，其职责应是中共党内监督执纪问责。在以往的工作中，我国部分纪检监察部门却做了许多无关其职责的琐事，如发展环境监督、问责、参与政事协调等，其结果是"种了别人田，荒了自家地"。因此，应进一步转变我国监察部门的职能，明确其监督职责。第二，强化"两个为主"。即查处腐败案件要以上级纪委领导为主，线索处置和案件查办在向同级党委报告的同时必须向上级纪委报告；各级纪委书记、副书记的提名和考察以上级纪委会同组织部门为主。② 一方面，可以防止同级党委对纪委人员的干预，保障其人事独立性；另一方面，更能增加纪委的底气，继而更能监督同级党委。"两个为主"既可以解决纪委监察部门的人事问题，也可以纠正以往纪委受制于同级党委所带来的弊端，保证各级地方纪委的独立性，增强其反腐败工作的权威性。第三，加强"两个全覆盖"。两个"全覆盖"主要是指，全面落实中央纪委向中央一级党和国家机关派驻纪检机构，实行统一名称、统一管理；改进中央和省区市巡视制度，做到对地方、部门、企事业单位全覆盖。第四，进一步加强巡视工作，将定期巡视、不定期巡视、专项巡视结合，尤其以不定期巡视为主，突击检查，收效会更大。第五，健全案件查办的纪律要求和责任追究制度，运用法治思维进行腐败案件查办工作，执法必严、违法必究，并对有案不查、徇私舞弊的行为进行严惩。

（3）完善反腐倡廉法制。健全的、行之有效的法制是遏制腐败行为产生和蔓延的强大力量，是惩戒腐败的有力武器。历年清廉指数较高的国家都非常重视法律在治理腐败工作中的功效。我国的法律法规（特别是《刑法修正案》）已经有很多关于如何惩治腐败的规定，但是并没有一个系统的、具体的法律体系，现有法律中存在着不少的漏洞，法律执行的弹性也过大。因此，应着重制定全面的可操作性强的预防、惩戒腐败方面的党内法规、准则和反腐败法律，含致力于防止利益冲突和防止贪污精细化；扩大贿赂犯罪的构成要件；惩戒腐败的依据、程序、标准等制度化；

---

① 《中国共产党第十八届中央纪律检查委员会第五次全体会议公报》，新华社，2015年1月14日。

② 《中纪委网发文介绍2015年纪律检查体制改革重点工作》，人民网，2015年2月5日。

保护举报人和证人的权益;规范财产收入申报制度中的申报时间、申报内容、申报程序、公示时间、约束和惩处,等等。

(4)加强国际合作,完善境外追逃追款机制。公安部"猎狐2014"海外追逃专项行动,2014年7月至12月底,我国从69个国家和地区抓获680名在逃境外经济犯罪嫌疑人。从抓获逃犯的涉案金额来看,千万元以上的208名,其中超过亿元的74名;从潜逃时间看,抓获潜逃5年以上的196名,其中10年以上的117名,时间最长的22年。2015年4月22日,我国集中公布"百名红通人员"名单。两年后,中纪委网站发布消息称,目前已有40人到案;归案40人中已至少有6人落判,另有1人被提起公诉、1人已受审还未见宣判结果。虽然境外追逃工作成效显著,但我国境外追逃追款机制还不完善,需要注重国际合作,建立腐败人员信息共享机制,共同协商遣送在逃腐败人员及资产返还条约等。

参考文献

[1]《中国的反腐败和廉政建设白皮书》,2010年12月29日。

[2] 中共中央纪律检查委员会、中共中央文献研究室编:《习近平关于党风廉政建设和反腐败斗争论述摘编》,中央文献出版社2015年版。

[3] 王明高:《中国新世纪惩治腐败对策研究》,湖南人民出版社2002年版。

[4] 王春旭:《公职人员腐败罪刑论》,中国监察出版社2010年版。

[5] 聂资鲁:《〈联合国反腐败公约〉与中国反腐败法制的完善》,中国出版集团、世界图书出版公司2013年版。

[6] 李永升:《廉政建设与刑事法治研究》,中国人民公安大学出版社2011年版。

[7] 包玉秋:《反腐倡廉立法研究》,中国社会科学出版社2013年版。

[8] [美]迈克尔·约翰斯顿:《腐败症候群:财富、权力和民主》,袁建华译,上海世纪出版集团2009年版。

[9] [俄]Г.А 萨塔罗夫:《反腐败政策》,社会科学文献出版社2011年版。

[10] [美]劳伦斯·科克罗夫:《全球腐败:现代社会中的金钱、权

力和道德》，黄国富译，经济科学出版社2013年版。

［11］吴建雄：《司法反腐的法治功能与实现路径》，《光明日报》2015年10月6日。

［12］刘艳红：《中国反腐败立法的战略转型及其体系化构建》，《中国法学》2016年第8期。

第十章 三类监察模式的异同比较

国外的检察机构、议会监察机关、行政监察机关、专门的反腐败组织（贪污调查局）和反腐败协调组织等具有权力监督和反腐败的功能。国内理论界在介绍国外监察制度时，往往把议会、司法机关、政府内部对行政机关及其公务员的监督也都称为"监察"。本章主要以监察的三类模式为样本，对其监察体制、法制背景、职能、权限、程序、方式方法等进行比较，进而找出异同和阐释启示。

一　三类监察模式代表国家及其特征

1. 政府机关内设监察机构模式

目前行政机关内设专门监察机构，代表国家主要有中国、美国、日本、埃及等。

（1）了解中国行政监察机关的运作，必须同实际相结合来了解其内部组织结构、工作方式：一是《行政监察法》规定行政监察部门领导体制上的双重领导。二是领导权限上，由于纪检与监察的界限有所重叠，监察部门所处理的问题繁杂。三是行政监察机关的权力有限，只有检查权、调查权、建议权、行政处分权，实施监察工作的手段、方式规定也比较单一。四是据中央纪委监察部网站刊发的介绍显示，中央纪委、监察部合署办公，内设27个职能部门。五是全国正在山西、北京、浙江试点监察委员会制度。

（2）美国在政府12个重要部门设立监察长办公室（简称监察处）。监察长办公室设在政府内部各部门、署、局内，负责对政府各部门的财政进行审核及调查工作。美国政府已在20多个部局设立了50多个监察长办事处。监察长负责监察办事处的全面工作并向国会、总统及所在部的行政首长提交工作报告。

（3）近年来，除了总务省行政评价局负责对行政机关的监督外，日本的一些地方政府也设有监察机构——监察委员会，既对行政机关落实工作任务和目标进行监督（政策评价、行政评价和监视、行政相谈），同时也进行审计监督。

（4）埃及行政监察署由政府总理直接领导，向总理负责并报告工作，受总统、总理委托行使职权。监察官员全部由监察署直接派出，完全垂直领导。埃及根据人口和地域大小在地方26个省划分了10多个监察区，每个监察区管辖若干个省，每个省设立监察官办公室。监察对象涉及各行政部门、国有企业、合作企业及其工作人员。监察内容指向国家计划的制定和执行情况、民众提出的热点问题、公民对公职人员违法行为的举报等。在监察过程中，监察官员享有调查权、调档权、侦查权、搜捕权、超级报告权和建议权。

行政机关内设监察机构的共同特征主要有：一是地位和权威不高。二是监察人员素质较高，活动受到政府部门的干预。三是坚持预防为主。

2. 监审合一模式

监察与审计合一的国家，主要有波兰、韩国等国家。

（1）波兰将最高监察院划归议会领导，并向议会负责。最高监察院以合法性、经济性以及效益、廉政为标准，对国家的预算、法律的执行情况和政府各部门行政管理和运作情况，实施全面监察、检查。其中，监察的主要任务是检查评价被监察对象的行政管理情况，特别是各部门行政负责人履职情况，发现存在的行政违规和腐败现象。为此，最高监察院加强了对公共资金使用情况和使用效益的审计监察，颁布了从政道德规范、财产申报制度、礼品登记制度等，并且加大了廉政监察的力度。

（2）韩国修改有关法律，将原本各自独立的审计院和监察委员会合并，成立了肩负审计与监察双重任务的监查院。监查院的主要任务是审计国家决算及受国家与法律约束的团体的财务，监察国家行政机关及公务员履行职务的情况，揭露公职人员违法违纪问题，集政务公开、行政监察、财务审计于一身。

监审合一监察制度模式的主要特征有：通过监察审计的合并来提高监察机关的权威性及执行的工作效率。

3. 督察专员模式

瑞典议会按《议会督察专员指令法》的规定，设 4 名督察专员，他们由议会选举产生，一般从无党派且具有杰出法律知识和秉性正直、社会威望较高的人士中选出，通常都是律师或最高法院、最高行政法院的法官，任期四年，可以连选连任。

督察专员的监督对象，主要是国家和地方的权力机构及其中的官员、公共企业的官员、中尉以上的军官。监督对象不含议员、议会机构成员、银行官员、中央政府及其各部大臣、司法总长、地方决策机构人员。

瑞典督察专员的监督范围，4 人有所分工。首席专员主要调查和审查法院、劳动法庭、土地裁判所、公诉人、警察等方面的案件，以及投诉事由不清的案件。专员 1 主要调查和审查军队、兵役、国防部、执法机构、监狱与缓刑执行机构、财政监管与税收、保险、有关监护权等方面的案件。专员 2 主要调查和审查公益服务、医疗保健、公共卫生等方面的案件。专员 3 主要调查和审查行政法院、司法部门、劳工部、公共管理部、规划与建筑部、土地勘测、交通、农业部、环境与自然资源保护部、工商事务、涉外国人的事务、救助服务的事务、住宅、宗教等方面的案件。在一些特殊情况下，由于案件本身涉及面广，督察专员无法单独完成调查，也可请求有关机构协助。在个别情况下，对案件的调查工作可全部委托给某一专职机构。在具体实施监察时，受理公民书面申诉并进行调查是督察专员最主要的监察任务。

督察专员在发展的过程中，因其公信力高而逐步地在被效仿或被推广中有了一些变化。在英国，督察专员设置的范围也已扩大至反垄断、市场政策、男女同工同酬、新闻、公共卫生等领域。督察专员在法国的发展，则可以从法国的调停员制度中寻找。20 世纪 80 年代以来，督察专员制度传播到世界各地。

督察专员制度模式的主要特征有：一是议会、政府和法院不得干涉其独立行使职权。二是监察人员的任职资格严。三是主要是对政府各部门的违法或不合理的行政行为进行监察。四是监察人员有调查权、批评权、建议权、公开调查结果权。在此基础上，瑞典、芬兰、挪威、法国的行政监察专员还有起诉权。

二　三类监察模式的异同

1. 共性分析

（1）相对独立性强。一是人事独立。如美国《1978年监察长法案》规定监察长由总统经过参议院的同意任命，并直接向所在行政机关首长负责，独立行使职权，不受任何干扰。二是职权独立。如埃及行政监察署由政府总理直接领导，实施垂直领导的体制，向总理负责并报告工作，任何人任何部门不得干预监察署的调查活动。三是经费独立。一些国家行政监察机构经费都是专项拨款，通过预算直接提取，使监察机关在办案的时候不必仰人鼻息。

（2）工作地位高。其表现为行政首长直接领导，确立监督权威。如埃及行政监察署由政府总理直接领导，向总理负责并报告工作。官员行政级别较高，便于实施监督。埃及行政监察署的监察官员要比其他部门的官员职位高半级、一级或两级。美国监察长的行政级别也较高，并有较大权力。

（3）人员素质较高。日本行政评价局中监察人员都由首相从有学识及有经验的人员中选出，注重监察人员素质的同时加强他们业务上的培训。美国监察长办公室也比较重视对在职监察人员的业务培训。埃及监察署的行政监察人员则从军队和国家安全部门选出。

（4）监察广。对政府政策合法性、效能性和廉洁性的监察，成为当今行政监察发展的趋势之一。行政监察不仅包括监督实体，还包括监督程序。另外，专业监察的发展也是监察范围不断扩大的体现，如监察专员制度不断运用到军政、邮政、商业、医疗等领域。

2. 差异分析

（1）权限差异。就监察的权力范围而言，检查、调查、建议等权力是几类监察制度所共有的。一些议会制国家中议会所属的监察机关还有建议弹劾及建议提起不信任案权。中国的行政监察机关权限较小，目前仅限于检查权、调查权和建议权。

（2）侧重点差异。监察机构根据本国情况的不同而监察工作侧重不同。如中国侧重于对政府工作勤政、廉政、效能的监察；日本侧重于政策的贯彻实施；美国监察长办公室更侧重于对政府财政权力的监察制约。监察专员主要是监督政府工作过程中不合理、不公正的不良行政行为，通过视察权、调查权、受理公民申诉、建议权等来融洽政府与公民的关系，提高政府的行政效率，同时也是公民救济的一种途径。

三 比较中的结论与启示

1. 权力监督的本质是制约权力

权力必须有分工和制约，分工和制约后的每一项权力都需要有监督，这是古今中外反腐败中常用的方式。但不同治理环境下对权力的制约与监督，其权能、对象、方式、目标、原则、基础等有时因历史背景、政治体制、选举制度、法治状况、政治文化（特别是其中的从政道德和廉洁文化）等的差异或变化而大相径庭。西方国家采用权力的分立与制衡、政党竞争、定期选举、议会主权等方式，来防止和克服权力的失衡、失序等现象，但是这些制度仍然没有从根本上解决问题，权力腐败、权力滥用现象时有发生。近年来行政权力随着社会、政治、经济、文化、生态等的发展而不断扩展，有关权利的利益诉求也不断增加，无论是哪种监察模式的国家，都在不断寻求一种更合理的模式来达到权力制约的目的。[①] 监察制度是防止公共权力滥用的重要机制。监察模式的变革、发展与创新都离不开权力制约这一宗旨。中国目前面对权力腐败问题，更要推进制约和监督权力运行的法治建设，"把权力关进制度的笼子里"。

2. 监察模式具有较完备的法制机制、执行机制和激励保障机制

健全的体制能够保证监察机关的独立性、权威性，明确规定监察机关职责、权限、方式手段，使其在运作的过程中不依附其他机构，保证案件

[①] 蔡宝刚的研究认为，以权力制约权力也有若干缺陷，制约主体同样具有自利性，因权力制约权力的预设难以周延而制约的权力链条可能断裂，同时，权力制约权力难以避免权力集中，容易导致人治式、运动式反腐。参见蔡宝刚《认真对待权力制约权力机制的反腐缺漏》，《理论与改革》2016 年第 6 期。

处理的合法合理；健全的法制为监察机关的运行提供法制保障；健全的监督协调机制，使监察机关与其他政府监督主体相互协调配合，更好地促进政府勤政、廉政建设；有效的激励保障机制提高监察机关人员工作积极性，使监察队伍具有活力。只有这样，才能依靠制度体系使公职人员"不能腐"；确立惩戒措施让公职人员"不敢腐"；利用教育和待遇保障使公职人员"不想腐"。

3. 反腐败专门机构日益成为反腐肃贪的主力军

在不同国家和地区，反腐败机构的职责范围存在差异，根据工作内容可分为综合模式、调查模式和预防协调模式。综合模式是指拥有调查、预防、教育、协调等多样化职能的反腐败机构。调查模式是反腐败机构专司腐败案件的调查职能。预防协调模式是指少数国家建立的预防腐败机构或政策协调机构。随着反腐败斗争形势的多元化和复杂化，不少国家和地区积极扩大职责范围，实现反腐败工作对象和职责范围的全覆盖。工作对象上，反腐败工作从公共部门扩展到私营部门。地域管辖上，管辖对象从国内扩展到国外。立案标准上，从大案要案扩展到所有案件。目标导向上，从重惩罚扩展到重制度建设。

当前，为了对付和治理贪污腐败的"瘟疫"，许多国家要求联手合作，共同探讨医治腐败的良方。若干国家不仅制定专门的廉政准则，而且开展反腐败立法。有关廉政和反腐败法律比较周全、缜密、具体，认定有罪标准和处罚措施严格。与此同时，一些国家还在实行财务审计监督、公职人员家庭财产申报、限制"金钱政治"、防止"官商一体"、反对国际商务交易中贿赂外国公共官员、严格对公务员选任与管理等诸多方面进行专项立法，从而防止公职人员腐败，便于舆论监督和公民依法举报腐败罪行，确保执法机关能够依照法律的具体条款查处腐败行为等。

参考文献

[1] 监察部：《国外监察法律法规选编》，中国方正出版社2004年版。

[2] 刘明波：《国外行政监察理论与实践》，山东人民出版社1989年版。

［3］尤光付：《中外监督制度比较》，商务印书馆 2013 年版。

［4］侯志山：《外国行政监督制度与著名反腐机构》，北京大学出版社 2004 年版。

［5］陈宏彩：《行政监察专员制度比较研究》，学林出版社 2009 年版。

［6］王宝明、翟继光：《〈中华人民共和国行政监察法〉释义与典型案例分析》，国家行政学院出版社 2008 年版。

［7］马海军：《转型期中国腐败问题比较研究》，知识产权出版社 2008 年版。

［8］黄晓辉：《国家权力监控机制比较研究》，人民出版社 2009 年版。

［9］郭增麟：《波兰的国家行政监察体制》，《今日东欧中亚》1998 年第 2 期。

［10］杨尚勇、江水法：《中外行政监察专门机构及其核心制度安排的比较研究》，《求实》2004 年第 11 期。

第四部分
监察职能及其行使方式研究

截至2016年年底，监察机关作为政府内部的专门监督机关，《行政监察法》赋予了法定职责。同时，监察机关和党的纪律检查机关实行合署办公体制，以利于坚持党内监督和行政监督优势互补，充分发挥合署办公体制下组织协调力度大的优势，综合运用纪检、监察两种职能手段，同步推进党内监督和行政监督，提升监督的整体效能。

但是，监察工作不同程度存在职能泛化、方式固化、作风异化、功能弱化等松、软、漏、空、虚等问题，影响了监察工作、反腐败工作的成效和监察队伍的形象。比如，案件办得不少，但办案威慑作用打折扣；制度制定得不少，但并没有完全落实，有些还成了"纸老虎""稻草人"；检查考核、专项治理不少，但发现和解决的问题不多；事情抓得不少，但疲于应付。这些状况，与监察工作面临的新形势、新任务不适应，也与反腐败治理体系、国家治理能力和治理方式现代化的要求不适应。

鉴于此，2010年《行政监察法》将执法监察、效能监察、廉政监察规定为行政监察机关的三种职能，将行政监察对象进一步明确规定为"国家行政机关及其公务员和国家行政机关任命的其他人员"，明确地规定行政监察的方式包括执法监察、廉政监察、效能监察、纠正部门和行业的不正之风等。

在近年来的工作实践中，各级监察机关着眼于监察机关治理方式和治理能力现代化，从依法行政、从严治党和反腐败战略高度转职能、转方式、转作风，按照行政监察法规定以及新的反腐败组织体系分工要求，对工作重心、方式、作风进行了全面而及时的调整，进一步回归主业、突出主业，聚焦主业，切实解决"越位、错位、缺位"方面的问题来夯实基础，加强监察机关自身建设，积极探索新的工作方式方法，运用好监督执纪的"四种形态"，惩前毖后、治病救人，把监督执纪问责做深做细做实。

根据中央纪委网站发布的数据，2013年至2016年9月，全国纪检监察机关共立案101.8万件，给予党纪政纪处分101万人。这101万人中，"老虎"数量有限，占大头的还是那些危害百姓切身利益的"苍蝇"。尽管如此，行政机关仍存在少数干部不会为、不作为和乱作为等庸政、懒政、怠政行为。同时，反腐败机构的"条块分割"问题，构建不敢腐、不能腐、不想腐的体制机制，群众身边的腐败问题等，也不容忽视。中纪委监察部网站2017年4月18日发布的消息称，2017年第一季度，全国纪检监察机关共接受信访举报62.3万件次，处置问题线索19.4万件，谈话函询3.8万件次，立案10.2万件，处分8.5万人（其中党纪处分7.1万人）。处分省部级干部14人，厅局级干部400余人，县处级干部3500余人，乡科级干部1.3万人，一般干部1.6万人，农村、企业等其他人员5.2万人。第一季度，全国纪检监察机关运用监督执纪"四种形态"处理17.9万人次。其中，第一种形态9.2万人次，占"四种形态"处理总人次的51.7%；第二种形态6.5万人次，占36.3%；第三种形态1.2万人次，占6.4%；第四种形态1万人次，占5.6%。在纪律审查实践中运用好监督执纪"四种形态"，要解决思想认识问题、责任担当问题和方法措施问题，敢于监督、善于监督。中央纪委案件审理室钟纪晟的研究认为，在线索处置环节、执纪审查环节、执纪审理环节等实践中仍存在一些待改进的问题。[①]

  本部分通过若干案例分析和定量分析，探讨了地方监察机构在工作中的监察职能（执法监察、效能监察、廉政监察等）及其行使方式等方面的成效、问题和创新。以流程再造理论为视角，分析执法监察存在的问题，从组织结构、管理系统、人事管理和信息技术运用等方面提出完善执法监察的措施；以武汉市的"治庸计划"为研究对象，探讨完善"治庸问责"长效机制的措施；以武汉市行政效能电子监察的实施情况为例，探究电子监察系统建设所取得的成效及存在的不足，提出推进地方政府电子监察有效运用的改进之策；对2011—2014年武汉市电视问政内容分类汇总统计做实证分析，并在此基础上探讨了电视问政的功效与不足，提出了一些改进之策；以武汉市江夏区为例，借助拉斯韦尔的"5W理论"，从传播者、传播内容、媒介、受众、传播效果五大维度对廉政文化进校园整个过程进行分析，探求进一步推进廉政文化进校园的措施；以武汉八个区域的实地问卷调查结果为依据，运用统计软件SPSS19.0对样本数据进行了量化分析。

---

① 参见钟纪晟《准确理解和把握监督执纪"四种形态"》，《中国纪检监察报》2016年1月27日。

第十一章 流程再造视角下的执法监察研究

执法监察、效能监察、廉政监察，共同构成迄今为止的行政监察工作的三根支柱。执法监察是监察机关对政府内部机关和人员的执法行为的监察，是行政管理过程中的一个重要环节。本章以流程再造理论为视角，对执法监察进行研究，分析执法监察存在的问题，从组织结构、管理系统、人事管理和信息技术运用四个方面提出完善执法监察的措施。

一 执法监察流程再造的可行性

执法监察流程，一般可以分为四个环节：（1）立项环节。一是调查选项。执法监察的工作重点应主要围绕人民群众关心的社会热点问题，或者在上级领导的部署下选择执法监察事项，或者根据当地情况自身开展专项执法监察。把握好调查时间，深入实际，保证调查质量。二是审批立项。在调查的基础上，执法监察人员分析研究具有科学性、针对性较强的事项，拟订执法监察项目计划，呈送给相关领导和委员会批阅，对于一些重要的事项，在执行前应上报给本级政府和上级机关。执法监察项目在审批以后，再由该项目的负责部门出具立项报告。（2）准备环节。一是制订方案，执法监察方案包括制定开展工作的总体要求和目标，确定执法监察的范围和内容，制定执法监察的工作方式以及实施的具体步骤和要求。二是成立执法监察组，以工作方案和要求为依据，成立该项目的组织成员，并组织参加项目知识的学习和培训，并建立工作制度。三是下达《执法监察通知书》。正式开展执法监察工作时，需要提前告知监察对象，对于一些不适合告知的，则可直接前去进行检查。（3）实施环节。一是开展全面、深入的检查。执法监察人员根据相关法律规定行使各项权力并采取相应的措施对监察对象进行全面、深入的检查。二是提出监察建议或决定。对于执法监察中发现的违法违纪案件，启动相应的处理程序。根据需要，可召集相关部门给予协调配合，相互合作，或直接移交给相关部门进行处理。（4）总结环节。一是分析评估。在实施阶段结束后，需对整个工作成效进行评估，同时对监察对象的执法实际情况进行评价。二是跟踪检查。在根据监察对象的实际情况给予处理后，应及时对其做进一步的跟踪检查，检查责任部门是否采纳了监察建议或是否执行了监察决定。三是总结归档。执法监察部门根据该项执法监察工作的实际情况撰写工作报告，包括整个执法监察过程中的基本情况、发现的问题、处理情况等。建立执法监察的工作档案，将一些材料进行立卷归档。

业务流程再造就是对企业的业务流程进行根本性的再思考和彻底性的再设计，以便在成本、质量、服务和速度等衡量企业绩效的重要指标上取得显著性的进展。在我国学者梅绍祖与美国学者 JamesT. C. Teng 合著的《流程再造——理论、方法和技术》一书中，将流程再造分为组织结构的改革、管理系统的改革、人事管理的改革和信息技术的应用。

鉴于此，我们可以从组织结构、管理系统、人事管理、信息技术这四个方面来对执法监察实施流程再造的可行性进行具体分析。首先，在组织结构方面，目前监察机关都设立有执法监察室。在此基础上，可以成立业务小组，小组成员增强彼此间的合作协调意识，共同完成执法监察业务。其次，在管理系统方面，往往都是执法监察人员处于作业终端，对现场情况比较了解，但如果缺乏一定的职权，会影响执法监察人员对检查中所发现问题的处理情况。流程再造就是在组织中确定评价指标来对组织和成员进行考核，赋予下级更多的权力，让执行人员更好地完成工作。同时，利用电子平台、数据库等工具，对于有些数据的传送、案件转交办理、审批、备档可以一站式办理。最后，在人事管理方面，在目前实际工作中，执法监察普遍存在有任务较重而人员却很少、人员素质与扩展的新领域不相适应的、人员素质和能力亟须提高等问题。流程再造的人事管理改革就是加强对人员和技能的考核，促进执法监察人员技能和素质的提升，同时，建立新的、适应组织人员发展的组织文化，增强组织成员的团结精神。

二 执法监察的主要问题分析

1. 执法监察机制问题分析

（1）法规制度不健全。执法监察人员依法实施监察，是依法行政的要求，执法监察法规制度的建立和完善，可以为执法监察工作提供工作指导标准，更好地发挥预防和惩治方面的作用。然而，一些已经颁布的法律法规还存在可操作性不强的问题，严重滞后于执法监察的工作实践。表11-1是我们调研所显示的关于执法监察法规制度方面的问题的数据，可以看出大家认为目前执法监察法规制度五个方面问题的严重程度分别为：规定不周全一般严重以上占75.9%；实施条例办法欠缺一般严重以上占73.8%；职责权限不明确一般严重以上占70.8%；权威性不够一般严重以上占73.2%；法律规定与实践创新有不合之处一般严重以上占70.7%。

表11-1 我国当前执法监察法规制度问题的严重程度数据统计

	选项	回答人数（n）	百分比（%）
规定不周全	非常严重	181	7.3
	比较严重	556	22.4
	一般	1150	46.2
	不严重	419	16.8
	说不清	181	7.3
合计		2487	100
实施办法欠缺	非常严重	156	6.3
	比较严重	594	23.9
	一般	1083	43.6
	不严重	463	18.7
	说不清	185	7.5
合计		2481	100
职责权限不明确	非常严重	197	7.9
	比较严重	594	24.0
	一般	965	38.9
	不严重	525	21.2
	说不清	199	8.0

续表

选项		回答人数（n）	百分比（%）
合计		2480	100
权威性不够	非常严重	259	10.5
	比较严重	556	22.5
	一般	990	40.2
	不严重	462	18.7
	说不清	200	8.1
合计		2467	100
法律规定与实践创新有不合之处	非常严重	191	7.7
	比较严重	554	22.4
	一般	1004	40.6
	不严重	413	16.7
	说不清	310	12.6
合计		2472	100

（2）部门间协调难。其一，在执法监察实践工作中，作为被监察单位，行政机关对于自身可能存在的问题，往往会存有一种自我保护的意识，在配合上表现出一定的阻碍，防止问题被揭发出来。其二，在执法监察部门查处行政人员违法活动时，需要行政监察机关与司法机关间的相互协调配合，但监察机关常常会越权。一般来说，执法监察对一些轻微的违法行为有一定的处理权，而对于那些达到犯罪程度的违法行为则由司法机关来办理。这就很容易出现两个机关之间职能交叉的现象，在这种境况下，会造成监察机关和司法机关难以相互合作。其三，在执法监察实践工作中，执法监察机关与审计部门还是有着职能交叉现象和权责关系不明确等问题。

2. 执法监察方式问题分析

（1）忽视常规性监察。实现有效监督的一个重要条件应坚持监督检查的经常化和制度化，只有让突击性监察和常规性监察共同发挥作用，才能有力约束监察对象的行为。但是，现实中对监察对象执法行为的监察往往按上级政府的通知进行突击性的监察，没有一定的执法监察计划和制度，由此导致执法监察工作带有随意性。

(2) 缺少事前预防性监察。长期以来，执法监察工作倾向于事后的追惩性监督，忽视了事前预防性监督及事中的过程性监督。在一些执法监察事项中，比如对项目的招投标、政府采购等的监察，由于在这些方面的经验比较缺乏，因此无法提前深入调查进行事前的监察，无法深入参与进去。也正由于这种现状的存在，执法监察工作就主要集中在"查处"上了。

(3) 重检查，轻整改。执法监察工作不仅仅是一般的工作检查，还包括对案件的查办、提出监察建议或决定等。执法监察人员在行使职能的过程中，只将重心放在检查上，对于检查中所发现的一些问题，执法监察的整改力度还不够。在发出建议或决定后，缺乏对责任部门落实情况的跟踪检查，事后的督促整改工作还没有做到位。

3. 执法监察工作重点问题分析

(1) 选题立项不科学。执法监察项目的选择以及确定是执法监察整个工作流程的基础，其项目是否科学，是否具有代表性，是评价执法监察工作是否具有成效的首要因素。目前，一些基层监察机关在执法监察的项目选择上存在问题。第一，部分执法监察人员将执法监察与政府或其他部门的执法检查弄混淆，将一些不属于执法监察对象和范围的项目纳入执法监察中来，所选事项无法突出执法监察的特性，也难以找准执法监察项目的切入点。第二，有些已选项目在实际进展中，缺乏对执法监察项目的深入调查和研究，导致结果难以达到最初所预期的效果。

(2) 存在空监、难监和虚监。执法监察是对政府机关和公务员的执法情况开展的监察，其监察对象包括本级政府各部门及其工作人员以及任命的其他人员，还有下一级人民政府和领导人员。对于行政机关内部来说，执法监察应该要保持一种对等性，才能保证执法监察的公平性和全面性。从当前执法监察的实际情况来看，第一，监察主体在进行监察时，很多时候是监察下级比较多，而监察同级比较少；第二，监察普通干部的比较多，监察高级干部的比较少；第三，监察工作人员的比较多，监察机关法人的比较少。由此可见，对权力小、地位低的监察对象监察得比较多；对权力大、地位高的监察对象存在空监、难监、虚监等问题。

4. 执法监察效力问题分析

（1）领导重视不够，干部怕担当。目前，有些部门领导人对于执法监察工作重要性和必要性的认识还不够，或者说对其内涵把握还不是很准确，片面地认为全面、严格地开展执法监察势必会影响当地的经济发展，执行力上大打折扣。对于执法监察人员在检查中所发现的违法违纪行为等问题，一部分领导人甚至还要求"放行"。少数监察干部极力撇清责任，努力装"老好人"，甚至"临阵退缩"，碍于熟人社会的人情关系，抹不开面子，约谈也就"装装样子""走走过场"。有基层监察干部反映谈话中揪住监察对象的问题不放容易招人记恨，进而在执纪问责、较真碰硬中履职尽责不到位，放过苗头性、倾向性问题。

（2）"弹性"效力和"有限"效力并存。执法监察执行力的生成机制、作用机理如图11-1所示。执法监察人员由于存在专业素质和职业道德素质的不同，导致执法监察人员在工作中会由监察对象的态度好坏、情节轻重等作出处理，结果往往就在执法监察人员的主观认定上，由于多方面的因素，导致执法监察人员难以作出客观的判断；执法监察工作难以达到刚性的、客观的效果，导致执法监察出现"弹性"监察。在对处分决定的落实中，有的监察人员不按相关规定宣布处分决定，不按照要求将处分决定记录在案，甚至一些处罚决定存在虚假，该处分的没有得到应有的处分。同时，有的监察人员在执法监察过程中责任心不强，充当"好人"。从领导体制的角度来看，由于监察机关不仅要接受本级人民政府的领导，还要接受上级监察机关的领导，执法监察的执行效力受到一定的影响。在执法监察过程中，当监察人员发现的一些问题与当地相关政策相冲突时，就会有一些领导为了当地的利益，通过一些不正当的方式来避开执法监察，甚至还存在一些监察对象设法对执法监察机关依法办案进行干涉，影响执法监察的独立公正和有效性。

执行主体 —资源、程序、方式、文化、环境→ 监察客体 —执行力功效→ 监察效果

图 11-1　执法监察执行力的生成机制、作用机理

三 流程再造视角下的执法监察优化路径

1. 改善组织结构

(1) 监察机关整体与外部机构之间进行组织结构的重组。比如，监察机关与审计机关、司法机关的监督职能合并或合作，在执法监察过程中，通过对政府工作人员的财务审计，发现案件的线索，并根据线索推动监察活动的开展，这样更能够满足执法监察的需要。

(2) 监察机关内部成立执法监察跨部门协调小组。在一些重案、要案上，成立执法监察跨部门小组，实行项目负责制。根据工作流程，跨部门小组由与执法监察工作相关的不同业务部门的成员组成，成员可以是执法监察的中层干部，也可是一般的办事人员。在开展工作时，小组成员有一定自主权和决定权，负责完成执法监察的整个作业流程。

2. 健全执法监察机制

流程再造中，管理系统的改革包括评价与诱因、角色与职责等的改革。因此，要加强执法监察管理系统的改革，要从职权、工作重点、工作程序和工作方式上来完善，建立更科学、更规范、更高效的工作机制。

(1) 强化执法监察职权。首先，应强化执法监察人员的检查权，特别是对监察对象的一些必备材料所进行的检查。只有赋予执法监察更大的检查权，执法监察人员才能从各个方面对监察对象的相关情况进行检查，对监察对象实施更为全面的监察。其次，应强化执法监察部门的处分权。执法监察部门对监察对象所作出的监察建议或监察决定，往往缺乏一定的约束力。监察对象往往没有按照或没有完全按照执法监察人员给出的建议或决定进行改正或接受处罚。因此，执法监察机关对于检查中所发现的问题，可行使处分权依法给予监察对象相应的处分。最后，应赋予执法监察人员有关的经济监察权。执法监察人员在检查监察对象的资金情况时，需要有效掌控监察对象的资金和其他财产情况。

(2) 突出执法监察重点。在选题立项上，一要围绕党委、政府最关注和大众最关心的重点问题开展执法监察工作，明确把握执法监察的工作职责；二要对所选项目展开深入的调查和研究，确保执法监察工作质量和效果。在对象和范围上，要注重对一些权力大、地位高的监察对象开展执法监察，要以矛盾突出、问题较多、工作难度较大的地方或部门、单位为主，发现问题，查清问题，对违法违纪者实行追究。但也要分析产生的原因，帮助改进工作。

(3) 规范执法监察程序。一是根据执法监察的业务内容，对其具体的工作流程进行梳理，理清执法监察业务工作的具体类型和明细，关于工作步骤和工作环节要进行系统的分工。二是需要认真地对执法监察工作的依据、操作步骤、逻辑关系、具体要求等进行详细的描述，以文字的形势形成一个工作标准手册。三是对于工作中所发现的问题、对问题进行处理的情况以及工作的运作情况都要进行详细的记录，注重加强执法监察运作过程中的监控。

(4) 转变执法监察方式。一是变"被动式"监察为"主动式"监察。执法监察工作要始终坚持事前监察、事中监察和事后监察相结合的原则，改变过去偏重事后执法监察的方式，强化事前、事中执法监察，努力做好全程执法监察。二是变"单一式"监察为"网络式"监察。加强建立网络式执法监察，鼓励社会大众行使自己的参与权，注重部门间的协调合作，发挥特邀监察员的作用，形成监察合力。

3. 实行绩效考核

首先，要建立执法监察绩效评价机制，设立标准化的考核指标、方式和程序，明确规定考核的原则、范围、标准和奖惩办法，并且采用信息化的考核手段，对执法监察人员素质、工作业绩和技能提升方面进行考核。通过绩效考核的方式，转变执法监察工作人员的工作作风，调动执法监察工作人员的积极性，确保执法监察的各个项目标任务都能够有效达成。

其次，对执法监察的绩效考核，不仅要考核执法监察人员个人的素质和工作业绩，也要将执法监察工作人员的个人表现与所在部门的业绩结合起来，如果部门的业绩不好，个人的考绩也要随之打折扣。这种方式可促进执法监察工作人员相互之间的合作，也有利于执法监察整个队伍能力的提升。

关于绩效考核的具体实施，可将工作任务进行分解和量化，制定出考核细则下发，在规定的一个时期内对目标实施情况进行考核，在对执法监察工作有了一定的了解之后，再对工作中出现的问题加以解决，在工作中改进。到了年底,可对各个执法监察工作进行考评,对于一些工作业绩突出的小组和个人进行表彰,对工作成绩较差的执法监察小组给予提醒,激励其工作。

4. 构建执法电子监察系统

(1) 行政执法权力公开信息网。在这个电子平台上,执法监察的主体、监察对象以及社会公众都可参与沟通交流。这是一种将执法监察信息公开化、透明化的主要表现形式,同时扩大公众的知情权和参与权,让公众可以随时了解执法监察的相关情况,对于执法过程的每个流程动态都可以一一查阅。监察对象也可以在这个平台上查阅案件处理情况。

(2) 行政执法业务系统。这个电子平台主要是对监察对象在执行执法业务过程中的全程监察。对于监察对象在执法过程中的每一个环节都公开化,可以使执法单位和人员正确行使职能,提高执法水平。在这个平台上,执法行为都处于公开状态,各方面的信息都公开透明化,这样有利于简化工作流程,使监察对象的执法行为更为明确、更为合理。

(3) 行政执法电子监察平台。这个平台是实现执法监察人员对监察对象贯彻执行法律、法规和相关政策情况的网上监督检查。系统监控监察对象在执行执法业务时是否具有合法性,对于监察对象在贯彻执行法律、法规和相关政策时存在的一些不依法行政的现象以及其他问题,执法监察人员可以及时纠正和查处,确保执法人员能正确行使自己的职能,规范执法行为,将问题解决在源头。

参考文献

[1] 梅绍祖、[美] James T. C. Teng:《流程再造———理论、方法和技术》,清华大学出版社2004年版。

[2] 王先文:《执法监察教程》,中国方正出版社2007年版。

[3] 孟贵芳:《执法监察探索与研究》,山西经济出版社2005年版。

[4] 李靖华:《电子政府一站式服务:浙江实证》,光明日报出版社2006年版。

[5] 蔡立辉:《电子政务:信息时代的政府再造》,中国社会科学出版社2006年版。

［6］［美］罗伯特·阿格拉诺夫等：《协作性公共管理：地方政府新战略》，李玲玲等译，北京大学出版社 2007 年版。

［7］方雷等：《地方政府行政能力研究》，山东大学出版社 2010 年版。

［8］马馼：《认真学习贯彻新修订的行政监察法　进一步提高履行行政监察职责的能力》，《中国监察》2010 年第 16 期。

［9］姜晓萍：《国外政府流程再造的核心问题与启示》，《社会科学研究》2009 年第 6 期。

［10］曾超鹏：《论执法监察的法律界限》，《暨南学报》2011 年第 3 期。

第十二章　效能监察视角下的治庸问责研究

近年来，一些地方党政部门工作人员工作懒散、效率低下，甚至是敷衍塞责、推诿扯皮，"庸、懒、散、拖、怠、推"等"新衙门现象"备受民众诟病，有群众讽刺公务员中的这些表现为"清茶报纸二郎腿，平平安安占位子、忙忙碌碌装样子、疲疲沓沓混日子、年年都是老样子"。应当看到，庸官及其懒政，可能导致失职渎职的不作为行为。从表面看，尸位素餐、效能低下的庸官、懒官给国家和社会带来的危害并不像以权谋私、贪污受贿的腐败分子那么直接和明显，但实际上庸官及其懒政的危害不容小觑。本文以武汉市的"治庸计划"为分析样本，探讨完善"治庸问责"长效机制的措施。

一　武汉市"治庸计划"分析

2004年底，浙江省出台《影响机关工作效能行为责任办法（试行）》，首次将矛头对准干部队伍的"不作为"而建立了"庸官问责制"。"庸政""懒政"现象正成为中国地方政府着力破解的难题，多个省区和城市的政府相继掀起官场整肃风暴。据若干媒体的报道，从2005年起，杭州、嘉兴、宁波、湖州、台州等地区先后响应浙江省委、省政府的号召，将"治庸提效"活动推向高潮，先后有3000多名公务员受到处分，甚至免职，干部作风取得明显改善，政府效能建设初见成效。随后，兰州、长沙、深圳等城市和山西、湖南、江苏、河北、陕西、安徽、云南、广东、海南、辽宁、湖北等省相继借鉴"庸官问责制"掀起"治庸风暴"，在全国整治"庸、懒、散"系列行动中增添浓厚的笔墨。2011年，武汉市以"打造全国发展软环境最优城市"为目标的"治庸问责"行动，剑指"吃、拿、卡、要"等50种损害经济发展环境行为以及得过且过、业绩平庸等10多种"庸病",实施"治庸计划",整顿干部"庸、懒、散"作风,直接把政府整肃吏治的重点从贪官、昏官延伸拓展到庸官的环节,使得政府机关内部对于干部的监督管理从片面性、滞后性走向整体性、预防性,体现了政府全面提升行政效能、打造国家中心城市发展软实力的决心。

1. "治庸计划"及其实施

(1)"治庸计划"的含义界定。在2010年前后,该市公务员"庸政"现象大致包括"庸、懒、散"三大方面,其各种表现形式在官场之中蔓延,甚至开始支配个别公务人员的行为。"庸"的表现主要是得过且过、工作业绩平庸和办事效率低下。"懒"的表现主要是工作推进不力、创新能力不强、有令不行、有禁不止、不作为、慢作为、乱作为。"散"的表现主要是纪律涣散、贪图享受、在远城区和乡镇工作"走读"上下班。上述关于公务员"庸、懒、散"的表现形式,受到广大群众的强烈谴责,引起领导层的重视,成为"治庸计划"的关注点。2011年4月6日,中共武汉市委十一届十一次全体会议决定,在全市开展"责任风暴",实施"治庸计划"。所谓"治庸计划",是武汉市委、市政府为改善发展环境,彻底转变部分政府官员"庸、懒、散"作风,治理庸官,革除弊政的"第三种状态",力图打造最优城市投资环境的系列整治行动。"治庸计划"掀起三大风暴,分别为关于思想转变的"头脑风暴",群众、社会媒体多位参与的"舆论风暴"和行政强制整改的"问责风暴",并囊括行政审批制度改革、群众最不满意的十大重点问题整治、领导干部绩效考核机制、干部选任机制、岗位责任制、行政问责制等方面的建设和完善。

(2)"治庸计划"的实施阶段描叙。"治庸计划"行动由四个阶段构成:思想动员阶段、自查整改阶段、检查追责阶段和建立机制阶段。各个阶段首尾相接、环环相扣,都有明确的工作目标。

①2011年4月6日至30日为思想动员阶段(第一阶段)。思想动员和工作准备是其中的核心。市委、市政府组织召开一系列的动员会议,部署即将开展的治庸工作,普遍采取各部门和单位领导讲党课集中辅导、干部自学交流、典型庸官案例点评、各地治庸风暴介绍、治庸问责制学习等行之有效的方式,进行思想动员,使干部人人知晓。4月10日,武汉市出台《开展"责任风暴""治庸计划"的暂行办法》,明确规定庸官问责制及相应的庸官处罚力度。"治庸办"直接负责治庸问责行动,开通了治

庸投诉热线电话，治庸暗访组的工作也全面展开。

②2011年5月1日至6月30日为自查整改阶段（第二阶段）。这一阶段要求各单位进行自查，将单位内部自我监督和群众外部监督相结合，扩大群众参与，对本单位在重点工作和干部队伍中存在的"庸、懒、散"问题进行集中排查。在自查整改阶段，治庸计划推进的主动权掌握在政府部门手中，政府部门通过自查，发现存在的问题，主动整改，进而改变"庸、懒、散"的工作作风，提高行政效能和政府服务质量。然而，治庸暗访组和治庸投诉热线对政府部门的压力巨大，一旦被发现存在的问题，严厉的问责制将启动，处分有关干部，强行进行整改。武汉市在短短80天内，先后问责537名干部，年度考核不称职、行政许可中擅自收取费用、工作时间参加赌博、干部受贿四类典型案例曝光，水务局副局长因城市内涝被免职等事例将治庸推向高潮。6月2日，依据各单位自查整改的阶段性成果，针对群众反映强烈的十大问题进行公布和重点整治。届时14个部门的领导代表公开承诺，重点关注并限时整改群众提出的十大突出问题。

③2011年7月1日至8月31日为检查追责阶段（第三阶段）。该阶段采取集中检查和明察暗访相结合的方式，对全市各单位的重点工程和重大项目进行全方位的监督检查。检查追责阶段建立在思想动员和自查整改阶段良好完成的基础之上，是对前两个阶段工作的深入。在充分明确治庸责任的基础上，检查追责阶段集中力量整改未妥善处理的"庸、懒、散"问题。在此期间，大量"庸、懒、散"现象被曝光，被问责官员数量激增，官员级别不断上升，使得武汉市的"治庸计划"成为媒体的焦点。在这一阶段，武汉市五名局级干部被问责，是治庸工作开展以来被问责级别最高的官员，充分地向社会和群众展示政府治庸的决心。

④2011年9月1日至12月底为建立机制阶段（第四阶段）。这一阶段关系到治庸工作能否形成制度和常态。开创"庸者下、能者上"的干部选拔任用机制，构建权责明确的岗位责任制，形成科学合理的干部考核评价机制，完善干部教育培训机制与奖罚机制等，形成治理"庸、懒、散"的长效机制，提升行政效能，打造最优城市投资环境。市委、市政府在"治庸问责"工作中，突出问题导向，重点把握关系社会民生的十大重点问题，由单位领导公开承诺整治，明确责任。创新性地将部门和单位考核与干部考核一同融入考核机制，在全市70多个部门和单位开展以"评效率、评公开、评服务、评整改"为核心的"四评"工作。在干部绩效考核方面，领

导干部处于末位或连续两年处于后几位的，领导干部民主测评基本称职和不称职票超过1/3的，给予相应处理；干部受到组织诫勉谈话或通报批评的，该工作年度不得参加评优评先活动，也不准提拔使用，属于后备干部的，取消其后备干部资格；岗位调整处理的干部，该年度考核为不合格。若被处理对象不服处理结果，可依照制定的申诉复核机制，在一定期限内，向上一级主管部门申诉。在行政审批制度方面，最大限度地实现优化再造，合并烦琐的审批流程，缩短审批程序，极大提升行政审批的效能。同时，公务员岗位责任制度开始试点工作，力求构建完善的制度。

2. "治庸计划"的成效与不足

(1) "治庸计划"的实施成效简介。武汉市开展"治庸计划"近四个月，针对"庸、懒、散"的整治工作，采取以问题导向、制度创新、民主评议、严肃问责四种方式，按照预订计划有效推进，取得阶段性成效。四个阶段实施期满后，据该市纪委提供的权威数据显示，开展"治庸问责"8个多月以来，有686名官员被问责，169名官员被给予党纪政纪处分、533名官员被组织处理，涉及局级干部多达12人、处级干部98人。该市在治庸问责期间，致力于制度创新，推出一系列富有借鉴性的办法，如专门负责治庸事务的"治庸办"；"治庸热线"极大地调动了群众参与的热情；"电视问政"和"网络问政"让行政部门"一把手"直面群众质疑；对于重点整治项目的部门领导"公开承诺制度"等。

在治庸工作满一年时，该市"治庸办"公布最新的问责官员数据，共有812人被问责。其中，局级干部16人，处级干部142人，局级官员所占比例为1.97%，处级官员所占比例为17.49%，达到问责官员数量的近1/5。[①] 在公布的问责官员数据中不难发现，处级以上的官员被问责数量呈明显上升趋势，所占官员的比例不断扩大，局级官员比例从最初的1.3%上升至1.97%，处级干部比例从10.8%上升至17.49%，治庸问责从基层公务员向中高层官员延伸。据《长江商报》2015年4月7日的报道，2011年4月至2015年4月，武汉市通过"治庸问责"活动共问责了5499名公职人员，其中局级干部41人、处级干部810人。

(2) "治庸计划"的不足之处分析。"治庸计划"在实施期间令人瞩

---

① 彭磊：《武汉治庸一年812人问责，治庸无终点》，《湖北日报》2012年4月6日。

目，也促使武汉市的治庸模式成为全国各地媒体争先报道的对象。但由于缺乏系统性的制度保障、缺乏常态化的制度建设和缺乏第三方的有效监管，迫使"治庸计划"只取得了阶段性的成效，远没有在根本上解决"庸、懒、散"问题。

①"治庸计划"缺乏系统化的制度保障。武汉市的"治庸计划"开展后，结合具体存在的问题，制定了一些具有针对性的制度，比如"治庸办"的暗访制度、单位领导公开承诺整改制度、民评民议制度、审批流程简化制度、公务员岗位责任制度、治庸典型案例曝光制度、干部考核制度、庸官申诉复核制度等，上述制度都在一定程度上发挥了积极作用。同时，"治庸计划"在全市范围内多头并进，教育、考核、法治、人事、问责制度等多方面构建，使得"治庸计划"能在短暂的时间内快速有力地开展。但是，综观整个"治庸计划"，不难发现它并没有形成一个系统化的制度保障。在治庸问责期间不断出台的方法、构建的制度，更多的像是制度的堆砌，缺乏系统化的制度统筹。治庸工作能否常态化，是治庸工作能否取得根本性成功的关键所在，而其中最为核心的问题在于制度建设。领导支持模式的治庸问责工作，已被实践证明是无法取得根本性成效的，领导的调动和工作重点的转变会极大影响治庸工作的可持续性。因此，考虑减少"路径依赖"所带来的收益递减，不由主要领导或精英人士主导来简单模仿、复制、移植中央或其他地方的相关制度，而致力于构建合理、科学、富有成效性的制度，才能促进治庸工作的常态化、可持续性和收益递增。

②"治庸计划"缺乏第三方的有效监管与评估。不可否认，"治庸计划"的开展，没有政府力量的主导，特别是地方政府主要领导的强力支持（甚至命令）是无法实现的。同时，这也可能意味因"人走茶凉"所带来的不确定性。武汉市通过"治庸计划"，自查自改，自我提升行政效能，达到了明显的成效。政府的推动力量渗透到岗位责任履行、绩效考评、督察、暗访、电视（媒体）问政等治庸工作的每一个环节，达到了完全控制的状态，使得治庸计划能够在短时间内迅猛地展开。在"治庸计划"的实施期间，除了治庸热线的群众投诉、小部分的网络参与外，社会组织、群众更多的是作为看客。缺乏第三方力量的有效监管，难免会因为政府组织内部势力的角逐，多多少少会形成自拉自唱自娱的独角戏，偏离预期的行动目标，进而影响治庸与问责的深度、广度和效度。

二 完善"治庸问责"长效机制的措施探讨

1. 在行动主体方面,明确"治庸问责"的取向,再造政府新姿态

(1) 坚持治庸问责,建设责任型政府。庸官懒政,是良法善策的天敌,严重影响了改革效率,降低了政府公信力,轻则妨碍发展,重则误政殃民。"任其职,尽其责;在其位,谋其政"是所有公务员的基本责任,能干事、敢担当、有作为,是党员干部的立身之本、从政之要。"有权必有责"是责任政府的核心观点。问责"庸、懒、散"的工作作风,加强对政府干部队伍的责任约束,使各级政府工作人员把责任放在更加突出的位置,牢记在行使权力之中包含的责任,努力为公众提供快捷、优质、高效的公共服务。

(2) 坚持治庸问责,建设效能型政府。效能政府是指在公共管理和公共服务中体现较高水平的能力、效率和业绩的政府。现代意义中的政府不光局限于完成行政目标,而是被赋予多元的社会期望。政府权力的不断膨胀,使其权力触角延伸至社会各个层面,产生大量关于政府职能边界、效能高低问题的质疑。"无所作为,平庸度日"的官员充斥在工作岗位上,如何提高政府效能正成为政府行政过程中的难题。治庸问责从思想、教育、用人机制、问责体制、法制等方面系统出发,环环相扣,期望对政府效能形成质的飞跃。对于庸官出重拳打击,赏罚分明,重塑干部队伍良好的工作作风,才会为效能型政府提供不竭动力。

(3) 坚持治庸问责,建设服务型政府。政府职能部门的关键职责就是提供公共服务,而公共服务提供的质量,以"三个够不够"来衡量最为恰当,即"服务提供够不够快捷,态度够不够热情,群众够不够满意"。这一切都取决于政府部门工作人员的业务水平、工作态度和工作效率。服务型政府提倡的理念,从"官本位"转变到"民本位",完全摆脱了官僚主义思想的羁绊。"庸、懒、散"现象如果充斥政府部门中,会极大地降低政府服务效能。建设服务型政府,是时代所赋予的要求,可以为一个城市的持续发展提供不竭的内在动力。

2. 在制度实施中,注意制度匹配,开展精细化管理,促进治庸问责的精准化

精细化管理理念典型表现于日本的企业管理之中,它追求社会分工和服务水平的精细化，注重规范化、精细化和个性化三个层次的操作来达到资源的低消耗和管理目标的高满意度。在治庸问责的过程中，引入精细化管理的理念，讲究服务质量和水平，让这种管理文化落地生根，理应成为公务员的常态。治庸问责应当说在官僚制或后官僚制之中无法一蹴而就，而精细化管理的操作可以为在服务型政府、效能政府、廉洁政府、法治政府的建设中治庸问责提供一些有益的借鉴。

（1）对症下药。比如，在广东省，从纪律审查和作风暗访的情况，"为官不为"可以概括为五种类型：不思进取当"庸官"；推诿扯皮当"躲官"；作风漂浮当"看官"；办事拖沓当"懒官"；装聋作哑当"木官"。[①]一些官员出现"为官不为"现象，原因较复杂，概括起来主要有：思想上目标不清，价值取向扭曲，责任感、使命感丧失，公仆意识淡薄；制度上选人用人、绩效考核、监管问责等制度还不完善；心理上吃不起苦、受不住累，担不起责任，因怕"做的多错得也多"而自保；行为上因"懒"而"笨"不能为。针对原因，改变目前部分官员不作为的现象，应当配合党中央、国务院的要求，注意反"四风"和督责不作为而对症下药，多管齐下减少缝隙，避免"政绩工程""形象工程"似的作秀：①以"三严三实"专题教育为契机，用"严"和"实"治疗"庸官懒政"之病。"三严三实"背后涉及世界观、人生观、价值观、权力观、事业观、群众观等根本问题。践行"三严三实"，体现的是用权干事关系，是党员干部特别是各级领导干部的修身之本、为政之道、成事之要。做到"严以修身、严以用权、严以律己，谋事要实、创业要实、做人要实"，才能做到"对党忠诚、个人干净、敢于担当"，达到"心中有党不忘恩、心中有民不忘本、心中有责不懈怠、心中有戒不妄为"，营造良好政治生态。②具体诊断官僚主义表现的类型与危害，由表及里找准问题的症状、病因，开展精准治理，有针对性地开展教育、警示、预防、查处和整改。比如，服务窗口部门易产生群众办事难的问题、"冷漠置之，生硬拒之，圆滑推之"的现象；一些职级低的干部管理创新意语不强。消极被动处理事项，凡事等着上级催办督办，依靠领导出面协调；少数抵近升迁"天花板"的领导干部怕担责任，遇到责任往上推，或绕开走，绕不过去则拖着办或虚假应对。在这些问题上，有关管理、监督部门可以适当施

---

① 参见黄先耀《勿当五种"不为"官》，《人民日报》2017年3月24日。

压，促使有类似问题的公务员积极调适或尽量避免。③问责要体现出提速、严厉、"抓关键少数"的特点。在一系列社会高度关注的突发事件、热点事件中，对于相关领导干部责任追究的速度应加快。各级监察机关要敢于较真碰硬，勇于铁面问责，"失责必问、问责必严"。

（2）依纪依规治庸问责。我国的《公务员法》明确规定了公务员的权利、义务以及惩罚措施，但由于时代局限性，对于庸政现象没有具体的规定，从而出现我国普通法位阶上的法律空白。不管是浙江省的《影响机关工作效能行为责任追究办法（试行）》、河北石家庄市的《行政效能过错责任追究办法》、深圳市的《关于在全市掀起"责任风暴、实施"治庸计划"、加强执行力建设的决定》，还是武汉市的《武汉市开展"责任风暴""治庸计划"的暂行办法》，都归属于地方性法规或行政措施，在法制位阶中处于较低层次。因此，在具体工作中，有些党委领导班子特别是主要负责同志缺乏承担主体责任意识，对责任追究存在顾虑，尽量以批评教育、诫勉谈话、公开检查等形式代替党纪政纪处分，使责任追究失去了惩戒警示的意义。笔者认为，治庸问责可从以下几个方面来实现其程序化：第一，专门的治庸问责机构的设立是必不可少的。第二，公正的调查程序是治庸问责程序的关键部分，包括调查程序的启动、调查人员的组成、调查方式、调查结构的形成和最终的调查结论。第三，治庸问责力度更应该秉承法治原则，以《公务员法》为依据，作出合法、合理的问责。第四，大力强化失职（含失察、失为、失力、失真、失审、失控等）问责，督促领导干部担当作为履行职责。①总之，要进一步将问责条例、巡视条例、纪律处分条例等利器无缝衔接，形成制度合力，对问责情形、程序、方式作出明确而具体的规定，加强对党政领导班子"一把手""关键少数"的监督，以问责激发担当精神和倒逼责任落实。

（3）实施并健全容错机制。政治过程充满着代理风险。民众（"委托人"）希望政府官员（"代理人"）代表自己做出符合公共利益的、正义的、科学的决策，但是政府官员通常也有他们自身的人性弱弊和私人利益方面的非明智的考量。一旦这些考量与公共利益冲突，官员们很可能就会

---

① 杨小军：《整治不作为是从严治党的应有之义》，人民网—人民论坛，2017年3月13日。

"屁股决定脑袋",做出背离公共利益的决策。为官不为、庸政、懒政、尸位素餐是对行政资源的极大浪费。根治庸政、懒政,要"对症下药",加大激励和约束问责机制,加强能力建设,完善评价机制,客观公正地评价干部的能力、素质和绩效,让广大干部愿干事、敢干事、能干成事,形成敢于担当、履职尽责、大胆创新的氛围。然而,也有研究显示,在民众处于信息劣势的时候,有能力的官员可能做出劣质的选择以迎合民意,没有能力的官员也可以轻易复制类似的决策,不求有功,但求无过。因此,强化问责的同时,必须在理想信念、重用提拔、精神奖励和合规合法的物质奖励基础上,健全并实施"容错纠错"机制,形成敢于担当、履职尽责、大胆创新的氛围。在工作事业中,因认识、条件、环境、经验等主观和客观等原因与条件,出现这样或那样的错误,是不可避免的。但这与违纪和腐败有着本质的区别。所以,应当给先行者、探索者、敢闯者预留可失误的容忍空间,同时使失误得以改正。据 2016 年 8 月 25 日《人民网》的报道,"多地建立容错机制为干事者撑腰",容错机制的内容主要应当包括:区别对待探索失误的事项和尺度与违纪违法行为;明确认定免责的程序包括申请、核实、反馈等,纪检监察机关和组织部门要严格按照有关政策和党政纪规定予以核实认定,"试错权"不能成为干部违法乱纪的"保护伞"。同时,要健全澄清保护机制,绩效考评机制和申诉机制,坚决严肃查处诬告陷害行为。①

---

① 2017 年 6 月,广州市纪委监察局制定《关于支持改革创新宽容失误的意见》,规定宽容失误的适用内容包括五类:推进中央和省、市全面深化改革及相关试点工作;承担无先例遵循的探索性工作或科技创新工作;解决历史遗留、改革发展中遇到的疑难问题;贯彻创新、协调、绿色、开放、共享发展理念,推动转型发展的项目建设;其他深化改革、探索试验、推动发展的工作。失误的类型亦据此划分为四类:在改革发展工作中因无先例、范例参考,或开展试点创新过程中对政策、环境等把握不够精准而出现偏差;在上级没有明确限制性规定的领域和事项中,开展探索性试验、尝试性工作,未达到预设标准要求;由于非主观原因、难以预见等因素,推动经济社会发展的工作未达预期目标;处置突发事件或紧急状况,临机决断、急事急办、特事特办而突破一般性规定。对于免责,该意见明确必须同时符合以下四个条件:党内法规以及国家法律、法规、规章没有明令禁止,或者虽没有明确规定但符合中央和省、市决策部署精神;符合充分论证、集体研究等程序要求;勤勉尽职、竭尽所能、主动作为,积极研究、推动、督办相关工作;没有蓄意侵害群众利益,没有为自己、利益关系人或者其他组织谋取不正当利益。具有上述免责条件之一,或者存在主动采取措施有效避免损失扩大、挽回损失、消除不良影响,积极配合调查,主动承担责任等情形的,都可以依照规定减轻、从轻处理。

参考文献

[1][法]费埃德伯格:《权力与规则:组织行动的动力》,张月译.上海人民出版社 2005 年版。

[2]宋涛:《公共部门的社会问责——理念探讨及模式分析》,中国人民出版社 2007 年版。

[3]李军鹏:《责任政府与政府问责制》,人民出版社 2009 年版。

[4]周亚越:《行政问责制比较研究》,中国检察出版社 2008 年版。

[5]冯秋婷:《促进科学发展的干部考核评价机制建设》,中共中央党校出版 2009 年版。

[6]陈凌墨:《武汉力铸"发展软环境最优城市" 实施"治庸计划"》,《楚天都市报》2011 年 4 月 7 日。

[7]周海滨等:《责任风暴席卷十大"庸懒散"》,《武汉晚报》2011 年 4 月 7 日。

[8]姚文胜:《治理官员不作为要下猛药》,《光明日报》2015 年 6 月 7 日。

[9]侯赞华:《地方政府深化"治庸问责"的制度路径研究——以武汉市为例》,《湖北社会科学》2017 年第 1 期。

第十三章 系统协同视角的行政效能电子监察研究

2003年，中纪委监察部与联合国开发计划署以深圳作为改革试验的先行试点，联合开展了"中国廉政建设项目"。深圳市监察局积极配合，组织研发行政审批网络监察系统，并于次年11月正式运行。此后，苏州、厦门、青岛、西安等地纷纷开始效仿，电子监察建设如雨后春笋般发展开来。自2006年开始，武汉市政府在充分考虑本地经济发展条件的情况下启动电子监察建设项目，按照"统一标准，统一建设，适度超前，切实可行"的原则，通过制定工作方案，明确了系统建设的目标任务，细化了系统建设的内容，几年间将15个区级政务服务中心和41个市直部门都纳入电子监察的范围。电子监察的应用目前集中于行政审批领域。这方面的研究也基本围绕行政审批的信息化这一话题侧重于系统的研发与实施，较少涉及管理制度层面。笔者以访谈调研为基础，以武汉市行政效能电子监察的实施情况为例，阐述了系统的构成、功能和管理，探究电子监察系统建设所取得的成效及存在的不足，并在此基础上提出了推进地方政府电子监察有效运用的宽度和深度方面的改进之策。

一 武汉市行政效能电子监察系统及其运作

1. 系统的构成和管理模式

（1）系统的构成。武汉市行政效能电子监察系统是建立在武汉市电子政务网络平台的基础之上，通过在每一个业务系统设置前置机来实现与多个业务系统的对接，以方便快捷地采集相应数据信息，实现数据交换，为电子监察系统的有效运行提供数据来源，如图13-1所示。

目前武汉市比较成熟的电子监察系统是在行政审批监督领域的应用，

第十三章　系统协同视角的行政效能电子监察研究　　133

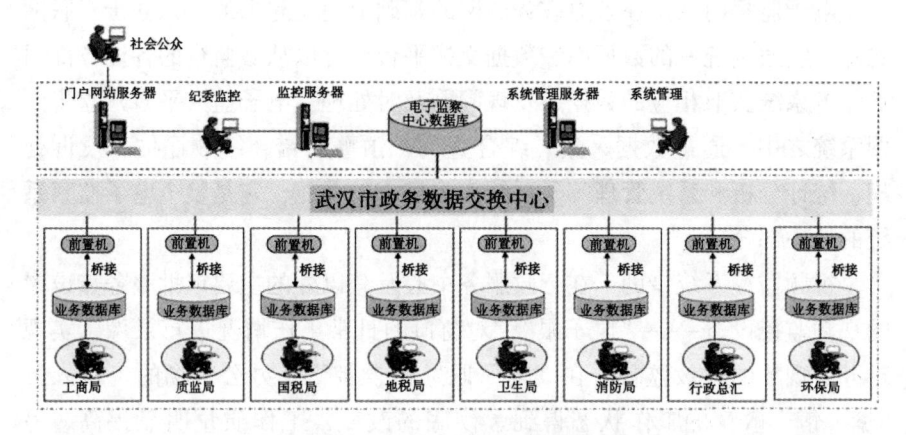

图 13-1　电子监察系统结构

笔者在此仅介绍此系统的构成。行政审批电子监察系统主要包括三个部分，即内网系统、视频监控系统和行政审批网站，如图 13-2 所示。

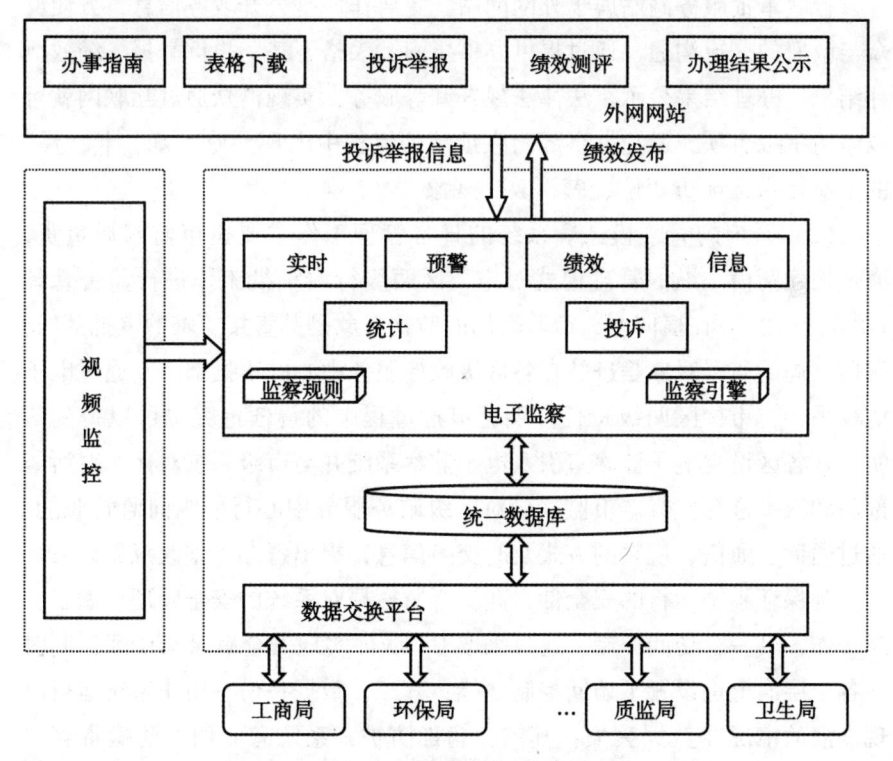

图 13-2　电子监察系统的构成

电子监察内网是在政府政务内网的基础上建立起来的，独立于互联网之外，它通过统一的数据库和数据交换平台，可以从被监察的各业务部门的业务系统获取相应的数据，发现问题及时处理。电子监察平台建立于内网系统之中，通过数据采集、综合查询、预警纠错、绩效评估、投诉处理、统计分析和系统管理等子系统实现相应的功能，它是整个电子监察系统的核心部分。

视频监控系统借助于在行政服务中心及其以外的主要审批服务点设置的视频监控设备——"电子眼"，对窗口的日常工作情况进行录像，实现对办公现场的有效监督。在"电子眼"的监控下，办公现场的工作人员"慵、懒、散"的工作状态得到了彻底的改变，工作质量明显提高。另外，视频监控画面还可以及时发现办公现场的问题，并在第一时间跟踪解决，同时也可以形成历史记录资料，用以调阅查询，对事后的处理提供现场资料。

行政审批服务网站属于外网网站，主要作用是公开政务信息，方便群众与政府的交流沟通，通过提供办事指南、表格下载、投诉举报、绩效测评结果、办理结果公示、法律法规查询等服务，实现群众通过互联网就可以申请审批事项，避免办事部门在烦琐的流程中出现"吃、拿、卡、要"的不端行为，预防"慵、懒、散"现象。

（2）系统的管理模式。系统的日常管理工作主要由市监察局负责，通过构建两横一纵的管理模式对市、区两级行政审批工作进行监督管理（见图13-3）。在横向上，市监察局的监督对象是其直接管辖的审批部门，区监察局的监督对象是进驻在各区级政务服务中心的审批部门。通过电子监察平台，市、区两级责任分明，审批过程中的责任追究也可以得到落实。在各区设立电子监察室引入电子监察系统并与市级系统对接，对所属部门和人员进行监督。市监察局对区级政务服务中心行使纵向监管职能，通过通话、通信、视频的方式及时交换信息，提出督办、整改意见。

为保证系统运行的安全性，武汉市监察局对系统的安全管理也做了相应工作：其一，访问控制，通过采取CA认证实现安全登录与访问，同时在各个层次上也设置了访问控制功能；其二，数据备份，防止系统运行出现崩溃的情况或数据丢失；其三，病毒防护，系统有专门的防病毒客户端，通过设置防毒策略进行病毒查杀，全面保护电子监察的正常运行；其四，建立防火墙，通过对外部访问的层层过滤，监测是否有黑客入侵，保障电子监察网络系统的安全性；其五，安全审计，系统对操作员的操作过程会进行记录，留下每一个重要的操作环节的痕迹，为事后处理情况提供验证支持。

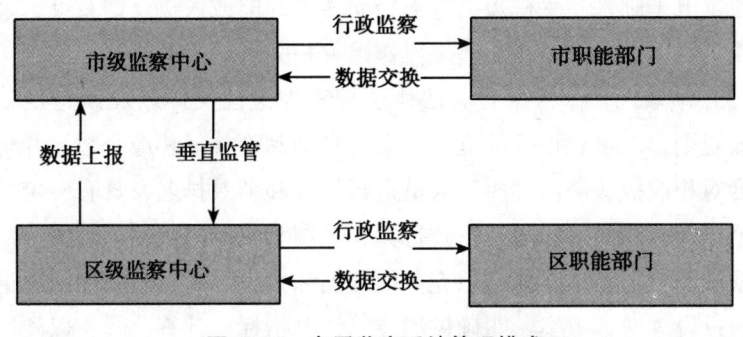

图 13-3 电子监察系统管理模式

2. 系统的主要功能

（1）实时监察。实时监察包括行政审批综合监察、过程监察、异常监察三方面的内容。综合监察，是通过系统对审批办件量、办结率等相关业务办理情况的数据进行统计分析，从最新的动态数据中全面掌握行政审批工作的开展情况。过程监察，是对审批整个过程的监督，在受理、承办、审核、批准和办结这几个环节中，工作人员会将每一笔业务的信息和处理意见如实地反映在系统中。异常监察，是对办事过程中拒绝受理或拒绝批准的情况，以及由于审批决定产生的行政复议或行政诉讼等进行监督，以杜绝违规操作的发生。实时监控的实现手段有两个。一是全市36个市直部门的审批业务系统以及15个区的行政服务中心的审批业务系统都与电子监察系统实现对接，通过标准接口进行数据交换。系统对审批过程中的审批期限、办事流程、收费标准等情况自动识别，自动进行数据统计分析，对存在的问题及时发现、及时预警，提醒有关部门及行政审批人员避免差错。二是发挥视频监控系统的实时监察功能。在15个区级政务服务中心和市工商、国土、房产、规划、公安、城管等十个办事大厅设置视频监控点，这样可以在监察室清晰地看到每个办事窗口工作人员的工作状态、办事情况。如若现场出现意外状况，可以及时联系相关部门在第一时间出面解决。对于事后处理的情况，视频资料还可以提供有力的证据，这样也可以保证执法的公正性。

(2) 预警纠错。依据事先设计的规则，对超过规定时限的、乱加收费的、不按流程办理的审批行为或者拒绝批准符合条件的申请的行为，系统会自动判别，以预警、黄牌、红牌等信号予以提示。与此同时，监察机关会通过电子邮件、手机短信等途径向相关部门或人员反馈意见，督促整改或要求说明情况，对违法违规操作追究相关责任人的责任。

(3) 绩效评估。依据有关法律法规和规范性文件以及预先设定的绩效考核规则，以量化评分的方式，系统自动判别扣减相应分数，并可按月和年度对相应执法部门和执法人员进行评分和绩效排名，具有一定的客观性和公正性，从而监督规范行政行为，遏制和减少违规问题的发生。电子监察系统的考核评估，能够以充分的证据和依据，对行政效能状况进行确认。通过设立考核方案，明确评测点、评测指标、计算公式，以硬性的标准和监察平台提供的实时数据对行政机关的绩效状况进行科学合理的量化考核，系统每月自动生成考核评估报告。这样既客观公正又不失灵活，同时也减少人为因素的影响。

(4) 信息服务。系统通过对采集的数据进行汇总和分析，产生各种统计报表和分析图表，反映行政行为的综合状况、动态趋势以及被监察事项的特点规律，为执法部门和监察部门提供相关信息，有助于提升决策能力和监督水平。同时，建立了电子监察服务网站，为群众和企业提供行政审批、行政处罚、政府采购等相关信息和办事指南等。

(5) 投诉处理。在武汉市廉政网、武汉市行政审批服务网、武汉市民之家网等电子监察网站上设立了行政审批、行政处罚、政府采购投诉窗口，方便群众和企业对电子监察系统无法监督的违规行为进行网上投诉，并通过后台将各类投诉问题自动分发到对应的电子监察系统中，由相应职能部门进行处理。

(6) 问责督办。行政审批电子监察系统通过实时监察、预警纠错、绩效评估、投诉处理等手段，及时发现行政审批各个环节发生的违法违规问题，实时启动问责程序，且自动向相关责任部门发送督办通知和工作建议，并督促其整改落实。

3. 系统在其他领域的延伸

(1) 电子监察在企业注册登记并联审批领域的应用。在市纪委监察局领导的大力支持下，按照"统一受理、抄报相关，限时办结、集中回复"的工作机制，市监察局和市工商局、市信息产业办合作，在全市探索建立企业注册登记并联审批电子监察系统，使全市卫生、环保等10多个前置部门的审批信息，通过数据交换和市工商企业注册登记数据并联，使原来办理企业登记需要跑十几个部门变为只需要跑工商一个部门，即可办理完毕所有的前置审批事项，方便了企业办事的同时，审批效率明显得到提高。

(2) 电子监察在行政处罚监管领域的应用。通过从批评教育、责令整改、行政处罚三个层面的执法程序，来逐步规范武汉市行政处罚自由裁量权，并不断提高执法人员的工作水平，监察部门联合法制、城管、药监等相关单位，在城管、药监系统建设了行政处罚电子监察系统的试点，对全市范围内的城管及药监系统共计204个执法点基本实现实时监控。执法业务系统、数据库、执法监察系统、数据平台四大模块构成了该系统，系统从主体、程序、时限、裁量、信息五个方面设置了12个监察点，而其中监察的重点是行政处罚结果是否在自由裁量权细化标准之内。与市财政部门非税收系统采取对接，对从监察系统中采集的处罚活动数据从以下几个方面自动比对：首先，看是否出具合法的罚没收据，收据编号是否在本辖区范围；其次，看行政处罚是否在自由裁量权细化标准之内；最后，是要看行政处罚实际执行与作出决定的金额是否一致。对违反规定的异常情况，系统将自动发出红黄牌警告。

(3) 电子监察在监督政府采购领域的应用。为了使政府采购行为更加规范，加强对采购各个环节监管，以防止以权谋私，控制有效的财政支出，市监察局与市财政局合作开发了政府采购电子监察系统。政府采购电子监察系统与市政府采购办的政府采购业务系统实现对接，实时采集采购过程中产生的数据信息，实现对政府采购过程以及采购各方当事人、采购监管机构的有效监督。针对容易出现差错的环节，系统共设置了22个监察点，分别对采购的方式途径、中介机构信息、投标人资格的审查过程、评标过程、中标过程、合同金额确认、专家评分等方面进行全方位监督。系统的运行实施实现了对政府采购活动的全过程监察、预警纠错和绩效评估，从而协助监察部门及时发现问题，采取措施加以防范。

(4) 电子监察在监督党政干部因公出国（境）领域的应用。为加强对全市党政干部因公出国（境）的管理，市监察局和市外办合作，开发建立了武汉市党政干部因公出国（境）管理业务系统和电子监察系统，该系统通过和外办审批业务系统对接，自动收集全市党政领导因公出国（境）的信息，主要包括：组团单位、团组成员、出访国家或地区、在外停留时间、费用来源、承办单位等内容，以达到规范干部出国（境）的次数、年龄、团组人数以及出国停留时间四个方面的内容。对违反规定进行审批的，电子监察系统自动发出红、黄牌预警信号，市监察局根据实际情况，对相关人员进行督促整改和责任追究。

二　实施情况的调查分析

1. 对系统实施效果的调查

笔者参与的行政监察研究课题组在武汉市 7 个区的行政服务中心和各区政府职能部门随机对办事群众和政府机关工作人员进行问卷调查，发出问卷 2000 份，实际回收到有效问卷 1703 份。在对电子监察是否降低了人力成本的回答中，1043 人回答的"是"，约占 61%；210 人回答的"否"，约占"12%"；回答"不明显"的为 450 人，占 27%。对电子监察是否降低物力成本的回答中，有 987 人回答"是"，259 人回答"否"，457 人回答"不明显"，分别占 58%、15%、27%。电子监察是否简化办事流程的回答情况是 1057 人答"是"，192 人答"否"，450 人答"不清楚"，分别占 62%、11%、27%。对于电子监察是否提高了政府工作人员的办事效率，57% 的人认为"是"，14% 的人认为没有，29% 的人不太清楚。调查还显示 64% 的人同意电子监察的运用改善了工作人员的服务态度，11% 的人认为工作人员的服务态度没有因之改善。对于电子监察是否起到了预防腐败的效果，63% 的人表示认同，11% 的人认为没有起到这种控制和减少腐败的作用。相关统计如图 13-4 所示。调查显示，绝大多数人认可电子监察这一新兴的监督方式，电子监察的成效已初步显现。

2. 对电子监察网站的开放性调查

如图 13-5 所示，对目前电子监察网站的开放性，34% 的受访者认为是开放的，方便政民互动，18% 的受访者认为网站不方便政民互动，48% 的受访者没有通过网络与政府进行过互动交流，还不清楚。这说明，虽然以政府门户网站为代表的政府网站群虽已建立，但是还有很多群众还没有

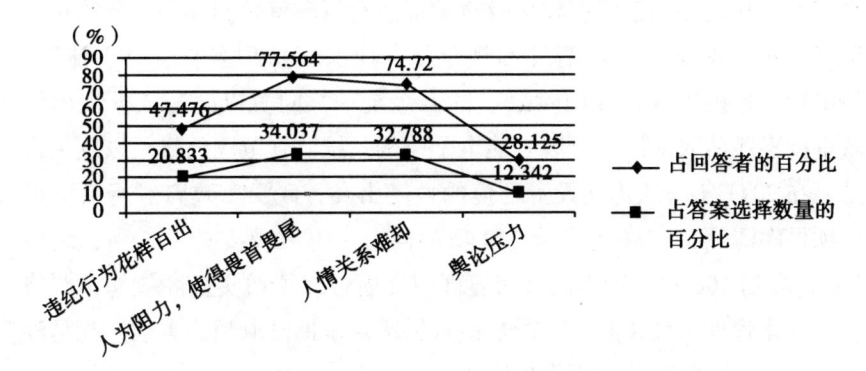

图 13-4　系统实施效果调查统计

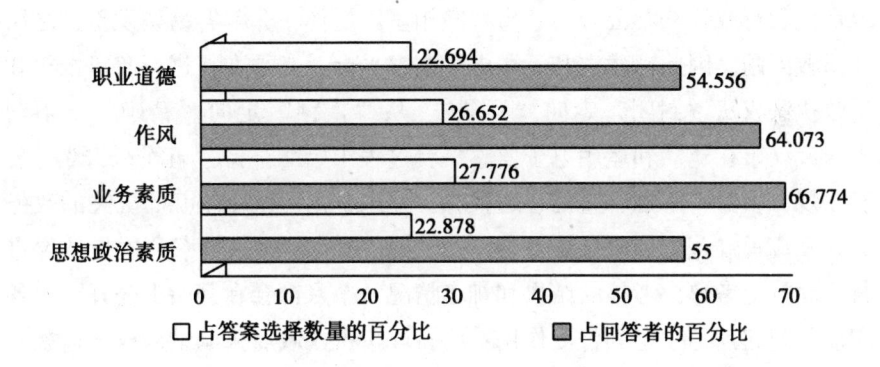

图 13-5　电子监察网站的开放性调查统计

习惯通过这些网站了解政府相关信息，网站的利用率不高。

3. 成效分析

一是解决行政审批和行政执法随意性大的问题，促进行政行为的规范化。传统行政审批办理程序和时限的设定，行政执法自由裁量权的存在，都给权力的行使留有一定空间，导致少数工作人员裁量行为的随意性大。据不完全统计，武汉市在系统建设之前行政审批已经有过六次精减和调整，虽然确定保留的行政审批事项有大幅减少，但市直部门实际拥有的审批事项仍很多，各区拥有的审批事项也不少；此外，同一审批事项还存在名称不一、条件不一、程序不一、时限不一等问题。建立和运用电子监察平台，就是要控制审批行为的随意性，实现规范化。2006 年，武汉市在对行政审批事项已经进行了六次的精简和调整的情况下，再次由监察部门联合编办、法制办一起督促辖区及直辖部门对行政审批和公共服务的相关事项进行了一次全方位的清理和规范，实现了"事项名称、办事流程、材料申请、审批条件、办理时限"的五个统一，同时以此为依据提出将行政审批事项纳入武汉市行政效能电子监察系统监管范围的目录以及工作意见。在2011年，从优化投资环境的角度出发，武汉市政府对行政审批的事项再次清理，在决定保留339项的同时，下放及委托215项，调整135项，取消106项。所辖区及市直部门要通过改革切实提高效率，严格责任，强化管理，优化服务，严禁擅自保留及审批已取消的事项，凡是没有纳入监察范围的事项均不得再审批。

　　二是解决行政审批和行政执法中的暗箱操作问题，促进政务公开。行政审批和行政执法不公开，权力在暗箱里面操作，非常容易诱发不正之风和腐败问题。因此，建立和运用电子监察平台，必须在促进行政审批权和行政执法权从"封闭"走向"开放"，从"模糊"走向"精确"上下功夫。武汉市在建立和运用电子监察平台过程中始终坚持"五个公开"（公开法规、项目、审批、查询、通报），电子监察平台对各审批机关的政务公开、流程规范、期限合法性等9个大项70个小项的效率和质量情况进行自动打分考评，考核的结果和排名情况每个月都会在网站上公开，对各职能部门起到了一定的督促作用；将行政审批、政府采购纳入电子监察系统，将每个环节的监察数据予以采集并及时进行预警，市监察局针对系统预先设置的9个环节、22个监察点，根据预警信息，及时有效地进行监察活动，并对整改情况进行追踪。通过科学的在线监控程序实现对权力运行的全程监控和实时预警，把"科技预防"内嵌转化为完善管理的内功，有助于防范岗位廉政风险，提高了行政效能和服务效率，促使各项工作实现数据化、电算化、档案化。

　　三是解决行政审批和行政执法环节多而杂的问题，提高行政效率效能。传统审批程序复杂性致使办事企业或群众要完成一个申请就需要来回跑数个甚至数十个部门，这样不仅使政府的工作效率得不到提高，相互揽权推责的现象时有发生，也严重影响到民众的利益和政府的公信力。审批环节中如若缺乏有力的监管还可能导致腐败。行政审批和行政执法前置条件过多、程序复杂、耗时太长、部门之间缺乏沟通协调，严重制约了行政效能的提高。建立和运用电子监察平台，必须在减少行政审批和行政执法环节，精简办事程序上想办法和下功夫。因此，武汉市监察局先后启动了企业注册登记和基本建设项目并联审批改革,形成了"统一受理、抄报相关、限时办结、集中回复"的机制,明确了企业注册登记和基本建设项目审批的时间,较好地解决了申办群众多窗口申报,各部门独立审批累计耗时长的问题。

四是强化了绩效考评和问责追责。行政效能电子监察系统实行全程监控与电脑实时记录相结合,自动汇总生成满意率、提前办结率等数据,每月对各单位的办件情况进行统计排名,以《电子监察月报》形式,向市委、市人大、市政府、市政协、市纪委领导以及各区和市直各部门通报审批绩效成绩,年底进行综合汇总,自动生成各单位绩效得分,并将全年行政审批电子监察绩效得分作为第三方评估重要依据,纳入各单位年度绩效考核。无情的电脑管住了有情的人脑,电子监察系统改变了以往人工操作的办法,消除了人为因素,克服了人情观念,使考评结果更加科学、合理和公正。同时,市监察局通过系统程序的"倒查"功能,及时追查责任单位、责任个人和责任环节。

4. 问题分析

一是来自被监督对象的阻力较大。在被监督的对象中有相当一部分对电子监察不接纳,首先,表现出来的是一种排斥的态度,会有部分行政职能部门以数据的安全性、保密性或者行政隶属、垂直管理为由,拒绝将一些数据纳入电子监察系统中进行实时监控;其次,表现出的是一种轻视的态度,作为较为新兴的领域,一些职能单位使用系统报送数据不够及时,工作人员不负责任,操作系统不熟练的情况比较广泛地存在,造成系统运行的不顺畅。

二是经费支持问题。作为科技含量较高的电子监察系统,在系统建设初期资金投入情况相对较多,并且需要对工作人员进行专门的培训,在系统的维护和运行的过程中也需要一定的资金支持,而电子监察系统的实效往往是在建成和运行之后。部分单位缺乏资金支持,电子监察系统推行进展缓慢。

三是缺乏制度保障。电子监察系统充分发挥作用不仅取决于自身的顺利运转,同时也离不开法律法规和相关制度的建设。就目前来看,本地区在电子监察配套制度方面,无论从质量还是数量上都有较大的不足。只有健全的制度作保障,才能使电子监察的效果达到理想状态。

三 推进电子监察有效实施的措施探讨

1. 统筹推进，实现与电子政务同步一体化发展

电子监察的建设是一项复杂的系统工程，不可能一蹴而就。在系统建设过程中必须要结合政府电子政务发展战略，统筹推进。系统的设计需要综合考虑各级政府行政部门的工作机制、管理体制，还要制定统一的标准，建立统一的模式，以实现跨区域、跨部门的网络对接和信息整合。因此，政府必须高屋建瓴，高瞻远瞩，在对自身定位、资源整合的基础上进行政府战略规划；要依据现有技术、资金条件制定电子政务发展规划，优化政务流程；整个规划过程还要把公众需求的分析贯彻始终。此外，还要考虑到具体实施环节怎样利用现有资源开展系统建设工作。当前，随着网络信息技术和"大数据"深刻影响着社会生活的方方面面，运用信息技术和"大数据"分析等手段来建设监督执纪信息管理系统，发现"线索"、固定"证据"，能"为监督插上科技的翅膀"。

2. 流程再造，构建电子监察的立体网络

（1）夯实系统基础网络。首先，要完善内网和外网的2.0版的升级建设，在统一的外网开辟专门的资源共享板块，保证资源共享部分相对独立，也能避免重复建设。其次，要致力于建设网上服务政府门户网站，实现信息公开、在线办事、互动交流等功能。最后，要建立包括数字证书认证中心在内的电子政务网络安全体系，培训或聘用有专业知识的人员对网络环境和系统进行维护，保证外网运维的通畅和安全。

（2）实现系统流程再造。建立电子监察系统功能之一就是要实现政府行政审批的流程再造，形成完整高效的"服务链"。这就要求政府在加强政务服务中心建设的同时，根据"流程再造"的要求以社会公众实际需要为前提进行组织重组，实现的具体目标如下：一是清除（Eliminate），对每一事项的审批过程都要严格审视，剔除非必要的、形式化的繁文缛节，理顺窗口和内部处室的关系，为窗口办理提供必要的受理权限，避免重复审批。通过信息互联互通的实现，按照"办公办事电脑化、公文流转无纸化、机关管理网络化"的要求为相对人提供足不出户即可办理的

行政审批服务，提高行政效率。二是简化（Simplify），改变原有直线顺序和串行的审批工作模式，利用信息技术实现并联审批和资源共享，使多道程序实现互动式同步推进，遇到问题及时解决，缩短审批时限，简化审批流程。三是整合（Integrate），将各职能部门分散开的任务经过梳理形成一个流程，将相似甚至相关的过程进行有效的整合，实现"全方位、一体化"的政府流程再造。四是自动化（Automate），采用面向"数据响应"的新思路，依托电子数据交换平台、决策支持系统及信息管理系统等优化政务流程，实现整个过程的自动化和系统的硬性约束，减少人为干预。五是点面结合。全面覆盖线上线下廉政风险，同时以数据分析统计、量化评估等手段，发现监督重点，增强监督防控工作的针对性、有效性。在实现实时动态监控中，通过对"高风险问题"的重点筛查，让数据发出"警报声"；依托对平台预警数据的研判，有针对性地建立完善"预警风险听证制度"和"预警问题约谈制度"，形成管理闭环和有效震慑；通过全程留痕，为"事后"执纪问责固化并提供了真实有效的"证据链"。这样，以信息化手段破解少数人监督多数人的难题，可以促进纪检监察机构监督方式的根本性转变，努力凸显"挺纪在前、抓早抓小"的监督功效。

（3）整合系统运行平台。电子监察系统的总体建设思路应该是"一个平台、多个系统"，将其开发成统一管理平台。首先，通过制定统一的接口标准，将各个业务部门的系统入口整合到一起，解决多个系统间的对接，便于快捷互访、共享资源，实现一窗口对外、一站式登录、一体化管理，强化内外网的无缝隙链接，逐步建立"一点接入、普遍联通，一套设施、普遍适用"的基础平台，赋予平台预警处理、风险防控、监督决策三大子系统的相关功能。其次，要加强政府政务服务网络建设，在横向上将审批、业务、监察系统的资源同政府门户网站进行整合，通过数据联通互传，实现网上申报、查询、反馈、监督、投诉等功能；在纵向上推进市区之间的行政服务中心互动，通过构建起行政服务平台，形成上下贯通、高效便捷的服务网络。优化整合后的系统网络将为公众提供跨时间、跨地域的"一站式"服务，真正体现电子监察"方便、及时、有效"的理念。

（4）延伸系统覆盖领域。一方面，要秉承"先易后难，逐步推进"的建设原则，先在总体规划的基础之上，明确目标，阶段性稳步推进，逐步把政府各个行政机关的审批事项尽可能地纳入电子监察系统之中。在系统建设初期，一定要有长远的考虑，既要设计好业务系统、网络布局，又要梳理好业务流程，更要保证好系统的可扩展性，以期能在已有的系统基础上进行完善创新。另一方面，要研究扩大电子监察覆盖领域的范围。从横向发展来看，在相当一部分地区电子监察尚处于起步阶段，其应用的范围还十分有限，目前基本限于在行政审批领域。从纵向发展来看，除了极少部分发达地区实现了省、市、县、乡、村五级联网，大多数地区仅仅实现了市县两级的网络连接。因此，需要在现有已经发展的基础上，继续深化改革，拓展系统应用，实现向政府管理的其他领域延伸，逐步拓展到"三公"消费、行政采购、抗震救灾、政务公开、信访投诉、廉情预警、信访跟踪、电子监督、舆情反馈、反腐决策、绩效评价等领域；需要逐步实现电子监察向从省市延伸到县区、乡镇，实现电子监察的在广度、深度上的全面覆盖，打造出规范权力运行的立体化监督平台，使权力运行"大小有边界、行使有依据、运行能公开、网上留痕迹、全程受监控"，从而构筑廉政"防火墙"。

（5）完善绩效评估。电子监察技术促廉促勤的同时，也可能造成监察体制中的非人性化的技术依赖症，进而使复杂的监察工作变得呆板而无权变。因此，一是要建立严格的评估体系。将政务公开、流程规范、期限合法、收费合法、监督检查、法律责任、廉洁行政、满意度调查、服务态度和行政处分等指标纳入绩效评估体系之中，理顺评估程序，健全评估制度，制定出合理的绩效考核办法和计算公式，采用定性和定量相结合的方式进行评估，完善系统的绩效评估功能。二是在绩效管理中增加外部评议信息源，利用外部监督增强绩效评估的科学性和全面性。在办事窗口，可以设置如银行业务窗口的顾客评价系统，让办事群众对政府工作人员的工作情况进行评价打分，并以此作为绩效考核的参考，在计算总分时可占一定比例。同时，办事群众也可以通过政府门户网站对办事机关的业务处理情况进行客观的评价或提出建议，系统可将接收到的评价结果和建议反馈给电子监察绩效考核管理人员以做适当的处理。对于群众的评价情况，可以作为对相关机构的得分进行调整的重要依据；对群众提出的建议，可以进行可行性分析，中肯合理的意见要积极采纳。此外，可以引入专家评估，借鉴国外经验，成立专门的绩效评估组织对系统产生的评估结果进行诊断分析，并对有价值的信息进行实时反馈，从而更好地为提高政府行政效能服务。三是建立电子政务和电子监察情况月报制度,将每月的绩效考评结果公布在政府门户网站或电子监察网站上面,对排名靠前的机关单位能起到激励的作用,对排名靠后的机关单位具有督促作用。通过督导促进工作的改善,在政府内部也能形成一种良性竞争的氛围,增强各职能部门的责任意识,真正将绩效考评的效果体现出来。

3. 激励公众参与,引入电子监察的社会监督

实施行政效能电子监察的目的不仅仅是促进政府工作效能的提高,还在于让权力的行使更加公开化、透明化。现代多媒体技术、网络技术已日渐成熟,信息传播渠道也更为广阔,因此,政府要想办法充分借助现代化手段将公权力置于阳光之下,缩短与民众之间的距离,减少沟通的阻碍,畅通沟通的渠道,充分保障公民合法合理的知情权、参与权及监督权。为方便群众、服务群众,政府可以在其门户网站、电子监察网站等政府服务网站上专门开辟信息公开栏目,定期更新需要向民众公示的重要信息;可以在行政服务办事大厅设置方便群众了解政务信息的自助查询系统;也可以开通移动短息平台或政务微博将关系群众切身利益的相关事项公布出来。

参考文献

[1] 蔡立辉:《电子政务:信息时代的政府再造》,中国社会科学出版社2006年版。

[2] 邓崧:《电子政务价值评估——基于政务流程和信息整合的研究视角》,人民出版社2008年版。

[3] 何振:《电子政务信息资源的共建与共享研究》,中国社会科学出版社2009年版。

[4] 毛昭辉:《中国行政效能监察理论、模型与方法》,中国人民大学出版社2007年版。

[5] 蒋骁:《电子政务公民采纳:理论、模型与实证研究》,经济管理出版社2011年版。

[6] 吴爱民:《国外电子政务》,山西人民出版社2004年版。

[7] 汪玉凯:《电子政务在中国——理念、战略与过程》,国家行政

学院出版社 2006 年版。

［8］付超：《电子政务环境下电子行政监督的可行性分析》，《电子政务》2009 年第 1 期。

［9］刘娅：《电子监察在行政审批中的运用及对政府改革的推进》，《中国浦东干部学院学报》2008 年第 5 期。

［10］邬彬、黄大熹：《电子监察：中国政府科技防腐创新》，《求索》2010 年第 9 期。

［11］张锐昕、刘红波：《电子政务反腐败的潜力挖掘及其策略选择》，《中国行政管理》2010 年第 9 期。

［12］郑宇：《为监督插上科技的翅膀——以数据驱动加强科技计划监督的实践与思考》，《人民日报》2016 年 4 月 20 日。

第十四章　武汉市电视问政实证研究[①]

自2005年6月兰州市《一把手上电视》节目开播伊始，据不完全统计，已有湖南、广东、河南、浙江、宁夏、江苏、陕西等25个省、自治区、直辖市借鉴，几十家电视台相继推出电视问政节目。几年下来，电视问政已走进千家万户，增强了行政工作透明度，在信息公开和行政问责方面取得了可喜的成绩，给了官员们以极大鞭策，同时也逐渐显露出它的一些有待完善之处。本章对武汉市电视问政做些实证分析，并在此基础上提出一些改进之策。

一　武汉市电视问政的实证分析

1. 2011—2014年武汉市电视问政内容分类汇总统计

武汉市的电视问政创意灵感来源于兰州问政，经过自身的不断发展，具有明显的"武汉特色"：武汉市电视问政的主题设计是以群众爆料为主，根据群众反映问题的统计数据，锁定其中十大突出问题。此外，市领导们也会依据当前武汉市发展所暴露的问题进行综合筛选，最终确定问政的主题方向。2005年《行风连线》以电台直播的形式首创，将议题聚焦于市民的咨询与投诉；2006年《行风连线》《百姓连线》电台、电视同步直播，同样聚焦于市民的咨询与投诉进行户外直播；2007年《职能部门领导与行评代表、市民面对面》，初次以短片的形式开展问政，并且邀请市民代表参与直播；2008年，《行风面对面——关注民生》，引入现场办公理念，加强了落实机制。2009年《区长百姓面对面》，社区与演播厅访谈相结合，区长进社区与百姓交流，区长在演播厅回复百姓；2010年《履

[①] 此章内容，依据王珊2015年硕士学位论文《责任政府视角下的电视问政研究》改写和整理，宋祎玮等人开展的"城市治理视角下武汉市电视问政的评估与创新研究"对此也有贡献。

行承诺关注民生》，49个政府部门和行业负责人与市民代表面对面，扩大了问政的范围以及问政的对象，问政对象的层级不断提高；2011年《2011十个突出问题整改》，电视问政结合市委治庸问责的整体部署，对节目内容和问责规格进行升级，强化"治庸问责"，以切实推动干部作风的转变，提升政府社会管理和公共服务的效能；2012年的《2012电视问政》，采用现场直播的方式，聚焦重点领域、重要议题，问题导向精细化；2013年，《2013十个突出问题整改电视问政》，结合十八大精神，调整理念为"百姓参与、百姓评说、百姓监督"，引入新媒体直播；2014年结合党的群众路线教育实践活动，因地制宜贯彻落实中央精神，五场问政用两场聚焦"干部作风"，将节目重新定位为"群众路线教育实践活动效果检验平台"和"治庸问责平台"。

从图14-1统计历年电视问政关注的重点内容可知，电视问政反映最突出的问题是行政作风问题，占19.9%。其次是交通秩序问题、环境污染问题、社区服务问题和违法建设问题，分别占16.7%、15.6%、11%和9.6%。以上数据真实反映了电视问政开播以来，仅这五大类问题就占据了整个问政内容的72.8%，内容设计上面较为单一，不够全面。

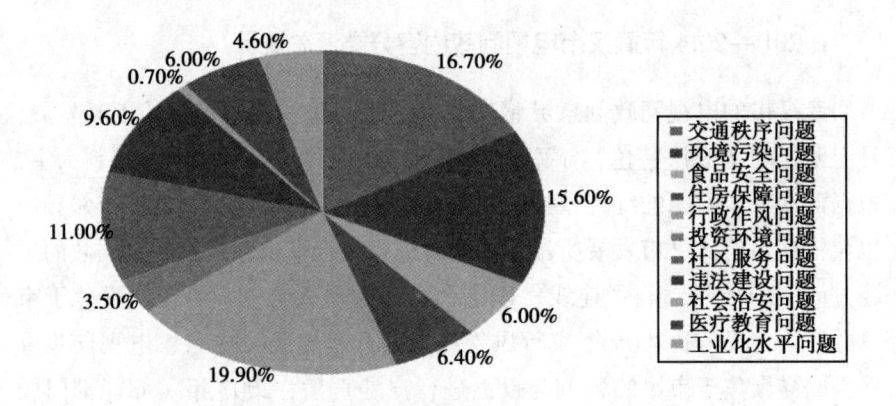

图14-1　2011—2014年的问政内容分类汇总统计①

2. 2011—2014年武汉市电视问政环节程序汇总统计

虽然电视问政是一个很好的官民平等互动交流的一个平台，但它的性

---

①　笔者对《长江日报》2011—2014年相关内容整理。

质毕竟是一台电视节目，因此它有特定的节目环节和程序设定的要求，设计是否合理直接影响节目最终的整体效果。电视问政的电视节目程序在逐年更新与发展。2011年，节目设计为5个环节"市民提问（现存问题）—市民表决（满意度评审）——锤定音（问责环节）—承诺是金（再次承诺）—现场办公（现场解决问题）"。2013年，节目跨越式的增加到12个环节，对更加细化和完善的内容做出了重大改变。到了2014年，节目又将内容缩减成5个环节，将之前的12个环节进行归纳总结，表述更为精简，而内容上却并无太大的变化。

3. 2013—2014年武汉市电视问政市民满意度测评分析

2013年，武汉市电视问政节目采取的是场下观众人手一个电子表决器的投票方式，投票得分会直接公布在现场大屏幕上。根据如图14-2所示，在2013年"期中考"的电视问政中，群众对政府承诺整改的情况满

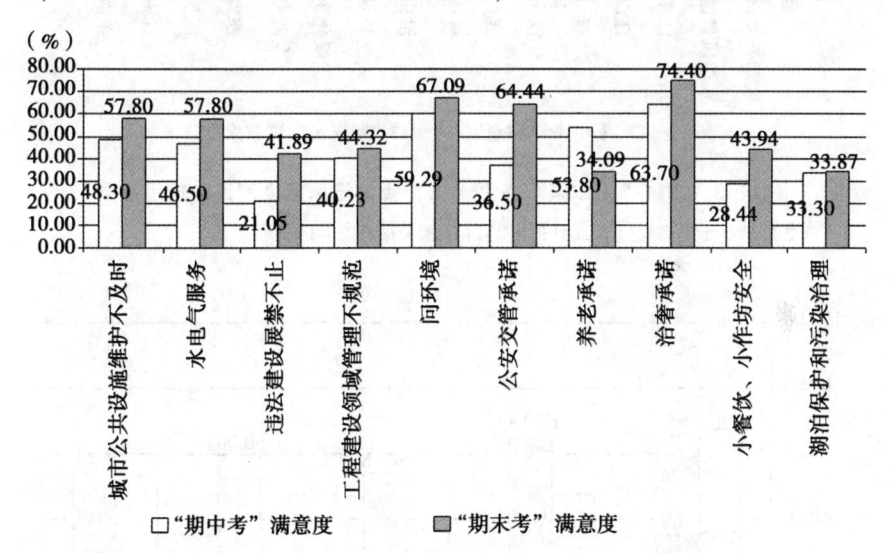

图14-2 2013年电视问政市民满意度测评比较示意

数据来源：笔者对《长江日报》2013年相关报道内容的整理。

意率普遍偏低，大多不超过50%，而"期末考"的满意率普遍虽然提高，但也说明了问责后的整改情况并不能让群众高度认可。2014年，武汉市电视问政更加重视了"市民评价"这一环节。使"期中考"的测评打分，将首次纳入各区年终绩效考；而将"期末考"中的"满意度测评"环节变为"电视问政'期末考'现场测评与年终考评总得分公布环节"，并在直播中

公开呈现电视问政"期末考"前的累计得分、电视问政"期末考"满意度测评得分以及年终考评总得分；并将"十大突出问题"承诺整改纳入全市绩效管理目标体系。这一举措意味着电视问政真正赋予了群众质询与考核行政官员的权力，也使得治庸问责的意识在民众的心里得到了空前提高。

根据如图 14-3、图 14-4、图 14-5、图 14-6 所示，2014 年五场电视

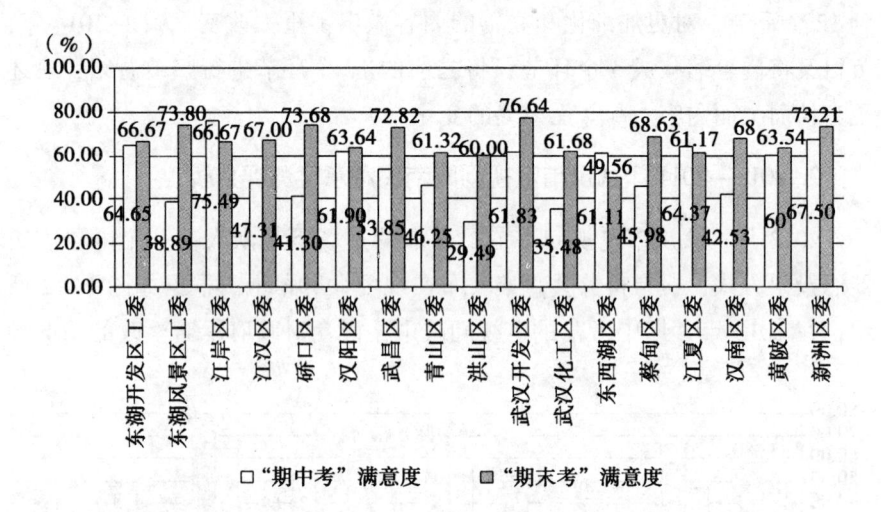

图 14-3　2014 "问作风"各区（工）委书记满意度测评比较示意图

（数据来源于笔者对《长江日报》2014 年相关报道内容的整理）

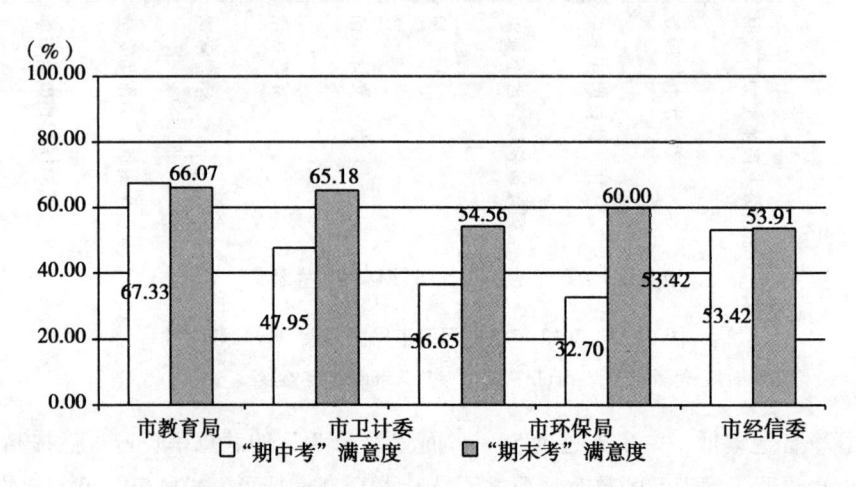

图 14-4　2014 年"问管理"满意度测评比较示意

（数据来源于笔者对《长江日报》2014 年相关报道内容的整理）

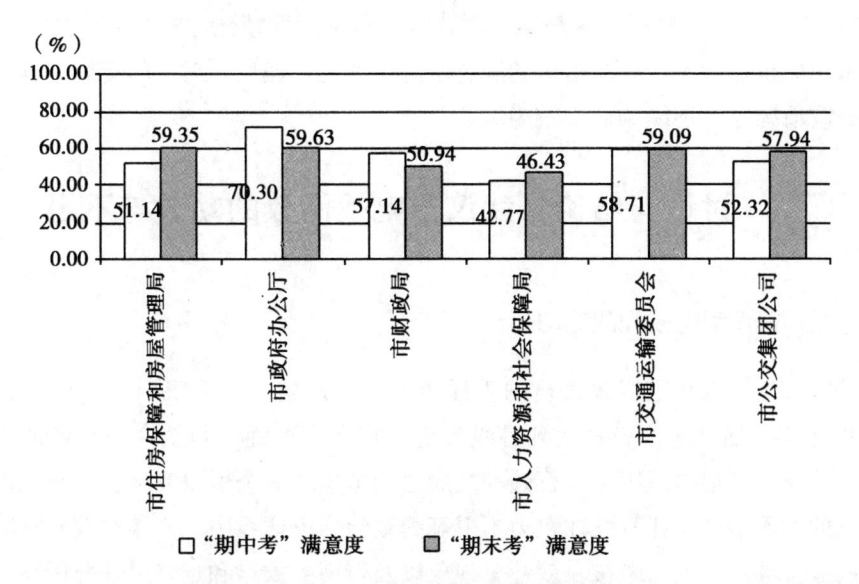

图 14-5 2014年"问服务"满意度测评比较示意

(数据来源于笔者对《长江日报》2014年相关报道内容的整理)

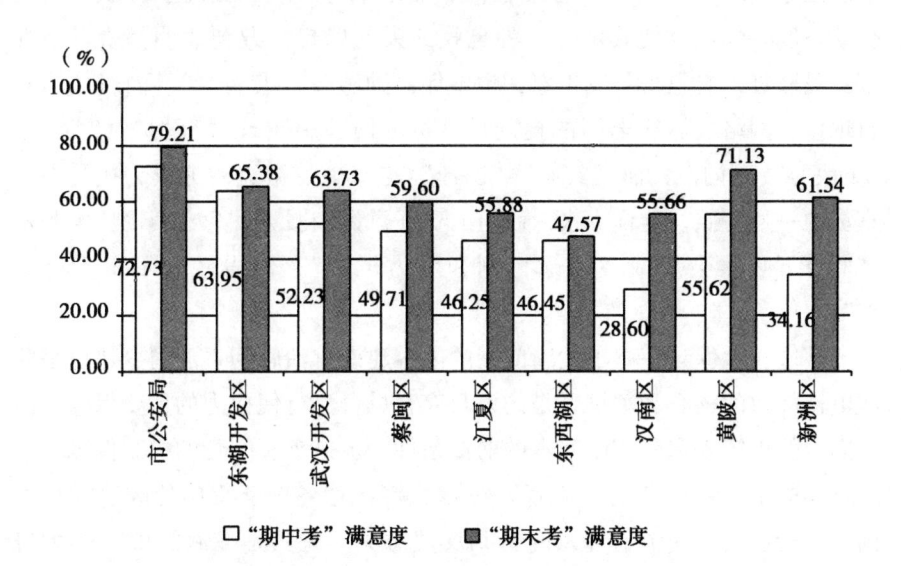

图 14-6 2014年"问环境"满意度测评比较示意

(数据来源于笔者对《长江日报》2014年相关报道内容的整理)

问政"期中考"和"期末考"群众满意度测评对比的统计结果可知，除少数单位和职能部门外，多数单位和职能部门"期末考"的满意度均比

"期中考"有所提高,这是实行百姓监督和制度性绩效考核共同作用的结果。但也显示出,民众给出的满意率总体性还是偏低,对于问责后的整体督改情况还是不能令群众较为满意。

二 讨论与结论:武汉市电视问政的功效与不足

1. 武汉市电视问政的功效

首先,强化了行政官员的责任意识和行政能力。武汉市电视问政自2011年开播以来,一直受到各级政府、官员、百姓,乃至全国媒体的广泛关注,其根本原因是为百姓和政府之间搭建了一个可以实现官民平等对话的沟通平台,让百姓在权力不平等的政治话语体系中,直接对政府官员的言行进行质询与考核,就社会现象以及管理的重点和难点展开分析与讨论,并能要求负责官员现场给予承诺并提出解决问题的方案和期限,打破了以往办事时"门难进、脸难看、事难办"的窘境,提高了公职人员的行政态度与作风,使其增强一种自我约束的思想,做到"明其责,做其事;民监督,慢不得;民生怨,帽不保;勤勉政,人人颂"。面对接连来自现场、网络及热线电话的提问,官员的回答中频现"惭愧""痛心""下决心"等词汇,而"红脸""出汗"与"尴尬微笑"亦成为接受质询官员的一种写照。这样一来,政府的责任意识和服务理念在舆论压力和媒体监督下必然会形成"倒逼机制和动力机制",使得政府不得不有所作为。

其次,敦促与完善了治庸问责的内容建设。治庸问责的内容建设是此次电视问政的核心和关键,是约束政府官员合法行使权力的重要保障。治庸问责的内容规定是实施问责的前提条件,也是落实问责的机制保障。借助这样的平台,民众的"声音"可以直接抵达各职能部门的政府官员面前,进行质询与交流,并及时得到反馈意见。尤其是在武汉市"四大班子"(市委、市政府、市人大、市政协)领导带队大力支持下,武汉市电视问政的事后问责也是及时而高效的,同样在问责的过程中,相关部门依据法律规定,在问责实践的过程中不断修改和完善问责程序,有效地促进了治庸问责的长远发展。

最后,有利于调动了公民政治参与的积极性和主动性。一方面,从电视问政的平台属性来看，其政务公开、治庸问责、形象宣传等都是为了取得民众的认同和支持。在电视问政建构的特殊场域内，节目中官员的"汗流浃背""尴尬"、现场代表高举的"权力象征符号"以及主持人犀利的反问都在很大程度上维护了公民的监督权、知情权、参与权、表达权。另一方面，治庸问责不仅要发挥党委监督、行政监督、人大监督和司法监督等体制内的监督作用，更要发挥社会监督的力量。鼓励百姓监督是电视问政的宗旨，每一位市民都是考核与评价政府官员的考官，在百姓质询和考核的过程中，立法部门能够在实践过程中，明确百姓监督的需求，从百姓的客观条件出发，制定和修改有关媒体监督、群众监督内容、条件、适用范围和监督办法，进一步扩大了社会监督。

2. 武汉市电视问政的不足

（1）问政的主题凸显碎片化。问题过于琐碎、肤浅，问政主题缺乏系统性，使问政的效能大打折扣。譬如2012年"期末考"电视问政在"问作风"方面曝光了洪山区城管空头承诺，"建筑垃圾堆成山而街道城管'不管'"等问题；在"问管理"方面曝光了"办证三天跑四趟还没排上队""区政务中心窗口不见服务指南"等问题。通过问政民众提出的细碎问题只能从侧面反映了某些行政部门存在监管不力，而并非使行政管理人员始终处于一种有效的系统化监管体制之内，更不能提出一整套对于此后处理类似案件的参考依据。

（2）问政的形式缺少灵活性和多样性。一场电视问政从前期的策划、采访和调研，中期的制作、联系嘉宾和组织问政民众，再到最后的现场直播，在时间频率上呈现固化，而且也缺少了一种灵活性的常态化的机制，拓宽百姓与政府部门之间沟通和反馈的多渠道，将更多的问题解决在日常工作中。武汉市电视问政自开播以来，被问政的官员经过多场问政的实战考验，"认错""改进""马上解决""明天就去办"成为官员们套路化的应考模式。相较于之前的官员们在当场脸红、流汗、语塞的窘境，如今的官员们更加从容淡定，应对自如，流于形式。

（3）问政的结果缺乏根治的实效性。电视问政是百姓对政府工作的质询与考核，这种考核对于解决行政工作中浅层次的问题，如"服务窗口不见行政人员""上班时间上网聊天""路灯常年不亮"等问题，当天就进行了整改和问责。但是对于多头管理的深层次问题，如"湖泊污染"

"城郊接合部乱象""违法建设多年难拆"等问题,却难以有效及时地解决。

三 提升电视问政功效的策略探讨

1. 减少固化模式,丰富问政内容

武汉市电视问政这档节目的初衷是让"百姓参与,百姓评说,百姓监督",促进民众参政议政,行使权利"治庸问责",转变行政官员的作风问题,从而也为民众开辟一条新的问责途径。但是结合近几年武汉市电视问政的实际情况来看,因其节目特殊("实时问政+现场直播")的播放形式,同时又涉及人员(主持人、被问政的官员、特邀嘉宾、现场市民代表、场内与场外观众)众多,牵涉面甚广,节目设计不得不提前固定时间、参与人员、主题内容、环节部分,对节目效果进行组织与把控。这种长期的固化模式下,使得之后的官员已经越来越懂得如何根据节目的形式,运用"标准化的答案"做出一种流于形式的姿态来应对。除此之外,电视问政的节目内容设计也多集中于单一的、浅层次的基层官员的行政作风问题、交通秩序问题、环境污染问题、生活服务问题和违法建设问题等。因此,电视问政迫切需要增加多模式化的节目流程和涉及宽泛的现实内容,并引入其他媒体参与。

2. 健全治庸问责机制,落实"四张清单"

健全治庸问责机制是加强反腐倡廉法规制度建设、完善领导干部行为规范的重要举措。在此基础上,快速有力地落实"四张清单"来为政府厘清自己的行政意识、责任范围、权力边界和行为方式,能发挥强有力的监督制约作用:首先,落实"权力清单",就是要依据法律的规定将政府应该做的事项,明确地罗列出来,让政府明确自己的执政意识和责任范围,让百姓明确政府的权力边界,让社会监督政府行使的权力。其次,落实"负面清单",实质上就是一张"松绑清单",从市场经济改革的角度切入厘清政府与市场的关系。再次,落实"责任清单",就是明确政府自己的职责,创新自己的行政管理方式,确立问责追究制度。最后,落实"服务清单",就是从政府的服务意识和价值理念出发,要求政府切实想

民之所想、解民之所难，实现社会百姓的公共利益。

3. 扩大社会监督网络，创造问责监督环境

"知屋漏者在宇下，知政失者在草野。"城市治理好不好，发展思路对不对，群众最有发言权。首先，在问政题材的采集方面，可以多鼓励百姓报料，选取百姓自己拍摄记录的视频、照片等材料作为节目问政的资料，节目组只需要将相同的问题进行归类，并利用技术手段对资料进行简单的整合和加工即可，尽可能保证材料内容的原始性。其次，增加多媒体问政的宣传渠道方式，如开通电话热线、微博问政和现场视频问政等一些不同形式的治庸问政活动。电视问政可以与"互联网+政务"模块相结合，把节目中提出的问题，在互联网上进行民意征集，并且可以把往期的节目在这一板块存储，让更多的人了解政府的改进与变化。此外，对于政府兑现承诺的进度进行随时更新与公布，对于更新进度有质疑或者发现纰漏的群众，可以通过匿名留言对其提出质疑，而相关记者可以就提供的线索进行追踪访查，这将充分调动社会力量进行监督和民主参与，减少记者的工作量，提高工作效率。再次，要建立百姓满意度的反馈机制和落实官员整改的考核体系，让百姓对问题的解决成效进行监督和打分，以此作为衡量政府行政行为绩效的标准。最后，电视问政的重点不在"问"而在"为"，只有通过问政，让行政人员积极回应百姓的诉求，为解决民生问题切实付出行动，才能从根本上转变行政作风，让政府、媒体与百姓——"三位一体的共生关系"得到长远发展。政府部门对整改要列出时间表、路线图，强化网络、媒体公示公开的力度，主动晒诺、践诺，畅通群众监督渠道，主动接受社会、群众和媒体的监督，让群众对整改落实进行挑刺、打分，只有把功夫下在场外，把问题解决在平时，才不会让电视问政流于形式。

4. 建立电视问政评估的指标体系

为实现武汉市电视问政的可持续发展，明确电视问责发展的关键要素以及找准完善电视问政发展的核心，建立一套电视问政评估的指标体系，将有助于绩效考核量化，从而促使电视问政在一个长期合理的健康机制下发展。电视问政评估的指标体系，应该是一个环节完整、内容全面、结果透明的指标体系，要对电视问政的前期、中期、后期进行全方位的评估。

前期评估主要是关于电视问政节目设计的合理性评估，节目的合理性包括问题设置是否合理、参与代表是否广泛。参与代表应既包括被问政的官员，也包括问政的媒体、百姓代表，参与者具有广泛性才能使问政过程始终保持中立。中期评估最主要的是要评估电视问政在进行的过程中官员和百姓的参与度，包括场内和场外的所有参与者。电视问政搭建的是一个官民平等对话、合作共治的管理平台，问政能否取得良好的效果，很大程度上取决于参与者的互动频数和深度。后期评估中要关注问题的解决和评价，如所曝光的问题是否被相关部门立案调查、跟进处理，失职人员是否被处理问责，问题解决的效率和效果如何等。问政结果的落实是保持节目生命力的关键所在，要让百姓切实看到电视问政在转变行政作风、提高行政效率、改善政府职能等方面的成效。

此外，还要对节目品牌的持续性和创新性进行评估。几年来，武汉市电视问政的收视率较高，可见电视问政具有足够的吸引力。然而，持续的吸引力离不开节目内容的持续创新和主政者的支持。问政主题不应只局限于行政作风和环境污染问题，还应将经济问题、文化问题纳入其中，只要是百姓关注的，都可以拿到电视问政中进行讨论，做到与时俱进、贴近民生。要在考核中不断完善电视问政，切实将电视问政打造成为舆论监督的窗口、官民沟通的桥梁、合作治理的平台。

参考文献

［1］蒋骁：《电子政务公民采纳：理论、模型与实证研究》，经济管理出版社 2010 年版。

［2］朱丽峰：《网络民意与政府回应问题研究》，中国社会科学出版社 2013 年版。

［3］徐继华、冯启娜、陈贞茹：《智慧政府：大数据治国时代的来临》，中信出版社 2014 年版。

［4］夏静：《"电视问政"该如何"问下去"》，《光明日报》2013 年 7 月 24 日。

［5］安辉：《电视问政的启迪与思考》，《宁夏日报》2013 年 7 月 18 日。

［6］乔新生：《电视问政应突破职权主义瓶颈》，《证券时报》2014

年1月3日。

[7] 李鹏翔、李劲峰、吴植:《多地电视问政探索民主监督新路》,《团结报》2013年7月11日。

[8] 王宁:《五个方面推动电视问政的价值实现》,《学习时报》2013年5月27日。

[9] 葛明驷、何志武:《电视问政十年:文化效应与反思》,《中州学刊》2015年第3期。

[10] 王映之:《阳光下的电视问政——浅析〈向人民汇报〉的成功之处》,《新闻世界》2015年第3期。

第十五章　5W传播视角的江夏区"廉政文化进校园"研究[①]

廉政文化的理念、制度、物质和行为四个层次相互作用，成为治国理政、为官从政、个人修养的核心脉络和软实力。深入挖掘廉政文化资源并汲取营养，对于当前建设廉洁政治具有重要的现实意义。廉政文化通过知识体系、制度安排、言论评价、视听传播等方式发挥舆论和风气的导向作用，营造以廉为美、以廉为乐、以廉为荣的风气。"廉政文化进校园"是教师廉洁从教和加强学生的理想信念教育、基础道德教育、传统美德教育、法制意识教育，使教员和学生"敬廉崇洁"的重要举措。本章以武汉市江夏区为例，借助拉斯韦尔的"5W理论"，从传播者、传播内容、媒介、受众、传播效果五大维度对廉政文化进校园整个过程进行分析，并在此基础上探求进一步推进廉政文化进校园的措施。

一　江夏区"廉政文化进校园"分析

截至2014学年度，江夏区廉政文化建设的总体状况为：区教育局按照"一防"（腐败风险防范）、"二进"（廉政文化进机关、学校）、"三公开"（党务、政务、校务公开）的工作思路（如图15-1所示），在各级各类学校95所大力加强廉政文化建设。

[①] 此章内容，依据王琳2013年硕士学位论文《5W传播理论视角下的廉政文化进校园研究》改写。本章的内容曾在"两岸学者论坛"（台北市，2013年）进行过学术交流宣讲。武汉市江夏区纪委、教育局的有关领导对此项研究有贡献。

第十五章 5W传播视角的江夏区"廉政文化进校园"研究

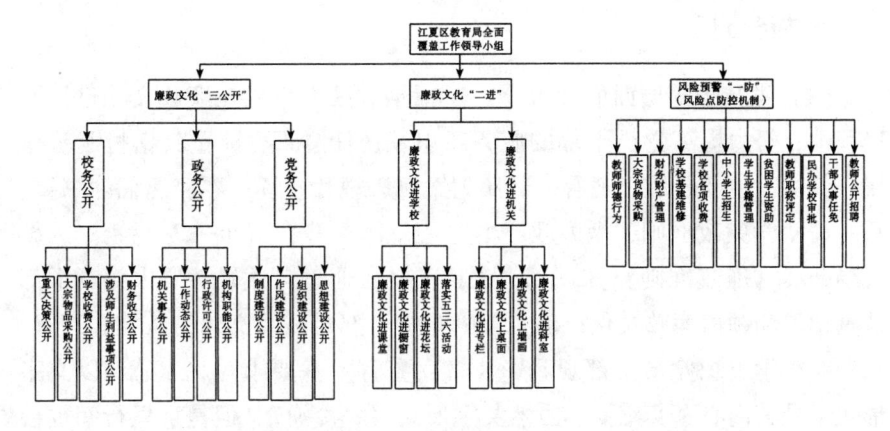

图15-1 江夏区教育局推进廉政文化进校园的工作思路

1. 传播者分析

（1）主体之一：六大工作专班。为确保廉政文化进校园工作取得扎实的成果，区教育局成立六个工作专班（见表15-1），责任分解到人，做到了党政齐抓共管，专班各负其责，统领廉政文化进校园的工作进程及内容，并提供相关资金、人力、物力支持。

表15-1 江夏区教育局廉政文化建设六大工作专班及其工作内容

工作专班	党务公开班	校务公开班	风险预警防控和廉政文化进学校班	廉政文化"四优"评比班	廉政文化网页建设班	宣传班
工作内容	负责党务公开工作	负责政务公开、校务公开、廉政文化进机关工作	负责腐败风险防控和廉政文化进学校工作	负责"优质课、优质教案、优质课件、优秀论文"评比竞赛组织工作	负责江夏教育信息网，各单位、学校廉政文化网页建设维护工作	负责廉政文化进机关、进学校信息报送和典型报道工作

（2）主体之二：党员干部和教员。党员干部和教员是廉政文化建设的广大主体，其廉洁与否直接影响学校的教育质量和育人氛围。党员干部在廉政文化进学校过程中承担部署及领导职责，同时也起着表率作用。教员作为"人类灵魂的工程师"，肩负教书育人的重要职责，其廉洁意识和行为是学生效仿的榜样。

2. 内容分析

（1）党员干部层面的"五个一"活动。区教育局在廉政文化进校园过程中，努力提高党员干部的服务意识及责任意识，注重其楷模示范作用。其中，主要开展：观看一部典型案例影视片、读一本反腐倡廉书籍、写一篇"学廉政准则，做廉政楷模"心得体会等"五个一"活动。区教育局开展《廉政准则》知识网上测评活动，通过考试硬性要求党员干部认真学习和领悟廉政文化，确实保障党员干部对廉政文化的认知和理解。东湖路小学组织党员干部观看影片《女警官》并要求写观后感，以文字形式记录其内心真实感受。虽然文字形式很"冷漠"，但是字里行间也会有"真情"流露，从中可以见证党员干部学习和接受廉政文化的心理历程。实验高中组织党员上廉政党课，要求全体党员开展廉洁教育和遵守廉政准则，健全完善教育系统廉政预警防控机制，严禁以权谋私。

（2）教员层面的"三个一"活动。江夏区在教员中主要开展以下教育活动：开展一次廉洁从教承诺签字、写一篇"廉洁从教，从我做起"征文作品和提炼关于廉洁从教的座右铭"三个一"活动。例如，山坡中学教员集体观看反腐倡廉专题片"一个能人的毁灭——杨池林贪污案件纪实"，以贪官实例教导广大教员弘扬清正廉洁之风。又如，区二中举行师德集体承诺仪式，凸显"加强师德师风建设，争做人民满意教师"的重要性和必要性。

（3）学生层面的"六个一"活动。江夏区中小学开展丰富多彩的廉洁主题活动，内容主要有：刊出一期"敬廉崇洁、勤俭节约"主题的黑板报、开展一次"诚信守法"主题班会、组织好一次《廉洁教育读本》的读书活动、一次廉政警句格言征集活动（中学生）或廉洁小故事演讲活动（小学生）、一次廉洁文化书法绘画比赛、一期廉洁文化教育专题橱窗"六个一"活动。东湖路小学把廉政文化与校园文化相结合，紧紧围绕"班级中布置廉洁文化""活动中宣传廉洁文化""网络中展示廉洁文化""家庭中传播廉洁文化""校园中充满廉洁文化"等方面，全方位创建廉政文化建设示范校，建成"四大板块十八大系统廉洁文化"内容，成为全区中小学校廉政文化建设的标杆。其中，四大教育板块为：一是教学楼大厅校园廉洁文化教育板块。设置了两个 6 米长、1.2 米宽的廉洁文化宣传展板，分别展列老师、学生的廉洁书画作品。二是办公楼、教学楼楼道廉政文化教育板块。分别悬挂著名科学家、学者、廉官的画像；著名的治学治教、反腐倡廉名言警句；书写发人深醒的廉政标语。三是校园主干道廉政文化教育板块，设置了12个双面灯箱，内置了领导廉政语录、"八荣八耻"、公仆楷模等内容。四是综合楼三楼会议室廉政文化教育板块，墙面设置廉政文化进校园工作流程图详解、领导干部廉洁从教基本准则、廉政文化进校园工作领导小组展板。江夏区实验高中的廉政文化内容坚持贴近学生生活，顾及学生认知能力，从多个方面引导学生培养节俭、清廉的品德以及求真务实的态度。例如，"人心如秤，称出孰轻孰重；民意似镜，照出谁贪谁廉。在是非面前要有辨别能力；在警示面前要有悔过能力"，形象而又具体地说明为官者要时时刻刻关注民意、明辨是非、经常自省。"出淤泥而不染，濯清涟而不妖"，教导学生要学习莲花不同流合污的高风亮节。廉政文化进校园宣传栏以"修身立德、倡导廉洁风尚、爱国守法、共建和谐校园"为主题，内容包括：廉洁典型人物、贪污腐败典型人物、正气歌、廉洁三字经、廉洁名言警句、中学生如何落实反腐倡廉等。江夏区一中初中部的廉洁文化剪纸作品内容丰富、各具特色，充分展示了同学们的创作能力和对廉洁文化的理解；廉政文化进校园黑板报中，名人廉洁故事一栏里讲述了"两袖清风的于谦""执法如山的包拯"的小故事，以生动、浅显易懂的形式在学生们心中塑造廉洁形象；在廉政文化进校园主题班会中，学生们从生活、学习中的点滴小事出发，畅所欲言，讲述自己如何才能真正做到廉洁和正直。

3. 媒介分析

笔者在区教育局及下属学校员及学生中开展了问卷调查。其中，对廉政文化获取渠道的统计情况如表15-2所示。

表15-2　　　　　　　　获取廉政文化的渠道

序号	选项	频数（n）	占比（%）
1	校园网站	1568	23.247
2	报纸杂志	1812	26.864
3	校园广播	1835	27.205
4	道听途说	423	6.271
5	工作及学习接触得知	1089	16.145
6	其他	18	0.267
	合计	6745	100.0

从表15-2可以看出，在校师生获取廉政文化的主要渠道是：报纸杂志、校园网站及校园广播，其中校园广播所占比例最大。由此可见，传统媒体及新媒体在廉政文化传播中起着举足轻重的作用，这是目前广大师生接受廉政文化熏陶的主要方式；在工作及学习中得知廉政文化相关思想也占很大部分，说明组织媒介在廉政文化进校园过程中不可取代的作用。细分起来，江夏区廉政文化进校园的媒介主要有以下三者：

（1）纸质媒介。报纸、杂志、诗画、墙面及灯箱宣传专栏、牌匾等，是江夏区廉政文化进校园的主要宣传媒介。廉政箴言诗画、墙面廉政书画、廉政文化警示语被运用于各宣传栏里，融宣传与教育功能于一体，使师生在受到艺术熏陶的同时接受廉政文化教育。区青少年活动中心把廉政文化与服务文化相结合，主要针对艺术类培训班的学生加强廉政文化建设，制作廉政文化宣传牌匾共104块，内容丰富多彩，如牌匾"名节重泰山、正道是清廉""莲，因洁而尊。人，因廉而正""以德修身，多做好事积德；以才立命，多读好书益智""唯德唯廉唯实，尽心尽职尽力""穷不忘操，富不忘道""多植荷花塘自清，勤反腐败政自明"等作品不仅融合了书法、绘画、美术等多种元素，而且大部分作品来自学生自创，让学生在接受培训、学习技能、展示成果的同时，达到自我教育的目的。此外，区教育局组织出版了《廉政教育——江夏教育特刊》《江夏区教育系统廉政文化建设工作之廉政文化"二进"篇》以及《政务公开篇》《预警防控篇》等一系列的期刊，内容涉及教育局关于廉政文化进校园的工作部署、廉政文化理论导航、教员及学生的感想体会等。

（2）组织媒介。江夏区廉政文化进校园充分利用组织媒介体现在三大方面：一是充分运用课内教学资源，深入挖掘语文、政治及历史等教材中的廉政教育资源，发挥课堂廉政教育主渠道的作用。如在教学过程中，学生们通过语文课上的公仆形象，品社课上的廉洁故事，数学课上的节约计算等既学习了科学文化知识，又接受了清廉奉公、勤俭正直的思想熏陶。二是精选师生阅读的廉政教育读本，在课外展开阅读，讨论心得，对师生进行廉政文化的灌输、廉洁意识的培养。如学习明朝诗人于谦的《石灰吟》："千锤万凿出深山，烈火焚烧若等闲。粉身碎骨浑不怕，要留清白在人间"，让师生形成廉洁的共识，使廉政之风走进师生心底，进而引导师生做有正气、重气节的人。三是开展一系列的主题班会活动、廉政教育课，并纳入教学计划，系统性地向中小学生传播廉政文化。

(3) 新媒体。新媒体包括互联网、移动通信工具等，与传统媒体（电视、报刊、广播）相比，具有传播范围广、交互性强的特点。江夏区各中小学开发和利用各种网络媒体进行廉政文化宣传，主要包括廉政动漫桌面、廉政文化网页栏目、办公桌面个性化廉政座右铭、电脑桌面廉政警示动漫字画、江夏教育信息网廉政教育专版。笔者在访谈中得知，江夏区职校在传播廉政文化时，注重运用移动手机终端。这种形式更加适应广大师生的工作、学习、生活及阅读习惯，做到了学习随时、随地、随身，创造了"全方位""全天候"的学习条件，大大提高了学习实效。同时，每逢节假日，该校会给每位党员干部发送廉洁勤政教育短信，以一种新形式诠释廉洁文化，注重形象性及可读性，如"人钻进钱眼儿就是囚，囚走出钱眼儿就是人""腐败一时，后悔一世；腐败一人，后悔一家"等，时刻警示党员干部牢记绷紧廉洁这根弦。

4. 受众分析

（1）党员干部。学校党政主要领导及其班子成员是廉政文化进校园的一大受众群体，因为他们肩负着管理一方、教育一方、稳定一方的责任和使命，其廉洁与否将会影响一方。江夏区在廉政文化进校园的过程中注重党员干部队伍的建设。学校领导作为廉政文化的学习者、传播者、实践者，注重亲自动手，以身作则，自觉参与，精心部署，狠抓落实。东湖路小学在校长的带领下，干部率先改变工作作风，从节约一度电，节约一滴水等小事做起。

（2）教员。教员肩负着教书育人的重要使命，他们是塑造学生灵魂的工程师，他们的一言一行直接影响着祖国下一代的成长。江夏区教育局提出教员"十不准、十杜绝"，含"不准乱收费、乱办班、乱补课、做有偿家教""杜绝变卖学生旧抄本和报刊废纸现象""杜绝在学生中推销各类商品和资料现象"等。

（3）中小学生。中小学生身体和心理正处于发育时期，具有很强的可塑性，很容易接受新事物、新思想，同时也容易受到社会不良风气的侵蚀。只有从小将反腐倡廉的因子根植于学生的意识中，才能引导学生在日后的职业生涯中清廉正直。江夏区在廉政文化进校园过程中注重以学生为主，结合课堂教学及各式各样的专题讲座，整合活动内容和榜样示范作用，引导中小学生从内心追求"诚实、正直、朴实、清廉"等做人的美德，使学校充分发挥德育主阵地、主课堂的作用。

5. 功效与问题分析

（1）绩效分析。江夏区廉政文化进校园自活动开展以来，师生对廉政文化的认识情况如何？笔者在抽样调查中的统计结果如表15-3所示。

表15-3　　　　　　　　对廉政文化的了解情况

选项序号	选项	回答人数（n）	百分比（%）
1	了解	74	29.959
2	基本了解	88	35.627
3	部分了解	71	28.745
4	不了解	14	5.668
合计		247	100

通过表15-3的数据可以看出，江夏区廉政文化进学校的过程中，廉政文化的认知率高达95%，广大师生对廉政文化都有了解。笔者走访观察后认为，廉政文化建设的作用具体为以下几点：①建立起完善严格的财务财产管理制度，这主要包括学生报名费制度、学生补课费管理制度、后勤财产采买和管理制度。②促进了师德师风建设。笔者访谈中，有学生反映，在学校大力推行廉洁教育活动之前，少数老师会对送了礼物的学生倍加关照，表扬声不断，而对没有送礼的学生冷若冰霜，关心不够，这种做法在班级中造成了非常恶劣的影响。在各种廉洁教育活动推行后，这部分老师的行为明显有改观，会开始照顾平时关注度较少的学生，通过谈心、小组会议的方式来增进师生间的了解和信任，不仅提高老师在学生心目中的地位，同时老师的鼓励和关怀也大大提高了学生学习的积极性。③净化了学生的心灵。笔者选择了江夏一中初中部三个班级150个学生进行小问卷调查，内容主要是学生对于廉洁思想的认识。绝大多数学生对历史上的廉洁模范表示认同，对各种原因的行贿、受贿表示鄙弃，并表示愿意不求回报、积极主动地帮助他人；近七成的学生认为迷恋网络对身心健康成长有害；八成以上的学生对腐败现象表示气愤；近九成的学生不支持同学间的物质攀比现象；近80%的学生已经认识到从小接受廉洁教育对个人成长的重要意义；有六成以上的学生懂得了"廉洁"的内涵；高达95%的学生一致认为自己心目中学习的道德榜样应该是"用有限的生命投入到无限的为人民服务中去"的雷锋。

（2）问题分析。主要有如下五个问题值得注意：①廉政文化进校园传播者方面，发动主体力度不够。就目前情况来看，廉政文化进校园过程中，仍存在两方面难题：一方面，部分教员对廉政文化有排斥，存在"领导有病，师生吃药"的错误认识，导致很难发动全体教员参与到廉政文化建设工作中来；另一方面，某些学校廉政文化建设工作在主管部门督促紧时才抓紧，而一旦过了检查期，学校管理层就忽视廉政文化建设工作。②廉政文化进校园内容方面，理论研究不够深入。由于廉政文化进校园的受众多元化、复杂化，既有党员领导干部、党员干部又有广大师生，同时学生在不同学习阶段所需求的知识有所不同，因而决定了廉政文化进校园的理论内容应该以受众为导向，根据不同群体、不同阶段制定相关的个性化内容。目前对廉政文化进校园理论内容的研究不够细致，缺少生动活泼的素材和活动形式。③廉政文化进校园媒介方面，载体及形式单一。目前，廉政文化进学校的教育形式主要是"上大课、作报告、树典型"。一方面，未搭建起多样化的教育平台来组织开展廉政主题教育，未能通过广播、报纸、网络、橱窗等舆论阵地的整体联动。另一方面，没有充分利用各种形式和载体陶冶师生情操。绝大多数校园没有充分发挥校园内如茵的草坪、寓意深刻的雕塑等起到陶情养性、愉悦身心、净化心灵的作用。④廉政文化进校园受众方面，专业素养整体不高。访谈过程中得知，部分教员认为本职工作就是教书和服务，忽视"育人"职责，自身对法律常识、廉洁思想等了解程度较低。比如，有的教员在不同层次上会接受学生家长的礼品，在学生心目中留下了不好的影响。这些不廉洁的行为，一方面对学生身心成长极其不宜，另一方面抵消了廉洁教育的作用。⑤廉政文化进校园效果方面，缺乏相关配套机制。江夏区在廉政文化进校园过程中，制定了一系列工作流程及工作负责制，但没有很有效的监督、激励、反馈机制，使得工作效果难评估。有些单位在开展"廉洁教育"时常常与反腐倡廉教育活动合在一块中进行，没有因需因人施教。

二 进一步推动廉政文化进校园的举措探讨

1. 在传播主体方面，加强协同

教育行政部门及学校要加强与宣传、文化、广电、新闻、出版等的联系与合作，充分调动其资源和力量，发挥其职能和优势，在廉政文化活动开展、廉政文化产品提供、廉政理论研究、廉政学科建设和反腐倡廉建设人才培养等方面形成"一盘棋"的工作合力。首先，确立廉政文化进校园工作专班，结合各个工作专班的职责和内容，明确规定责任，同时下发详细的工作安排和考核标准文件。其次，教育行政部门及学校要把廉政文化进校园的政策进行分解，根据各个学校的实际来规划具体工作，并分派到各个学校、年级和班级。最后，把廉政文化进校园的经费纳入财政预算，每年安排专项资金。各牵头单位每年从专项教育经费中拨出一定款项，全力支持廉政文化进校园工作。

2. 在内容方面，体现多样化和针对性

廉政文化进校园的重要任务之一，就是向青少年传递守法、正直、诚信、廉洁的核心价值观，通过开展基础道德教育、法制教育等对学生进行"廉洁教育"。要使教育取得实际成效，必须根据各年龄段学生的身心特点选择传播主体和教育内容，体现内容的多样化和针对性，在推进过程中有递进性和系统性，以青少年的身心发展和认知发展的规律为指导。小学、初中阶段，"廉洁教育"内容立足于"启蒙、敬仰"。主要以公正廉明的故事和事迹为主，号召学生以其为榜样，培养健康的廉洁品质和廉洁意识。同时，组织各种课外活动，以阅读、讲述、寻访、参观为主，体验和认识廉文化，结合中小学生行为规范守则，重点培养中小学生诚实、节俭、守纪的良好品格。高中阶段，"廉洁教育"内容立足于"明理、立志"。主要加强高中生对反腐倡廉的认识和理解，并能通过正反案例的学习、比较，认识反腐倡廉的必要性，结合高中生的思想政治课程学习，培养公正、民主的社会意识，重点培养高中生责任、立志、自律的精神。

3. 在渠道及媒介方面，加强活动阵地建设

在教育信息化的校园中，第一，深度挖掘校园硬件设施蕴含的廉洁精神。学校到处都传递着人文精神，如校训牌、校园布局、雕塑、各教学楼命名等都体现了一定的精神价值含义，要善于挖掘这些内部资源，以物传情，以物育人，营造校园廉洁氛围。第二，充分利用各种校园宣传媒介。如校内广播电视、黑板报、校报校刊等载体和新媒体（特别是短信、微

信等）的作用。第三，开展各种崇廉敬廉主题班会、廉政教育课，并将其纳入教学计划，定期开展、及时更新内容，系统性地向教师和学生传播廉政知识，提高廉政文化在师生中的影响力。

4. 在长效机制建设方面，完善制度建设和考评制度

第一，完善制度建设。一是要真正把权力关进制度的笼子里，从源头上消除滥用权力、以权谋私、权力寻租的可能性；二是要牢固树立德才兼备的用人导向，形成"三严三实"的廉政作风；三是要建立完备的廉政法规体系，形成"不敢腐""不能腐"的高压态势。

第二，定期考核。根据廉政文化建设实施规划的要求，对廉政文化工作主体实行定期考核。考核的主要内容包括：廉政文化的组织建设、制度建设、阵地建设、任务完成、活动开展、绩效评价等。同时还要把廉政文化建设纳入党风廉政建设责任制考核体系，纳入文明单位、文明学校等评选活动之中。

第三，科学评价。廉政文化建设的实际效果主要体现在：大众对于腐败和廉洁的基本态度及改变程度；对于腐败危害的认知程度；对于反腐败工作的支持态度、行动意愿和决心；对于廉政文化建设主要项目的可获得性、认知及实际效果等。因此，廉政文化建设的评价体系应包括上述指标，要对此进行科学的测量和抽样调查，经过长期、持续的调查比较，得出对廉政文化效果比较准确的判断。从指标筛选、指标权重、分析方法三个方面入手，其中的五大机制（激励机制、防控机制、惩治机制、监督机制及廉洁印象机制）可以复制到廉政文化进校园的评价体系中来，下一级的评价体标依据学校的实际，转化为教师师德师风评价、学生廉洁教育感知、执行落实力度、社会对学校的整体评价及监督等各分指标，进而形成廉政文化进校园评价体系，使用"量表测评法"和"反向测评法"相结合的方法，考量廉政文化的凝聚力、导向力、传播力和实现力。[1]

---

[1] 参见汤艳文等《中国地方政府廉政建设测评体系的指标体系》，《社会》2008年第5期；浙江省宁波市纪委课题组《廉政文化软实力评估体系研究》，《中国纪检监察报》2013年7月8日。

参考文献

[1] 李秋芳：《廉政文化建设理论与实践研究》，中国社会科学出版社 2011 年版。

[2] 蔡娟：《新时期廉政文化建设论》，中国社会科学出版社 2011 年版。

[3] 清华大学公共管理学院廉政与治理研究中心译：《全球青少年廉洁教育概览》，中国方正出版社 2007 年版。

[4] 姚增科：《关于加强廉政文化建设若干问题的思考》，求是理论网，2012 年 4 月 1 日。

[5] 朱新光：《西方国家公民廉洁教育比较研究》，北京大学出版社 2014 年版。

第十六章　武汉市八区行政监察的问卷调查分析

本文以武汉黄陂区、江夏区、江岸区、江汉区、硚口区、武昌区、蔡甸区、东西湖区八个区域的实地问卷调查结果为依据，运用统计软件SPSS19.0对问卷调查采集到的样本数据进行逻辑清晰、步骤规范的分析，进而对武汉市行政监察工作做一些量化分析。

一　研究模型与实证设计

1. 多元线性回归模型设计

本项分析中，由于涉及的自变量较多，模型构架是：$\hat{y}=a+b_1x_1+b_2x_2+\cdots+b_ix_i$。

其中，$\hat{y}$是行政监察工作效果指数。x_i是影响的因素，b_i是该因素影响的程度，a是当这些问题均对行政监察工作效果没有影响时的行政监察工作效果。

2. 问卷调查设计与组织实施

（1）问卷调查设计。①问卷调查的对象。本次问卷调查的对象是武汉市八个区域纪检监察干部和少部分其他部门的公务员。②问卷调查的相关结构、内容和样本量。按照课题研究的要求，调查问卷共6个板块，每个板块的主题和题量分布情况如下，分别是A板块：个人信息（4题）；B板块：监察基本情况（16题）；C板块：监察法制方面（6题）；D板块：体制机制创新方面（8题）；E板块：廉政文化建设方面（7题）；F板块：社会公众对监察的认知（6题）。详细内容请参见附录1。共投放了 900 份调卷问卷，抽样调查 900 人次，回收调卷问卷 872 份，其中有效卷 786 份（见表 16-1）。

表 16-1　　　　　　行政监察基本情况调查问卷统计说明

调查时间	调查地点	发放份数	回收份数	有效份数	调查人员	录入人员
20120726	黄陂区	100	97	81	黄处长等	刘石玲
20120522	江夏区	200	182	170	黄处长等	朱广宇
20120530	江岸区	100	99	97	黄处长等	许卓
20120611	江汉区	100	100	84	黄处长等	许卓
20120720	硚口区	100	100	94	黄处长等	李记才
20120713	武昌区	100	99	83	黄处长等	李记才
20120627	蔡甸区	100	99	90	黄处长等	司丽娟
20120630	东西湖区	100	96	87	黄处长等	江南

（2）问卷调查的组织实施。①制定出《"行政监察的理论和实践问题"问卷调查注意事项》。详细对调查范畴、对象以及问卷类型、抽样调查的方式、问卷发出与收回、审核等提出了要求。②建立、训练调查队伍及人员。课题组开展了调查人员培训活动和预调查。调查小组的构成人员是三人到四人，且其中一人是专业老师。老师最重要的责任就是领导和协调整个组的问卷以及别的调查事宜，还承担了组织专题座谈会议以及个别访谈事项的责任；两人到三人是研究生，他们的责任是将调查用的问卷发出去、收过来，还要根据"调查研究信息资源列表"相关规定，完成信息搜集相关任务。

二　统计分析与讨论

1. 样本分布情况分析

样本的区域、性别、年龄、学历、职业分布情况分别如表 16-2、表 16-3、表 16-4、表 16-5、表 16-6 所示。

表 16-2　　　　　　　　　　　样本区域分布

区域	频数	百分比（%）
黄陂区	81	10.305
江夏区	170	21.628
江岸区	97	12.341
江汉区	84	10.687
硚口区	94	11.959
武昌区	83	10.560
蔡甸区	90	11.450
东西湖区	87	11.069
合计	786	100.000

表 16-3　　　　　　　　　　　样本性别分布

性别	频数	百分比（%）
男性	426	54.198
女性	360	45.802
合计	786	100.000

表 16-4　　　　　　　　　　　样本年龄（岁）分布

年龄（岁）	频数	百分比（%）
20—30	240	30.534
31—40	227	28.880
41—50	239	30.407
51—60	80	10.178
合计	786	100.000

表 16-5　　　　　　　　　　　样本学历分布

学历	频数	百分比（%）
高中及以下	44	5.598
专科或本科	665	84.606
研究生	77	9.796
合计	786	100.000

表 16-6　样本职业分布

职业	频数	百分比（%）
监察干部	188	23.919
公务员（非监察干部）	417	53.053
其他	181	23.028
合计	786	100.000

2. 样本数据的信度分析

为了保证分析结果的一致性，利用克朗巴哈系数对项目一致性测量因子进行全面分析。

在整个研究中，通过运行 SPSS19.0 软件中的"分析"—"度量"中的"可靠性分析"来实现。得到的结果是克朗巴哈系数 $a = 0.88$，大于 0.7。这说明样本数据的可靠性较高。

3. 样本数据的均值分析

（1）问卷筛选。除去 A 板块的个人信息录入，剩下的问卷一共 43 题，我们筛选出其中 17 个多选题的 74 个选项进行分析（见表 16-7）。

表 16-7　问卷内容筛选汇总

题号	问题	选项
B08	监察部门在下列哪个方面的工作需要加强	需要加强执法监察
		需要加强廉政监察
		需要加强效能监察
		需要加强整改纠风
B09	影响监察工作顺利开展的主观因素	需要提高思想政治素质
		需要提高业务素质
		需要保持良好作风
		需要恪守职业道德
B10	影响监察工作顺利开展的客观因素	需要注意多种违纪行为
		需要避免人为阻力
		需要避免人情关系
		需要控制舆论压力

续表

题号	问题	选项
B11	为了加大监察力度，您赞成监察机关增加哪些权力	需要增加拘留权
		需要增加搜查取证权
		需要增加逮捕权
		需要增加审讯权
		需要增加处罚权
B14	您认为行政监察应该在哪些方面有所创新	需要体制改革的创新
		需要法制保障的创新
		需要运行机制的创新
		需要执行方式的创新
		需要理论理念的创新
C04	您认为行政监察法的配套细则、办法等存在的问题是	需要完善配套措施
		需要增强可操作性
		需要减少时滞性
C05	您认为行政监察法的内容哪些需改进和补充	需要调整监察机关的权限
		需要加大监察工作的公开程度
		需要监察主体的责任追究
		需要监察对象的权利救济
		需要规范电子监察
C06	您对于完善行政监察法制的建议有哪些	需要完善配套法规
		需要明确法制内容规定
		需要提高法制权威性
		需要健全保障机制和责任追究制度
		需要健全协调机制
D01	您认为发挥行政监察机关作用的组织保障主要是	需要科学配置权力
		需要依法行政
		需要明确职责分工
		需要公开机关政务
D03	您认为哪方面的制度创新可以有效提高监察效能	需要改革权力配置制度
		需要完善培训与选拔机制
		需要实行交叉办案制度
		需要实行巡视制度

续表

题号	问题	选项
D04	您认为当前行政监察体制中存在的主要问题是	需要健全领导体制
		需要完善监察法制
		需要增加监察手段
		需要深化部门沟通
D05	哪些因素是影响行政监察工作的主要原因	需要增加监察机关权威
		需要贯彻依法行政
		需要扩大社会参与
		需要实行党政分开
		需要避免权大于法
D07	您认为国外的监察制度哪些可以借鉴	需要借鉴监察专员制度
		需要借鉴监察长制度
		需要借鉴监察委员会制度
		需要借鉴监察审计院
D08	您认为香港廉政公署其体制运行对于我国监察体制的借鉴有	需要借鉴机构独立
		需要借鉴人事独立
		需要借鉴财政独立
		需要借鉴办案独立
		需要借鉴防患未然
		需要借鉴深入群众
E03	您认为，当前滋生腐败现象的主要文化因素是	需要廉政风气
		需要社会诚信
		需要避免人情往来习俗
E07	您认为应该从哪些方面加强廉政文化建设	需要开展廉政文化活动
		需要丰富廉政文化内容
		需要加强廉政文化组织
		需要完善廉政文化评估
F05	您认为目前的行政监察工作效果如何	行政监察工作很有效
		行政监察工作比较有效
		行政监察工作效果一般
		行政监察工作不太有效
		行政监察工作无效

（2）影响监察效果因素视角的均值分析。在 SPSS19.0 运行中，可通过运行 Analyze→Compare Means 中的 Means 过程来实现，并把"是否是监察干部"作为自变量。得出的结果如表 16-8 所示。从表 16-8 中可以看出，非监察干部排在越前面的选项是填卷人选中次数越多的选项，尤其是"需要避免人情关系""需要增加监察手段""需要借鉴机构独立""需要避免人为阻力""需要依法行政"这五个排在最前面。说明这些问题被普遍关注，如图 16-1 所示。

表 16-8　　　　　　　　均值分析结果

	非监察干部（%）	监察干部（%）
需要避免人情关系	75.85	73.37
需要增加监察手段	73.91	63.31
需要借鉴机构独立	73.26	76.92
需要避免人为阻力	73.26	75.74
需要依法行政	72.77	75.15
需要借鉴办案独立	72.29	64.50
需要避免人情往来习俗	71.64	69.23
需要开展廉政文化活动	71.15	73.96
需要加大监察工作的公开程度	71.15	59.76
需要社会诚信	70.18	71.60
需要加强廉政监察	69.85	75.74
需要增强可操作性	69.69	72.78
需要增加搜查取证权	67.10	68.05
需要借鉴人事独立	66.45	70.41
需要地方式的创新	65.15	56.21
需要明确职责分工	64.83	62.72
需要保持良好作风	64.02	55.03
需要廉政风气	63.21	65.09
需要借鉴监察委员会制度	63.21	55.0
需要提高法制权威性	62.07	61.54
需要提高业务素质	61.43	73.37
需要监察主体的责任追究	61.10	49.70
需要健全保障机制和责任追究制度	61.10	52.66

续表

	非监察干部（%）	监察干部（%）
需要加强廉政文化组织	60.94	54.44
需要借鉴财政独立	60.29	57.99
需要贯彻依法行政	59.64	57.99
需要丰富廉政文化内容	59.64	65.09
需要完善监察法制	59.48	59.17
需要完善配套措施	59.48	56.80
需要运行机制的创新	58.18	51.48
需要加强效能监察	57.86	55.62
需要恪守职业道德	56.89	45.56
需要扩大社会参与	56.89	53.85
需要完善配套法规	56.40	60.36
需要提高思想政治素质	56.08	60.36
需要加强执法监察	55.92	64.50
需要明确法制内容规定	55.75	53.25
需要公开机关政务	55.27	45.56
需要法制保障的创新	54.46	56.21
需要借鉴监察专员制度	52.67	59.17
需要体制改革的创新	50.89	57.40
需要增加处罚权	50.41	52.07
需要实行交叉办案制度	49.92	43.20
需要借鉴防患未然	49.92	34.32
需要调整监察机关的权限	49.76	63.91
需要科学配置权力	49.76	64.50
需要增加审讯权	49.59	50.89
需要深化部门沟通	48.62	45.56
需要借鉴深入群众	48.30	46.15
需要健全协调机制	47.33	49.70
需要借鉴监察审计院	46.84	42.60
需要减少时滞性	46.68	50.89
需要注意多种违纪行为	46.35	56.21
需要改革权力配置制度	44.08	59.76
需要避免权大于法	43.76	40.83

续表

	非监察干部（%）	监察干部（%）
需要加强整改纠风	42.14	40.24
需要增加监察机关权威	41.82	55.62
需要完善培训与选拔机制	41.33	45.56
需要完善廉政文化评估	39.38	40.83
需要规范电子监察	38.57	36.09
需要健全领导体制	36.47	48.52
需要借鉴监察长制度	33.39	43.20
需要增加拘留权	32.41	38.46
需要监察对象的权利救济	30.63	24.85
需要理论理念的创新	30.31	35.50
需要实行党政分开	30.31	28.99
需要增加逮捕权	29.01	25.44
需要控制舆论压力	28.36	26.63
需要实行巡视制度	27.07	21.30

需要避免人情关系	75.85
需要增加监察手段	73.91
需要借鉴机构独立	73.26
需要避免人为阻力	73.26
需要依法行政	72.77
需要借鉴办案独立	72.29
需要避免人情往来习俗	71.64
需要开展廉政文化活动	71.15
需要加大监察工作的公开程度	71.15
需要社会诚信	70.18
需要加强廉政监察	69.85
需要增强可操作性	69.69
需要增加搜查取证权	67.10
需要借鉴人事独立	66.45
需要执行方式的创新	65.15
需要明确职责分工	64.83
需要保持良好作风	64.02
需要廉政风气	63.21
需要借鉴监察委员会制度	63.21

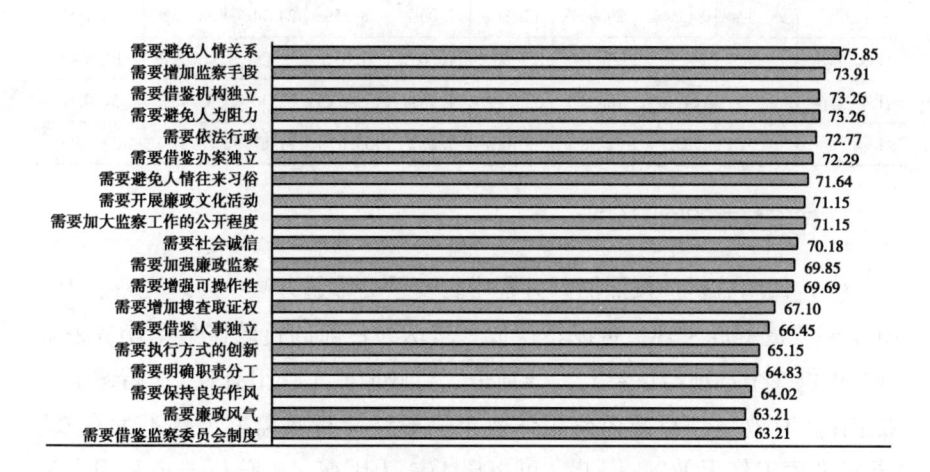

图 16-1 非监察干部关注问题（%）

（3）地域视角的均值分析。本次分析通过运行 SPSS19.0 "均值"→"比较均值"中的"均值"过程，并把"地区"作为自变量来实现，得到的分析结果如表 16-9 所示。从表 16-9 中可以看到总体的行政监察工作效果指数F05各地区的效果百分比：江汉区的总体效果值最低，满意度最低；蔡甸、硚口、武昌、江夏、东西湖整体效果值和平均水平差不多；黄陂区略高于均值；江岸区的行政监察工作效果值最高即满意度也最高。因为每个区的填卷人对于对行政监察工作效果造成影响的因素的侧重点是不一样的，由此就可以推测，他们对于因素选择的侧重点可能是导致他们满意度高低的原因。

表16-9　　　　　　　地域视角的均值分析结果节选

	F05	需要增强可操作性	需要规范电子监察	需要提高法制权威性	需要实行巡视制度	需要扩大社会参与	需要实行党政分开	需要避免权大于法	需要借鉴办案独立
江汉	59.76%	48.81%	47.62%	66.67%	28.57%	51.19%	34.52%	50.00%	72.62%
蔡甸	60.00%	73.33%	46.67%	58.89%	27.78%	58.89%	37.78%	48.89%	68.89%
硚口	60.22%	47.87%	22.34%	62.77%	30.85%	41.49%	27.66%	50.00%	70.21%
武昌	63.52%	60.24%	38.55%	74.70%	31.33%	45.78%	27.71%	54.22%	83.13%
东西湖区	64.10%	81.61%	51.72%	73.56%	29.89%	72.41%	36.78%	39.08%	78.16%
江夏	64.43%	80.00%	36.47%	67.06%	26.47%	53.53%	32.35%	51.76%	74.12%
总计	65.28%	70.36%	38.04%	61.96%	25.83%	56.23%	30.03%	43.13%	70.61%
黄波	71.31%	76.54%	34.57%	58.02%	32.10%	48.15%	16.05%	30.86%	81.48%
江岸	93.29%	84.54%	29.90%	32.99%	2.06%	78.35%	24.74%	14.43%	38.14%
江汉/总体		69.37%	125.18%	107.60%	110.63%	91.03%	114.98%	115.93%	102.84%
江岸/总体		120.15%	78.59%	53.24%	7.98%	139.33%	82.40%	33.46%	54.02%
江岸/江汉		173.20%	62.78%	49.48%	7.22%	153.06%	71.67%	28.87%	52.53%

4. 样本数据的回归分析

（1）回归分析。按照回归方程中自变量的筛选方法，通过观察表16-10中的变量F05发现，可以转换成"您认为目前的行政监察工作效果如何"提供5个选项给填卷人，分别是"行政监察工作很有效""行政监察工作比较有效""行政监察工作效果一般""行政监察工作不太有效""行政监察工作无效"。因此，可以以F05为因变量，分析选项和因变量之间的线性关系。在进行样本数据的回归分析之前，还需要把样本中的类别变量转化成数值变量。这样转化以后，还要通过标准化使变量数据符合0—1的分布。最后一题F05中的5个选项具有定序关系，分别是"行政监察工作很有效""行政监察工作比较有效""行政监察工作效果一般"

"行政监察工作不太有效""行政监察工作无效",此时假设同时具有定距关系,我们可以把5个选项平均分配到100%—0%的Scale里面,然后得出选项1是100%满意,选项2是75%满意,选项3是50%满意,选项4是25%满意,选项5是0%满意。所以,在软件里面进行分析的时候,录入的类别变量"1"改为数值变量"1",类别变量"2"改成数值变量"0.75",类别变量"3"改为数值变量"0.5",类别变量"4"改为数值变量"0.25",类别变量"5"改为数值变量"0"。本研究中,样本数据的多元线性回归分析可以通过运行"分析"—"回归"中的"线性"过程来实现。经过17次引入或删除自变量,我们通过SPSS19.0的逐步回归分析得出最后多元线性回归模型。从表16-10中可看出,最终模型17中,调整R方为0.241,意味着因变量的变化中有24.1%可以被此模型解释。

表16-10　　　　　　　　　　决定系数

模型	R	R方	调整R方	标准估计的误差
1	0.275[a]	0.076	0.074	0.20299
2	0.331[b]	0.110	0.107	0.19936
3	0.360[c]	0.129	0.125	0.19732
4	0.391[d]	0.153	0.147	0.19481
5	0.412[e]	0.169	0.163	0.19305
6	0.428[f]	0.183	0.175	0.19163
7	0.440[g]	0.194	0.184	0.19053
8	0.451[h]	0.204	0.193	0.18951
9	0.460[i]	0.212	0.200	0.18866
10	0.470[j]	0.221	0.208	0.18774
11	0.478[k]	0.229	0.215	0.18694
12	0.485[l]	0.235	0.220	0.18636
13	0.490[m]	0.241	0.224	0.18582
14	0.496[n]	0.246	0.229	0.18526
15	0.502[o]	0.252	0.233	0.18471
16	0.507[p]	0.257	0.237	0.18427
17	0.512[q]	0.262	0.241	0.18374

表16-11即为对模型进行方差分析的结果,对回归系数进行检验有

两种方法，其中一种就是方差分析，在方差分析的结果中 P 值均小于 0.05，所以该模型是有统计意义的，也就是说自变量的回归系数是有统计意义的。

表 16-11　　　　　　　　　　方差分析结果

模型		平方和	df	均方	F	Sig.
1	回归	2.073	1	2.073	50.318	0.000[a]
	残差	25.342	615	0.041		
	总计	27.415	615			
2	回归	3.013	2	1.506	37.901	0.000[a]
	残差	24.403	614	0.040		
	总计	27.415	616			
3	回归	3.547	3	1.182	30.370	0.000[a]
	残差	23.868	613	0.039		
	总计	27.415	616			
4	回归	4.189	4	1.047	27.594	0.000[a]
	残差	23.226	612	0.038		
	总计	27.415	616			
5	回归	4.645	5	0.929	24.927	0.000[a]
	残差	22.770	611	0.037		
	总计	27.415	616			
6	回归	5.014	6	0.836	22.756	0.000[a]
	残差	22.401	610	0.037		
	总计	27.415	616			
7	回归	5.307	7	0.758	20.886	0.000[a]
	残差	22.108	609	0.036		
	总计	27.415	616			
8	回归	5.579	8	0.697	19.418	0.000[a]
	残差	21.836	608	0.036		
	总计	27.415	616			
9	回归	5.810	9	0.646	18.137	0.000[a]
	残差	21.605	607	0.036		
	总计	27.415	616			

续表

模型		平方和	df	均方	F	Sig.
10	回归	6.056	10	0.606	17.183	0.000^a
	残差	21.359	606	0.035		
	总计	27.415	616			
11	回归	6.274	11	0.570	16.321	0.000^a
	残差	21.142	605	0.035		
	总计	27.415	616			
12	回归	6.438	12	0.537	15.448	0.000^a
	残差	20.977	604	0.035		
	总计	27.415	616			
13	回归	6.594	13	0.507	14.691	0.000^a
	残差	20.821	603	0.035		
	总计	27.415	616			
14	回归	6.753	14	0.482	14.054	0.000^a
	残差	20.662	602	0.034		
	总计	27.415	616			
15	回归	6.910	15	0.461	13.501	0.000^a
	残差	20.506	601	0.034		
	总计	27.415	616			
16	回归	7.041	16	0.440	12.960	0.000^a
	残差	20.374	600	0.034		
	总计	27.415	616			
17	回归	7.193	17	0.423	12.533	0.000^a
	残差	20.222	599	0.034		
	总计	27.415	616			

表16-12给出了回归方程中常数项、回归系数的估计值和检验结果。可见，本次分析运行了13次最终得到的是包含9个显著自变量的回归方程，其表达式如下：

行政监察工作效果指数=0.718-0.073×需要避免权大于法+0.061×需要完善配套措施-0.073×需要避免人为阻力+0.062×需要开展廉政文化活动-0.073×需要避免人情关系-0.053需要实行党政分开+0.045×需要加强

执法监察-0.048×需要实行巡视制度+0.49×需要科学配置权力。

由此可以看出,真正对行政监察工作效果产生影响的问题是"需要避免权大于法""需要完善配套措施""需要避免人为阻力""需要开展廉政文化活动""需要避免人情关系""需要实行党政分开""需要加强执法监察""需要实行巡视制度""需要科学配置权力"这九个问题。

表 16-12　　　　　　　　　　回归分析系数

模型		非标准化系数 B	标准误差	标准系数 试用版	t	Sig.
1	(常量)	0.704	0.011		64.593	0.000
	需要避免权大于法	-0.117	0.016	-0.275	-7.094	0.000
2	(常量)	0.658	0.014		46.241	0.000
	需要避免权大于法	-0.121	0.016	-0.284	-7.454	0.000
	需要完善配套措施	0.080	0.016	0.185	4.861	0.000
3	(常量)	0.702	0.018		38.279	0.000
	需要避免权大于法	-0.108	0.016	-0.253	-6.561	0.000
	需要完善配套措施	0.081	0.016	0.188	4.987	0.000
	需要避免人为阻力	-0.068	0.018	-0.143	-3.706	0.000
4	(常量)	0.666	0.020		33.217	0.000
	需要避免权大于法	-0.111	0.016	-0.261	-6.840	0.000
	需要完善配套措施	0.064	0.017	0.148	3.839	0.000
	需要避免人为阻力	-0.075	0.018	-0.158	-4.135	0.000
	需要开展廉政文化活动	0.074	0.018	0.159	4.111	0.000
……	需要科学配置权力	0.052	0.016	0.122	3.144	0.002
	需要健全领导体制	-0.044	0.016	-0.101	-2.698	0.007
	需要借鉴机构独立	-0.047	0.018	-0.098	-2.535	0.011
	需要规范电子监察	0.034	0.016	0.078	2.175	0.030

续表

模型		非标准化系数		标准系数	t	Sig.
		B	标准误差	试用版		
13	（常量）	0.718	0.024		29.902	0.000
	需要避免权大于法	-0.073	0.017	-0.171	-4.340	0.000
	需要完善配套措施	0.061	0.016	0.142	3.750	0.000
	需要避免人为阻力	-0.073	0.018	-0.153	-4.091	0.000
	需要开展廉政文化活动	0.062	0.018	0.133	3.387	0.001
	需要避免人情关系	-0.073	0.018	-0.148	-3.988	0.000
	需要实行党政分开	-0.053	0.017	-0.116	-3.037	0.002
	需要加强执法监察	0.045	0.016	0.107	2.788	0.005
	需要实行巡视制度	-0.048	0.017	-0.100	-2.724	0.007
	需要科学配置权力	0.049	0.016	0.117	3.003	0.003

（2）回归模型使用条件检验。即使进行简单回归分析，模型对数据也有一定要求，即满足线性发展状态、独立发展特征明显、正态分布和方差一致性。本次分析得到的散点图如图16-2所示。从图16-2可以看到，随着因变量的变化，残差的变化是随机的，或者叫没有规律的，可以解释为无论填卷人对于F05的回答如何，残差之间是相互独立，没有规律的。本次分析得到的残差直方图如图16-3所示。只有因变量呈现正态分布模式，才能保证残差e_i满足正态分布发展条件。图16-3显示模型的残差基本服从正态分布，没有严重偏离正态性假设。图16-4显示的方差一致性表明，线性回归分析要求残差e_i的方差始终保持一致。

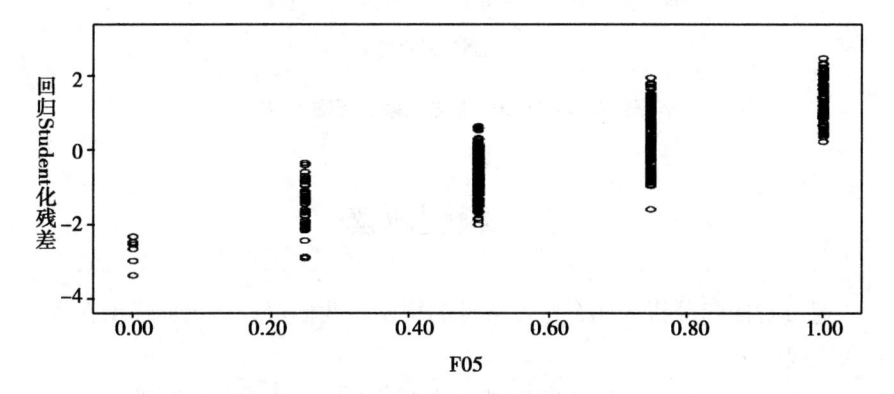

图16-2 独立性检验散点

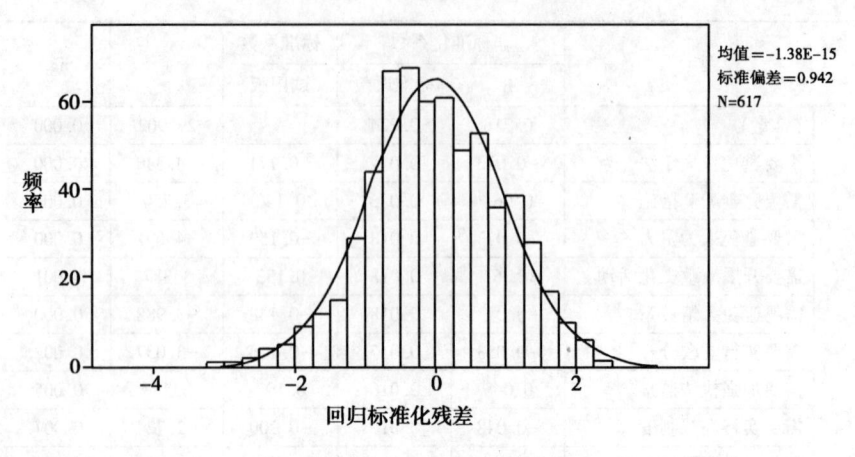

图 16-3　正态性检验直方

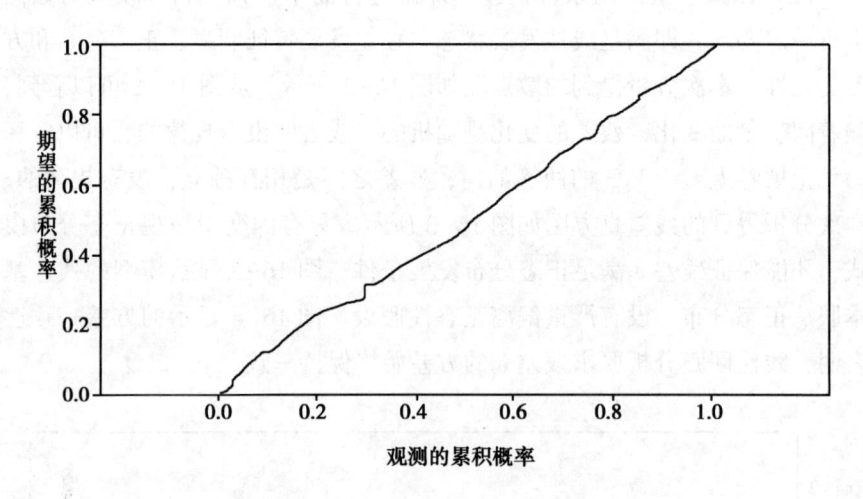

图 16-4　回归标准化残差的标准 P-P

三　模型解读

通过对回归分析的四个假设条件的检验，我们可以得出此模型在统计意义上是有效的。

模型最终的方程：行政监察效果指数＝0.718−0.0738×需要避免权大于法+0.061×需要完善配套措施−0.073×需要避免人为阻力+0.062×需要开展廉政文化活动−0.073×需要避免人情关系−0.053 需要实行党政分开+

0.045×需要加强执法监察-0.048×需要实行巡视制度+0.49×需要科学配置权力。

其中，需要避免权大于法，需要避免人为阻力，需要避免人情关系的系数最大，均为-0.073，意味着当填卷人认同其中任何一个选项的时候，他们最终对于行政监察工作效果的判断要显著下降7.3%。当选择需要实行党政分开和需要实行巡视制度时，他们最终对于行政监察工作效果的判断要显著下降5%左右。这5个选项的共性是全部都是监察过程中的人为因素。意味着填卷人对于监察问题的担忧主要来自监察过程中的人为因素。在回归分析中，"需要增加监察手段""需要借鉴机构独立""需要依法行政"并不是影响因变量线性变化的因素。意味着无论填卷人是否认同此选项，他们对于行政监察工作效果的判断并没有产生明显的变化。

此外，当填卷人选择需要完善配套措施，需要开展廉政文化活动，需要加强执法监察以及需要科学配置权力时，他们对于行政监察工作效果的判断有明显上升。意味着当填卷人认为改善监察制度或者加强监察管理为现阶段的主要问题时，他们对于现阶段的监察效果的满意度是提升的。

回顾前文均值分析中，"需要避免人情关系""需要增加监察手段""需要借鉴机构独立""需要避免人为阻力""需要依法行政"是最受填卷人关注的。但是，与此同时，避免人为阻力等在前面的均值分析中是被广泛关注，同时在回归分析中被证明是影响监察效果的主要因素，应该被着重关注并改善。

本次分析研究是对行政监察进行定量分析的初步探索，虽然小有成果，但是缺陷和不足之处是难以避免的，需要今后改进和未来更加深入研究的地方是：（1）调查问卷的针对性不够，本次行政监察基本情况调查问卷是为了了解被调查人所在地区的行政监察基本情况而编写，所设计的题目涉及行政监察工作的方方面面，主要包括个人信息、监察基本情况、监察法制方面、体制机制创新方面、廉政文化建设方面和社会公众认知方面这几个板块，但是由于定量分析的目的性往往很强，为了得到某种模型或者为了验证某种结果而开展下去，所以本次调查问卷所涉及的题目和定量分析的操作切合得不够紧密。（2）实际操作的偏差。参与人数众多，各个环节的协调，问卷的填写回收，数据的整理录入，都是一项耗时费神的工作，难免会有操作误差存在。

本次分析虽然参与人员均是尽心竭力，但是毕竟受到个人能力限制和客观因素影响，就未尽事宜笔者，试提出未来研究可能的方向主要有以下几点：（1）完善模型研究，本研究构建了基于行政监察工作效果指数的多元回归分析模型，并配合多视角的均值分析开展了研究工作，未来的研究可以通过实际的案例研究，重新界定影响行政监察工作效果的因素，并且可以更加细分地以定量分析的方法分析行政监察工作的某一方面。（2）完善指标测量，对于行政监察的工作效果有各种衡量的维度和具体指标。本次调查问卷测量指标的内在逻辑性还可以加强。

参考文献

1. 尤光付：《中国县政府行政监督：观察与思考》，中国社会科学出版社 2012 年版。

2. 李梦瑶、郑丽丝：《公共行政学定量研究方法近五年研究综述》，《法制与社会》2010 年第 32 期。

3. 丁东洋：《定量分析方法在公共管理学研究中的应用》，《教育探究》2011 年第 3 期。

4. 焦厚嘉、安晓燕、韩丽、徐春生：《创新型国家政府绩效评估指标体系研究》，《统计与决策》2007 年第 19 期。

第五部分
反腐败工作机制研究

"历览前贤国与家,成由勤俭败由奢。"公元前13世纪的亚述文明中就有政府官员收受贿赂的记载。腐败一词在《汉书·食货志上》指(谷物)腐烂,被引申到政治领域指滥用公权力方面的信息、职务影响力等来谋求与自己利益冲突相关的私人利益。

在孟德斯鸠看来,一切有权力的人都容易滥用权力(《论法的精神》)。在休谟看来,设计政府体制和监控时,都应设想每个成员是谋取私利的无赖之徒(《休谟政治论文选》)。按照新制度经济学的理论逻辑推导,促使个体实施腐败犯罪的制度因素主要分为三类:一是教育机制的缺陷,主要体现在意识形态和伦理道德规范的弱化。二是正式制度结构的缺陷,主要体现在制度真空(漏洞)和制度结构中的"短板效应",以及规章制度的叠床架屋所造成的边际效用递减等。三是监督约束机制的缺陷,主要体现在对公共权力的监督和制约机制不完善。

从20世纪90年代以来的腐败研究文献中可以看出,与早期的很多单纯探讨腐败的定义、种类、影响等问题的纯理论性研究不同,方法上,西方国家的学者开展的腐败研究主要含变量导向的腐败研究和案例导向的腐败研究;内容上,腐败与政体、腐败与国家结构、腐败与选举、腐败与经济增长等是近年来的热门话题。

截至2016年年底的公开文献,国内反腐倡廉建设方面的研究主要可以归纳为六大方面:一是腐败的复杂成因及相关的遏制、防范等系统治理的研究。二是反腐倡廉机制理论阐释模型探讨、机制构建的借鉴与实践经验总结、具体机制的探讨和贪腐行为心理分析。三是职务犯罪防治与惩戒的研究。四是反腐败领导体制和工作机制研究。五是若干重点领域、重点人物的反腐倡廉研究。六是裸官的治理和国际合作追逃追赃的研究。

近年来中纪委全会的工作报告和最高人民检察院的工作报告显示,腐败类型大致可概括为十种:(1)"一把手腐败":主要是指党政主要领导干部和国有企业厂长经理在决策、人事、资源配置上的腐败。(2)用人腐败:具体表现为跑官要官、买官卖官等行为。(3)行政执法和司法腐败:主要表现为贪赃枉法、徇私舞弊、办"人情案""关系案""金钱案"以及乱收费、乱罚款、乱摊派等。(4)公贿:如"跑部钱进,进京送宝"及对上级检查团接待规格上的竞相攀比行为等。(5)基层政权腐败:主要是指一些乡镇政权和村级组织为黑社会恶势力所把持,成为他们欺压百姓敛财自肥的工具。(6)审批权腐败:利用行政审批权从事权钱交易。(7)寻租性腐败：主要指企业为寻求政府的保护或优惠而主动行贿。(8)腐败性垄断：主要指那些从事公共服务或公益事业的行业或部门凭借垄断经营权谋取部门利益的行为。(9)税收流失性腐败：主要是指通过各种合法或非法的手段进行税收减免而引起税收流失。(10)公共投资和公共支出领域的腐败：包括公共投资项目中的黑箱操作、政府采购中的回扣风等。

我国坚持教育、预防、监督、惩处四管齐下，立"明规矩"，破"潜规则"，既打"老虎"又拍"苍蝇"，取得了明显的遏制腐败的效果。但现实中，腐败短期内难以根治，反腐倡廉的一些制度缺乏系统性和配套性，不能有效发挥作用；若干制度没有得到很好执行，存在着重制定、轻执行现象；反腐败体制机制发挥了作用，但有不适应不完善的地方（如重独立性、权威性、协同性不够等）。

构建起防腐败体系，构筑不想腐的堤坝，完善不能腐的制度，实现不敢腐的目标：(1)宜以反"四风"为重要抓手，从长从严加强党的作风建设，进一步营造风清气正的党内政治生态，不断夯实不想腐的堤坝。(2)宜完善权力运行的监督与制约机制建设，让部门和干部的权力清单、责任清单、利益清单"可视化"，使八小时内外、办公室内外的实质性监督"落地"。(3)宜应用国家和人民的力量对腐败标本兼治。①治标。加速和加大"专项巡视（察）""治病树，拔烂树"，盯住"关键少数"（领导干部尤其是高级领导干部）；坚持反腐无禁区、全覆盖、零容忍，以高压态势"打虎""拍蝇""猎狐"，依法严厉惩处贪污腐败分子。②治本。把权力关进制度的笼子，让用权者没有贪污腐败的机会和空间；完善反腐倡廉法治建设，把党规党法与国家法律等衔接起来，减少制度规定的缝隙，抑制"破窗效应"，使制度成为硬约束而不是"稻草人"。(4)宜构建社会化的监督格局。例如，注重加强组织协调，充分发挥人大依法监督、政协民主监督、政府行政执法监督、司法监督、群众监督、新闻舆论监督等各种监督力量的作用；又如，保持"开门反腐"和"网络监督"，运用大数据技术和新媒体创设互联网反腐的良好环境。

本部分通过对近年来我国惩治腐败过程中公布的个案，分析了"打虎""拍蝇""猎狐"和管控"裸官"，分析了近年来查处的违纪违法案折射出的问题的类别、表征及其成因，探讨了权色交易、贪腐心理等，并提出了若干防范之策。

第十七章 高级领导干部腐败问题研究：基于107个案例的分析

本章中的高级领导干部，指在党政机关以及军队中担任副省部级或少将及以上的领导干部。高级领导干部更是"关键少数"，他们中的某些人一旦发生腐败会给国家和社会造成大的危害。因此，研究高级领导干部腐败治理问题，对于科学预防和有效治理腐败，推动国家治理能力和治理体系的现代化，都具有重要的意义。本章选取中共十八大以来落马的107位高级领导干部，建立案例库，运用案例分析法、统计分析法对高级领导干部腐败问题进行深入剖析，并在此基础上提出预防和治理的对策建议。

一 研究样本的选取、分析维度与建立案例库

1. 样本的选取

为保证研究的准确性和权威性，本章选取的案例主要来自中央纪委监察部网站，违纪违法事实及案件动态消息主要来自《人民日报》《检察日报》等权威媒体报道和一些专家、学者出版的反腐败书籍等。主要考虑两点：第一，中共十八大以来国家对于腐败案件的查处力度较之前相比显著提升。根据相关资料不完全统计，1978—2005年共有101位高级官员落马，2005—2010年有35位高官被判刑，2011年至十八大召开前共有7位高官被查处，共计143位高级领导干部落马受审。中共十八大以来截至2016年12月31日，共查处厅局级以上干部共229人，其中省部级以上干部134人。选取这一时期的案例作为研究对象契合了我国当前的反腐形势。第二，社会上许多不良风气，如拜金主义、享乐主义、攀比主义等，这些错误的价值观念腐蚀了一些领导干部的思想，使他们出现各种问题。

2. 分析维度与案例库建立

笔者根据研究的需要划分了三个不同分析维度，每个案例均根据这三个方面进行数据录入。三个维度指标为个人信息、职位信息、查处信息。为了对案例库进行细致的研究，笔者将基本信息维度进一步细分为若干个小的二级分析维度。（1）个人信息：姓名；性别，包括男性、女性；文化程度，包括高中及以下、大专、本科、硕士、博士；年龄。（2）职位信息：案发时的职务；案发时的行政级别；案发所在的机关部门；案发时所在的省份。（3）查处信息：违法违纪行为类别；刑事处罚；行政处分；尚未审判；自然死亡。（4）潜伏时间。（5）涉案金额。（6）从通报到移送司法机关的时间。

通过数据收集整理建立案例库。其中，（1）国家级3人：周永康、苏荣、令计划；（2）副部级85人：李春城、刘铁男、倪发科、郭永祥、王素毅、李达球、季建业、衣俊卿、廖少华、陈柏槐、郭有明、陈安众、童名谦、杨刚、冀文林、祝作利、金道铭、沈培平、姚木根、毛小兵、谭栖伟、阳宝华、赵智勇、杜善学、令政策、万庆良、谭力、韩先聪、张田欣、武长顺、陈铁新、陈川平、聂春玉、白云、潘逸阳、秦玉海、赵少麟、梁滨、隋凤富、王敏、韩学键、孙鸿志、杨卫泽、马建、陆武成、斯鑫良、许爱民、景春华、栗智、仇和、徐建一、徐钢、余远辉、韩志然、乐大克、奚晓明、张力军、谷春立、白雪山、艾宝俊、吕锡文、孙清云、姚刚、盖如垠、颜世元、刘志勇、曹建方、陈雪枫、龚清概、刘礼祖、王保安、贺家铁、刘志庚、卢子跃、王阳、张力夫、苏宏章、杨鲁豫、李成云、张越、孔令中、杨振超、陈树隆、张文雄、吴天君；（3）少将及以上军衔7人：徐才厚、杨金山、叶万勇、方文平、苑世军、郭伯雄、田修思。

二 涉案信息分析

1. 个人基本信息维度分析

（1）年龄分析。对落马高官年龄的选取，均采用的是被查处时的年龄。按45—50岁、51—55岁、56—60岁、61—65岁、66—70岁、70岁以上这6个年龄段进行分析，结果见表17-1。其中，年龄最小的为原海南省副省长冀文林，案发年龄为48岁；年龄最大的是原中央军事委员会副主席郭伯雄，落马年龄为73岁；56—60岁这个年龄断落马的高级领导干部最多，共有49位，平均年龄58.8岁。

表17-1　　　　　　　　　　案例库落马官员年龄统计

年龄区间	频率（%）	百分比（%）	有效百分比（%）	累计百分比（%）
45—50岁	4	3.7	3.7	3.7
51—55岁	22	20.6	20.6	24.3
56—60岁	49	45.8	45.8	70.1
61—65岁	23	21.5	21.5	91.6
66—70岁	6	5.6	5.6	97.2
70岁以上	3	2.8	2.8	100
总计	107	100	100	

（2）性别分析。按男性、女性对案例库进行统计分析，结果见表17-2。在落马的高级领导干部中，男性占绝大部分比例，共有105位，占样本总量的98.13%，落马的女性官员只有2位，占样本总量的1.87%。这可能是因为我国男性领导干部的数量远大于女性领导干部的数量，且大多数关键岗位或者部门的"一把手"多由男性担任。

表17-2　　　　　　　　　　案例库落马官员性别统计

性别	人数	百分比（%）	有效百分比（%）	累计百分比（%）
男性	105	98.13	98.13	98.13
女性	2	1.87	100	100
总计	107	100	100	

（3）文化程度分析。按高中及以下、大专、本科、硕士、博士的标准，进行统计分析，结果见表17-3。落马高官多具有本科以上的学历。在107位落马的高级领导干部中，高中及以下学历的仅有1位，为原湖南省政协原党组副书记阳宝华；具有大专学历的有4人，分别是原河南省人大常委会副主任秦玉海，原任江苏省委常委、省委秘书长赵少麟，原中央军事委员会副主席郭伯雄，原陕西省委员会副主席孙清云，占总样本量的

3.77%；具有本科学历的共有 29 位，占总样本量的 27.1%；拥有硕士学位的共有 59 位，比重最大，拥有博士学位的有 14 位。

表 17-3　　　　　　　　案例库落马官员文化程度统计

文化程度	人数	百分比（%）	有效百分比（%）	累计百分比（%）
高中及以下	1	0.94	0.94	0.94
大专	4	3.77	3.77	4.71
本科	29	27.1	27.1	31.81
硕士	59	55.1	55.1	86.91
博士	14	13.09	13.09	100
总计	107	100	100	

2. 职位信息维度分析

（1）行政级别。按副部级、正部级、国家级、少将及其以上军衔的标准，对数据进行统计分析，结果见表 17-4。在 107 落马的高级领导干部中，副部级别的共有 85 位，正部级的共有 12 位，国家级的共有 3 位，少将及以上的共有 7 位，显示副部级领导干部为腐败案件发生的主要行政级别，占总样本量的 79.43%。

表 17-4　　　　　　　　案例库落马官员行政级别统计

行政级别	人数	百分比（%）	有效百分比（%）	累计百分比（%）
副部级	85	79.43	79.43	79.43
正部级	12	11.23	11.23	90.66
国家级	3	2.8	2.8	93.46
少将及以上军衔	7	6.54	6.54	100
总计	107	100	100	

（2）案发时所在机关部门。按党委、政府部门、人大、政协、国有企业、审判机关、军队的标准对数据进行分析，结果见表 17-5。落马的高级领导干部，在政府机关中任职的有 33 位，占总样本量的 30.84%；在各级党委中任职的有 29 位，占总样本量的 27.1%；人大、政协机关中落马官员共有 30 位，分别占总样本量的 9.35%、18.7%；军队系统落马军

官共 7 人，占总样本量的 6.25%；其他部门共有 6 位高官落马，总共占样本量的 5.61%。政府部门和各级党委为腐败案件发生的高发地带。

表17-5　　　　　　　　案例库落马官员所在机关部门统计

部门分布	数量	百分比（%）	有效百分比（%）	累计百分比（%）
政府部门	33	30.84	30.84	30.84
各级党委	29	27.1	27.1	57.94
人大	10	9.35	9.35	67.29
国有企业	1	0.94	0.94	68.23
审判机关	1	0.94	0.94	69.17
军队	7	6.52	6.52	75.69
政协	20	18.7	18.7	94.39
其他部门	6	5.61	5.61	100
总计	107	100	100	

（3）案发时所在的省份和区域。按不同省份标准对数据进行分析，落马高官分布广泛，涵盖了 31 个省、直辖市、民族自治区。其中，落马高官最多的地区为北京，有 23 位，占样本总量的 21.5%；居于第二位的为山西有 7 位，占样本总量的 6.54%；江西省有 5 位，占样本总量的 4.67%；安徽、湖北、河北、辽宁、云南分别有 4 位，各占 3.47%；其余省份落马的官员为 1—3 位。按中部、东部、西部、东北这四大区域进行分析，结果见图 17-1。在东部地区，共有 45 位高官落马，占样本总量的 42.06%；中部地区有 27 高官落马，各占总样本量的 25.23%；西部地区也有 26 位高官落马，占样本总量的 24.30%；东北部地区落马官员最少，仅有 9 位，占总样本量的 8.41%。中、东部地区落马官员较多，一方面是中、东部地区包含的省份相对较多，另一方面这两个地区的经济情况较其他地区更好，腐败的机会和空间也更大。但需要认识到的是，腐败并不仅限于经济发达的地区，在欠发达的西部地区，腐败现象也严重。

3. 查处信息维度分析

（1）处罚情况分析。按徒刑、处分等标准对数据进行分析，结果见表 17-6。其中，被判处有期徒刑的有 46 人，占总样本量的 42.99%；被判处无期徒刑的有 12 人，占总数的 11.21%；被判处死刑（包括缓期执

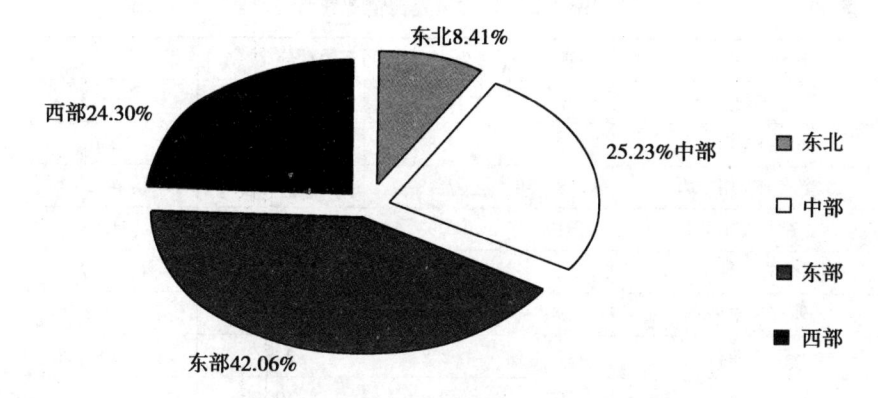

图 17-1 案例库落马官员地区分布图

行）的有 2 人，占总数的 1.87%；撤职、降级的有 14 人，占总样本量的 13.08%。

表 17-6　　　　　　案例库落马官员处罚信息统计

处罚情况	数量	百分比（%）	有效百分比（%）	累计百分比（%）
有期徒刑 1—5 年	2	1.87	1.87	1.87
有期徒刑 6—10 年	3	2.80	2.80	4.67
有期徒刑 11—15 年	33	30.84	30.84	35.51
有期徒刑 16—20 年	8	7.48	7.48	42.99
无期徒刑	12	11.21	11.21	54.21
死刑（包括缓期执行）	2	1.87	1.87	56.08
撤职、降级为非领导职务	14	13.08	13.08	69.16
尚在侦查阶段	17	15.89	15.89	85.05
尚未审判	11	10.28	10.28	95.33
自然死亡	1	0.93	0.93	96.26
审判结果未知	4	3.74	3.74	100.00
合计	107	100	100	

（2）违纪违法类别情况分析。按违纪违法类别对案例库进行统计分析，结果见表 17-7。落马高官涉及受贿罪的比例最高，有 65 位，占总样本量 60.75%；涉及受贿与滥用权力罪的，有 8 位，占总样本量的 7.48%。

表 17-7　　　　　　　　　　案例库落马官员处罚情况统计

违法违纪行为	总数	百分比（%）	有效百分比（%）	累计百分比（%）
受贿	65	60.75	60.75	60.75
受贿与贪污	2	1.87	1.87	62.62
受贿与滥用权力	8	7.48	7.48	70.1
受贿与挪用公款	1	0.93	0.93	71.03
同时含有三种及以上	4	3.74	3.74	74.77
罪行尚未公布	24	22.43	22.43	97.2
其他罪行	3	2.8	2.8	100
总计	107	100	100	

（3）潜伏时间分析。为了对首次犯案时间和潜伏时间进行统计分析，笔者设计了5年以下、6—10年、11—15年、15年以上这四个区间，并剔除了若干个无法取得相关信息的数据，对剩余64个案例进行分析，结果见表17-8。潜伏时间最长的区间是11—15年，共有29人，占总样本量的45.31%；第二是6—10年这个区间，共有23人，占总样本量的35.94%；有10人的潜伏时间超过15年，占总样本量的15.62%。

表 17-8　　　　　　　　　　案例库落马官员潜伏时间统计

潜伏时间长度	数量	百分比（%）	有效百分比（%）	累计百分比（%）
5年以下	2	3.13	3.13	3.13
6—10年	23	35.94	35.94	39.07
11—15年	29	45.31	45.31	84.38
15年以上	10	15.62	15.62	100
总计	64	100	100	

4. 涉案金额分析

（1）涉案金额额度。笔者在数据录入过程中，剔除涉案金额不确定的数据，对剩余数据按照500万元以下、500万—1000万元以下、1000万—1500万元以下、1500万—2000万元以下、2000万—3000万元以下、3000万—6000万元以下、6000万—10000万元以下、10000万元及以上这8个维度进行统计分析，结果见表17-9。其中，涉案金额最高的为原全国人大环境与资源保护委员会副主任委员白恩培被控受贿 2.46 亿元，最低的为原太原市委书记陈川平收被控收受贿赂 91 万元，平均涉案金额 3808 万元。此外，原中央政法委员会书记周永康受贿金额特别巨大，未对外披露。

表 17-9　　　　　　　案例库落马官员涉案金额统计

涉案金额区间	数量	百分比（%）	有效百分比（%）	累计百分比（%）
500 万元以下	4	6.15	6.15	6.15
500 万—1000 万元以下	3	4.62	4.62	10.77
1000 万—1500 万元以下	15	23.08	23.08	33.85
1500 万—2000 万元以下	11	16.92	16.92	50.77
2000 万—3000 万元以下	10	15.38	15.38	66.15
3000 万—6000 万元以下	8	12.31	12.31	78.46
6000 万—10000 万元以下	7	10.77	10.77	89.23
10000 万元及以上	7	10.77	10.77	100
总数	65	100	100	

（2）行政级别与涉案金额。将行政级别和涉案金额这两个维度结合起来，对案例库进行数据分析，结果见表 17-10。落马官员中，副部级干部涉案金额总计 174827.21 万元，人均 3237.54 万元；正部级涉案金额共 60485.7 万元，人均 6720.63 万元；国家级干部涉案金额共 18708.5 万元，人均 9354.25 万元。

表 17-10　　　　　　　行政级别与涉案金额交叉分析

行政级别	人数	涉案金额（万元）	人均涉案金额（万元）
副部级	54	174827.21	3237.54
正部级	9	60485.7	6720.63
国家级	2	18708.5	9354.25
总计	65	254021.41	

（3）性别与涉案金额。将性别和涉案金额结合起来，对案例库进行统计分析，结果见表 17-11。其中，男性涉案金额总计 250360.92 万元，人均 3973.98 万元，女性涉案金额总计 3660.49 万元，人均 1830.245

万元。

表 17-11　　　　　性别与涉案金额交叉分析

性别	人数	涉案金额（万元）	人均涉案金额（万元）
男	63	250360.92	3973.98
女	2	3660.49	1830.245
总计	65	254021.41	

5. 涉案金额相关性分析

因为所有相关性分析都要求跟涉案金额作比较，故而金额不详的数据没有任何意义，因此保留了有涉案金额的数据，一共65组进行分析。随后的分析中，例如惩罚力度，有一些还处于尚未宣判的状态，因此在这些个别研究中，继续删除了这些变量。进行相关性分析时先假定二者不存在线性相关性。

（1）涉案金额与性别的相关性分析。表 17-12 显示，样本案例库中落马高官的涉案金额与性别的 Pearson 等级相关系数 $r=-0.085$，P 值为 0.506，大于显著水平（$\alpha=0.01$），可接受原假设，认为性别与涉案金额之间不存在线性相关关系。

表 17-12　　　　　涉案金额与性别的相关性分析

	分析	涉案金额	性别
涉案金额	Pearson 相关性	1	-0.085
	显著性（双侧）		0.506
	N	65	65
性别	Pearson 相关性	-0.085	1
	显著性（双侧）	0.506	
	N	65	65

（2）涉案金额与学历的相关性分析。表 17-13 显示，样本案例库中落马高官的涉案金额与学历的 Pearson 等级相关系数 $r=0.168$，P 值为 0.188，大于显著水平（$\alpha=0.01$），可接受原假设，认为学历与涉案金额之间不存在线性相关关系。

表 17-13　　　　　　　　文化程度与涉案金额相关性分析

	分析	学历	涉案金额
文化程度	Pearson 相关性	1	0.168
	显著性（双侧）		0.188
	N	65	65
涉案金额	Pearson 相关性	0.168	1
	显著性（双侧）	0.188	
	N	65	65

（3）涉案金额与移送司法机关时间间隔相关性分析。表 17-14 显示，样本案例库中落马高官的涉案金额与学历的 Pearson 等级相关系数 r = 0.388，P 值为 0.003，小于显著水平（α = 0.01），可拒绝原假设，认为首次移送司法机关耗时与涉案金额之间存在线性相关关系。

表 17-14　　　　　　涉案金额与移送司法机关时间间隔相关性分析

	分析	涉案金额	移送时间间隔
涉案金额	Pearson 相关性	1	0.388
	显著性（双侧）		0.003
	N	57	57
移送司法时间间隔	Pearson 相关性	0.388	1
	显著性（双侧）	0.003	
	N	57	57

（4）涉案金额与年龄的相关性分析。表 17-15 显示，样本案例库中落马高官的涉案金额与年龄的 Pearson 等级相关系数 r = 0.128，P 值为 0.317，大于显著水平（α = 0.01），可接受原假设，认为年龄与涉案金额之间不存在线性相关关系。

表 17-15　　　　　　　　涉案金额与年龄的相关性分析

	分析	首次报道年龄	涉案金额
首次报道时年龄	Pearson 相关性	1	0.128
	显著性（双侧）		0.317
	N	65	65

续表

分析		首次报道年龄	涉案金额
涉案金额	Pearson 相关性	0.128	1
	显著性（双侧）	0.317	
	N	65	65

（5）涉案金额与行政级别相关性分析。表17-16显示，样本案例库中落马高官的涉案金额与年龄的Pearson等级相关系数 r = 0.357，P值为0.004，小于显著水平（α = 0.01），可拒绝原假设，认为涉案金额与行政级别存在线性相关性，行政级别越大涉案金额越大。

表17-16　　　　涉案金额与行政级别相关性分析

分析		涉案金额	行政级别
涉案金额	Pearson 相关性	1	0.357
	显著性（双侧）		0.004
	N	65	65
行政级别	Pearson 相关性	0.357	1
	显著性（双侧）	0.004	
	N	65	65

（6）涉案金额与所在机关部门相关性分析。表17-17显示，样本案例库中落马高官的涉案金额与年龄的Pearson等级相关系数 r = 0.019，P值为0.89，大于显著水平（α = 0.01），可接受原假设，认为所在机构部门与涉案金额之间不存在线性相关关系。

表17-17　　　　涉案金额与所在机关部门相关性分析

分析		所处机构部门	涉案金额
所在系统	Pearson 相关性	1	0.019
	显著性（双侧）		0.89
	N	65	65
涉案金额	Pearson 相关性	0.019	1
	显著性（双侧）	0.89	
	N	65	65

（7）涉案金额与惩戒力度相关性分析。表17-18显示，样本案例库中落马高官的涉案金额与年龄的Pearson等级相关系数r=0.526，P值为0，小于显著水平（α=0.01），可拒绝原假设，认为涉案金额与惩戒力度存在线性相关性，即涉案金额越大，惩戒力度越大。

表17-18　　　　　　涉案金额与惩戒力度相关性分析

分析		涉案金额	处罚情况
涉案金额	Pearson 相关性	1	0.526
	显著性（双侧）		0
	N	45	45
惩戒力度	Pearson 相关性	0.526	1
	显著性（双侧）	0	
	N	45	45

以上7个维度进行相关性分析汇总，结果见表17-19。

表17-19　　　　　　相关性结果分析汇总

序号	分析情况	检验结果
1	涉案金额与落马高官的性别有没有显著相关性	通过
2	涉案金额与落马高官的学历有没有显著相关性	通过
3	涉案金额与移送司法机关时间没有显著相关性	不通过
4	涉案金额与落马高官的年龄没有显著相关性	通过
5	涉案金额与落马高官的行政级别没有显著相关性	不通过
6	涉案金额与落马高官所在系统没有显著相关性	通过
7	涉案金额与落马高官的惩戒力度没有显著相关性	不通过

三　讨论和建议

与普通干部腐败相比，高级领导腐败造成的危害更大，影响更恶劣。目前学者们对于高级领导干部腐败问题的研究主要包括腐败的特点，腐败的类型，腐败的成因，腐败的表现形式，腐败的趋势，腐败的防范与治理这几个方面。在腐败特点和趋势方面，学者们大多采用罗列的方式进行分析，主要包括腐败的数量增加；涉案的金额和范围逐渐递增；作案的手法越来越隐蔽；潜伏周期越来越长，生活作风存在严重问题；腐败存在年轻化趋势。在腐败表现形式上，学者们主要是对权钱交易、权权交易和权色交易进行分析。在腐败成因方面，学者们大都从个体层面和制度层面来进行研究。个体层面主要是官员意志不坚定、信仰缺失，不信马列信鬼神，在金钱和权力的诱惑下迷失了自我；制度层面主要是缺乏有效的权力监督制约机制，导致官员抱有侥幸心理，为了利益铤而走险；也有学者认为"官本位"思想，是导致高级领导干部发生腐败的一个重要原因。在腐败防治方面，学者们主要是从预防、教育、惩戒三方面入手开展对策研究。

1. 高级领导干部腐败的特征

（1）违法金额巨大。根据过勇的《中国高官腐败特点和变化趋势研究》和其他一些相关数据的统计，1992年之前，高级领导干部腐败的涉案金额都在5万元以下，1992—2002年的贪污、受贿金额，主要集中在100万—500万元，2002—2010年，涉案金额大多是800万元左右。根据本章统计的数据，十八大以来被查处的高官人均涉案金额为3908万元，增长幅度高达500%。此外，除了这些可以直接统计受贿、贪污、巨额财产来源不明的金额以外，其他形式的腐败也严重。

（2）个人生活糜烂。在本章选取的107为落马高官中，除未公布调查结果的41人外，其余76人中，有52位存在"道德败坏""生活糜烂""与多位女性保持不正当性关系"等问题，比例高达68.4%。

（3）拉帮结派团伙化。落马的高级领导干部，大多在地方上任职多年，往往形成了固定的"工作圈"和"朋友圈"。这就容易导致他们互相勾结，组成利益共同体，使犯罪出现群体化的特征。一旦有人被查，就犹如"拔出萝卜带出泥"，导致"塌方式腐败"。

（4）以权谋私家族化和合谋化。家族腐败可以划分为依靠型、合作型、参与型三种。依靠型，即家庭中有一名成员在机构部门中身居要职、手握大权，其他家庭成员利用其身份为自己谋取利益。合作型，即家庭成员中既有人从政也有人经商，他们相互勾结垄断市场谋取利益。参与型，即家族中多人当官，共同利用公权力来为家族谋取利益，导致"一人当官，全家受益；一人落马，牵出全家"。合谋化主要表现为"塌方"式腐败严重，容易形成"窝案"。在山西省、广东省等地查处的省部级干部，时常带出相关的合谋腐败者上十人。

（5）涉嫌数个罪名。从涉嫌罪名来看，落马官员多涉嫌受贿罪；部分官员存在贪污、受贿、滥用职权罪；也有些官员涉嫌私分国有资产罪、巨额财产来源不明罪、重婚罪、徇私枉法罪、行贿罪、故意销毁会计账簿罪，失职罪和玩忽职守罪。

2. 高级领导干部腐败的原因

（1）工作制度层面权力代理关系失效。权力代理关系失效的原因主要有三点。一是委托人和代理人偏好不一致。权力的委托方——人民群众希望享受到更多、更好的公共服务和良好的社会环境，而代理方——政府官员大多是关心自己的政治前途，这就造成了利益冲突，代理人可能为了自己的目的而无视委托人的意愿，将手中的权力作为自己升官发财的工具。官员腐败案例显示，虽然在人事选拔、项目开发等各个方面都出台了若干相关法律、规章和制度，但是这些规章制度等在骄傲且专横的某些高级领导干部面前往往成为一纸空文。他们或通过"打招呼"，或采取威逼利诱的方式，要求下级无视规章制度的要求，为他人打开方便之门。二是监督机制乏力。现有监督制度存在不足。导致权力所有者（人民群众）无法对权力代理者（政府官员）进行有效的监督和制约，或者是出现了明知代理有损害自身利益的行为却无力采取行动改变这一状况的尴尬局面。查处的高级领导干部腐败案件大多由中央巡视组介入查出，这从侧面反映出其监管工作的不到位和不得力。三是信息不对称。政府官员负责具体公共事务的组织和实施，在信息不对等情况下可能从公共利益的维护者转变成了自身利益的维护者。

（2）个人层面的不自律。一是价值观扭曲。部分官员的金钱观发生了改变，对金钱产生了严重的渴望心理，一旦发现了"机会"，就会不遗余力地索取。二是权力观错误。某些官员认为自己的付出没有得到应有的回报和尊重，"权力不用，过期作废"。三是家风不正。在多数腐败案例中，官员贪腐的背后，要么是妻子贪婪、子女奢靡；要么是家庭不和，官员在外界的不良诱惑下，去外面寻欢作乐。四是一些官员迷失在拜金主义、性开放主义、利己主义、个人主义、享乐主义的冲击之中，在金钱、美色、权位的多重诱惑下抛弃了传统的道德文化，利用贪污、腐败等违法手段来满足自己的私欲。

3. 惩处高官腐败的模式

对于涉及问题比较多、涉及的官员级别较高，甚至涉及省部级领导干部的案件，由最高检直接查办。最高检对于这一类案件的立案程序是，如果（上述情况）经过核实，确实有证据证明涉案人员存在犯罪嫌疑，那么，"再将查实的情况形成报告，报予领导，以决定是否需要立案"。省部级高官涉嫌犯罪案件属于最高检立案查办的对象之一。同时，是否属于大案要案、是否引起舆论热炒，都可能成为最高检的考虑范围。除了成立专案组、挂牌督办以外，最高检办案时，还会根据案件的具体情况，遣派人员加入到当地的专案组中，参与案件侦查。

无论是何种模式，最高检要打"老虎"，与纪委有分工合作关系。纪委在办案的过程中，发现被审查的对象涉嫌犯罪后，往往都是把涉嫌犯罪的事实全面查清后，再移交检察机关立案侦查。因此，绝大多数腐败案件，都是纪委先查，构成犯罪的移送检察院，不构成犯罪的则给予党纪政纪处分。对中纪委移交过来的省部级官员腐败案件，按照干部管理权限，最高检都是自己亲自立案侦查。不过，随着中央加大反腐力度，中纪委移交给最高检的案件逐年增多，限于侦查力量的不足，最高检开始从全国各地检察机关抽调人员协助办案或将案件指定省市一级检察院直接立案侦查。归纳起来，"打虎"一般来说有四步：宣布接受调查、免职、双开并移送司法、开庭并判刑。至于各步骤所耗时间，并不相同。

4. 高级领导干部腐败防治措施建议

建议1. 在总结反腐经验教训中健全惩戒机制，使官员"不敢腐"

导致腐败案件频发，腐败现象严重的原因有很多，其中一个重要方面就是违法成本、风险小，惩戒力度不够，没有形成有力的震慑，使得一些领导干部抱有侥幸的心理，为了利益不惜铤而走险。因此，提高惩戒力度，健全法律体系既是遏制腐败势头迅速蔓延的有效措施，也是在新时期和新形势下贯彻全面从严治党、建设廉洁政治的重要举措。

（1）反腐败应当做到"无禁区""全覆盖"和"零容忍"。在党内没有"特殊党员"，成绩，荣誉不能成为"挡箭牌"而成为免受惩处的理由。反腐败，应当涉及全部公职人员乃至私人部门。反腐败，应当"有腐必反，有贪必肃"，"上不封顶，除恶务尽"。

（2）加大查处力度。监察机关、检察机关、政府等部门应该加大查处的力度，不断提高处理腐败案件的效率和方式，顶住各方利益集团的压力，严格地遵守"零容忍"的原则，出现一起就查处一起，让腐败分子没有掩盖罪证和出逃的机会，对于重大或者是特大腐败案件，应该建立专案组专门审理，对涉及腐败案件的人员进行全面的调查和处理，绝不放过任何一个漏网之鱼，同时要重视对于违规人员的处罚力度和赃款的追缴力度。

（3）拓宽惩处的范围。监察机关、检察机关、政府对于腐败的处理范围不能只局限于贪污、受贿、渎职失职等违法行为，对于一些领导干部如公款吃喝、公款消费、公车私用等的腐败也要加大监管、惩处力度，这种腐败行为表面上比较隐蔽，具有很强的欺骗性，但本质仍然是权钱交易、权权交易、权色交易的一种，它会逐渐侵蚀官员的思想，进而诱导其走向腐败的道路，对于政治环境具有极大的破坏性。因此，在加大惩戒力度的同时，也需要考虑拓宽惩戒的范围，把这种新形式的腐败也纳入刑法的规定中。

（4）加大经济处罚力度。长期以来，我国对腐败案件的处罚方式主要以徒刑（有期徒刑和无期徒刑）、生命刑（死刑缓期执行、死刑立刻执行）和财产刑（没收非法所得和个人财产）为主，并未配置其他的经济处罚方式。这使得一些腐败分子虽然接受了法律制裁，但并未付出相应的经济代价，更有甚者通过转移财产获得巨大的经济利益。某些人无视党纪、国法，为了一己私利，不惜以身试法，铤而走险。有必要提高腐败的经济处罚力度，不论贪污多少，一律重罚，让腐败者在经济上不但得不到任何好处，而且要付出高昂的代价。2015年11月1日开始实施的《刑法修正案（九）》修改了对犯贪污罪的处罚："（一）贪污数额较大或者有其他较重情节的，处三年以下有期徒刑或者拘役，并处罚金。（二）贪污数额巨大或者有其他严重情节的，处三年以上十年以下有期徒刑，并处罚金或者没收财产。（三）贪污数额特别巨大或者有其他特别严重情节的，处十年以上有期徒刑或者无期徒刑，并处罚金或者没收财产；数额特别巨大，并使国家和人民利益遭受特别重大损失的，处无期徒刑或者死刑，并处没收财产。"在腐败案件量刑中增加了并处罚金这一规定，既顺应了国际反腐的潮流，也与我国当前反腐需求相契合。但这一修改仍有不足之处，主要体现在并处罚金的金额如何确定未作详细的规定，这就出现了可操作的空间，量刑的精确化也就难以保证。笔者认为以犯罪的金额为基数按照一定的百分比进行折算，对于腐败金额较少的可以按大于100%的比例进行处罚；对于那些大贪、巨贪可以按50%以上、100%以下比例的处罚。

（5）健全反腐败法律体系。目前我国的反腐司法体系还不够完善，行政法和刑法中提到了少量反腐措施，而绝大多数反腐制度都是由党规党法确定的。在行政措施、党规党法中特别强调了预防腐败的相关手段。但是，由于党规党法的约束力、效力和适用人群都远远不如法律，所以这些手段的应用也不能产生理想的效果，对官员反腐的限制力量较弱。国家应当推出专门的反腐败法律，明确规定反腐败工作如何开展、进行、处理以及结果公布等具体步骤，同时对行政措施、党规党法中的反腐败手段进行细致的归纳和概括，学习国外政府反腐败工作的经验教训，以促进国内反腐败工作的顺利开展。笔者认为可以从下列两个方面出发：①惩罚与预防并重的原则。我国《刑法》对官员腐败的定罪和惩罚方式进行了详细的规定。但是，国内司法体系却没有对预防官员腐败的相关法律给予足够的重视。所以在以后制定的《反腐败法》中，应当兼顾反腐败的预防及惩罚手段，通过法律手段对官员的腐败行为进行限制。②详细和概括兼顾的原则。《公务员处罚条例》《公务员法》等法律规章规定了国家公务员的选取、奖励、惩罚等方式；但是却没有说明如何处理官员的腐败行为。现在全国人大常委会也在通过刑法以及修正案对反腐法律体系进行完善，比如在新出台的刑法修正案中，对官员腐败、贿赂等违法行为的处理进行了规定。所以，《反腐败法》可以直接采用现行的法律规范，而不需要浪费时间对已有的制度进行反复的讨论和修改。除此之外，应当对法律的漏洞进行弥补，比如腐败官员资产的追回手段、反腐国际合作等。

建议2. 在深化体制改革中健全权力制约机制，使官员"不能腐"

（1）确定权力清单涵盖内容。列入清单的行政权力，必须有法律依据，任何行政权力的运行都应该在法治的基础上进行，也就是说，清单中行政权力的使用必须得到法律的授权，这样才确保了行政职权是一种合理且合法的存在。权力清单制度可以明确不同行政部门各自的权力范围和管理领域，还可以证明清单中权力的适用对象、使用方式、应用程序等是符合法律的，这也是法治政府必不可少的一部分。相关法律如宪法、法律、规章等应该明示清单中的行政权力的合法性。如果某一种权力没有得到相关法律的承认，那么这项权力就是违法的，违背法律的权力不能纳入权力清单中。此外，各级政府的行政规范性文件等规定了大量的管理权力及其职责，很多都不合理或者过时，所以在考虑权力清单的准入条件时，应当特别注意。没有进入权力清单的行政权力，应当收集起来并上报给相关机关进行审核批准。权力清单可能影响到各部门权力的再次分配，所以最好能够明确权力的适用对象、使用程序、适用范围、性质等。

（2）保持权力清单的动态更新。权力清单制度应当在国内行政体系长期存在。国内市场经济在顺应经济发展形势变化的同时，也会促使政府权力的不断调整和改革，所以权力清单应当处于动态变化当中，随着政府权力的变动而不断调整。也就是说，如果政府部门的职能发生了变化，或者与权力相关的法律规章制度的内容进行了调整，那么权力清单也应该随之不断进行修改，及时下放那些应该下放的行政权力，取消那些应当取消的行政权力，使权力清单的内容始终与市场发展是相适应的。除此之外，还需要扩大权力清单的适用范围，现在权力清单只适用于各级政府行政部门，以后还应该包括那些履行职能的相关部门或者机构。同时，还应该概括和公布基层行政单位的权力清单，如街道办事处、乡镇政府等，保证权力清单制度能够落实到全国每一个地方。权力清单制度是一项各级政府必须长期坚持的制度，还需要不断对权力清单中过时的内容进行改革，并生成新的权力清单列表。

（3）完善监督问责体系。为了确保权力清单制度能够高效实施，并最大限度地发挥出它的规范作用，就需要完善一套与权力清单制度相关的监督、惩罚体系。首先是行政监督，就是下级行政机关在权力清单制度的执行上需要时刻受到上级机关的监督，比如说是否切实建立了权力清单制度，有没有积极推行，是不是拖延推行，有没有违反规定，等等。如果上级政府发现了问题，就应当给予相关人员一定的惩罚。行政机关在向公众公布权力清单之后，还需要长期监督其运行，定期进行调查，不光要确保权力清单被顺利推行，还要确保权力清单始终在进行动态调整。其次是来自中央权力机关的监督。权力机关不光要认真贯彻清单的执行、审议工作，还需要定期查看各级政府执行清单的工作汇报，监督各级政府完成各自的工作，并针对不足之处提出意见。最后是社会监督。加大社会各界如群众、社会团体等监督各级政府执行权力清单的力度，如权力清单的审议、实施、动态调整等。最重要的就是增加社会监督的途径，确保社会可以监督政府执行权力清单的每一个环节，并给出相应的反馈，以完善权力清单制度。

(4) 推行责任清单制度。责任清单可以帮助政府各部门明确自己的职责范围，不打"擦边球"。它主要由两个部分组成：责任事项以及追责情形。责任事项指的是：各级政府部门及其公务员在日常工作行使权力的同时，还需要承担的任务，即岗位职责、工作职责以及法定职责。追责情形是当权力主体拒绝履行法定职责或者不当履行时需要承担的后果。权责体系包括很多内容，其中之一就是责任清单制度，它与权力清单制度形成了一种复合制度体系。在权责体系中，责任清单制度的产生得益于权力清单制度的执行。在权力清单的执行中，可以从责任角度将权力事项变成责任事项。订立责任清单，可以结合权力清单的结构，把权力事项按责任角度转化责任事项，通过对权力清单的结构与内容的合法性论证，得到与行政权力事项对应的责任情形，从而形成权力事项与责任事项相统一的政府权责体系。

(5) 健全"八小时外"监督体系。最近几年，司法机关和纪检监察机关披露的大量贪污腐败案件，其中很多都是领导干部在工作时间外进行的违纪行为。如何适应新形势、新任务的要求，加强对领导干部"八小时外"的监督管理，消除监督盲区，及时发现和解决党员干部生活腐败堕落的苗头性和倾向性问题，是反腐工作的难点。一是需要观察领导干部是否有社会公德：是否具有良好的品德和人格；有没有参与色情、赌博、邪教、吸毒等非法活动；是否故意违反社会管理规定或者公共秩序；有没有自觉遵守社会道德，有没有一颗关爱弱势群体的心；能不能做到见义勇为，是不是会为弱势群体伸张正义等。二是需要加大对干部奢侈、讲排场、私生活作风的监督力度。观察其有没有勤俭节约、艰苦奋斗的精神；有没有"养小蜜""包二奶"等；有没有出入浴池、歌舞厅等消费场所；是不是喜欢铺张浪费、出手阔绰；有没有对子女进行正确的教育，有没有和睦的家庭关系，平时是不是平易近人，有没有家庭暴力行为等。三是需要监督干部的社会交往关系：观察其有没有搞小团伙、拉帮结派；有没有公车私用、用红白喜事敛财；是不是与上级领导正常交往；有没有与社会不良人员有亲密关系；有没有与群众、基层干部打成一片；有没有超标或者违规进行应酬接待等。

建议 3. 在廉政建设中健全预防机制，使官员"不易腐"

(1) 对公务员职业道德规范进行完善。较之国内公务员领域的法律法规、社会主义市场经济发展、公务员队伍职业道德状况以及服务型政府创建的要求来说，我国公务员职业道德规范建设相对落后，特别体现在职业道德规范法制化建设方面。对公务员职业道德规范进行完善，并优化其合理性与法制性，也就显得极其关键。只有在公务员职业道德规范中添加法律和道德力量之后，才能实现职业道德依据与法律力量的有机结合，使得公务员职业道德具备一定的严格性、科学性、强制性以及正当性。在发展环节中，需要及时颁布《公务员职业道德法》，同时创建公务员职业道德评价、处罚以及考核委员会。

（2）在公务员晋升过程中注重其职业道德的考核。对公务员的晋升考核不仅要关注能力和学历，还要把职业道德考评纳入考核中。对那些道德不良者，绝不能提拔重用，已经提拔重用的应坚决撤下来，形成科学、公平、有序的公务员道德考评晋升机制。

（3）构建完善的公务员职业道德监督、监控制度。公务员职业道德建设能否取得实效，很大程度上取决于公务员职业道德建设制度是否得到有力的贯彻执行。首先，要积极培养公务员职业道德监督意识，不仅要自律，还应当培养自觉接受监督的意识。其次，完善相关监督体制机制。从体制方面来看，应当不断完善保证道德监督主体对公务员道德监督效用的制度，厘清各监督主体的关系，科学界定各监督主体职责权限，大力发展社会监督和舆论监督，形成监督合力，以促使官德规范不再流于形式而能够切实运行，以保证公务员真正做到依法执政、心正不贪、廉洁奉公、风正不伪、求真务实、身正不屈、刚直不阿。

（4）健全腐败风险防控体系。腐败风险防控是针对权力运行中的腐败风险超前预防、主动预防，更加注重腐败的预防，更加注重治本。主要包括完善政府信息公开法律制度、完善官员财产公开制度、构建财产外流监控系统、健全公职人员心理健康预警系统。

参考文献

[1] 师永刚：《中国贪官录2000—2010：250位贪官档案》，中国发展出版社2011年版。

[2] 李云祥：《后悔迟——重拳反腐案例选编》（上、中、下），中国发展出版社2012年版。

[3] 李翔：《反腐败法律体系构建的中国路径研究》，上海人民出版

社2013年版。

［4］孙俪:《中国新型贪腐实录》,中国法制出版社2013年版。

［5］刘纪舟:《落马贪官的腐败心里》,中共中央党校出版社2013年版。

［6］孟庆莉:《中国转型期腐败问题实证研究》,中国方正出版社2013年版。

［7］杨同柱:《贪官忏悔录》,清华大学出版社2014年版。

［8］袁峰:《当前中国的腐败治理机制——健全反腐败惩戒、防范和保障机制研究》,学林出版社2015年版。

［9］何毅亭:《反腐倡廉警示读本——高官腐败案例剖析》,中共中央党校出版社2015年版。

［10］何增科:《国外反腐败的理论与实践及其借鉴意义》,《国外理论动态》2005年第2期。

［11］何家弘:《腐败利益链的成因与阻断——十八大后落马高官贪腐案的实证分析》,《政法论坛》2016年第3期。

第十八章　多角度管控"裸官"：
张曙光贪腐案的警示

我国早在20世纪90年代就出现了官员携带巨资外逃的案例，这其中不乏"裸官"外逃的现象。2013年10月15日，张有义等择取此20余年的时间跨度、汇集了59个落马"裸官"案例，形成《中国"裸官"报告》，发表于《财经》杂志第371期。该报告结合对有关专家的采访、最高检察院1981年以来的工作报告以及中央和地方针对"裸官"的治理政策走向，透析了"裸官"现象的特征、背景、危害。总体来看，长期以来，我国对反腐败的理论研究虽然多，但对如何防范、监督"裸官"的理论研究较少。本章尝试以贪腐"裸官"张曙光为个案，分析"裸官"存在的原因及其警示。

一　"裸官"的含义、类型、特征及其易贪腐的原因分析

1. "裸官"的含义、类型和特征

"裸官"包括配偶已移居国（境）外的和没有配偶但子女均已移居国（境）外的领导干部。有关研究表明，依据有关管理规定把"裸官"具体分为四类。A类指《关于对配偶子女均已移居国（境）外的国家工作人员加强管理的暂行规定》中对"裸官"的界定，即配偶、子女均已移居国（境）外的；没有子女，配偶已移居国（境）外的；没有配偶，子女均已移居国（境）外的；B类指有子女但子女没有移居国（境）外，配偶已移居的；C类指子女中至少有一位或全部已移居国（境）外；D类指子女中至少有一位或全部在国（境）外留学但并未移居国（境）外。移居国（境）外是指已经获得外国国籍或者获得国（境）外永久居留权、

长期居留许可。

"裸官"的一些共同特征如下：第一，配偶或子女已移居国外。一些公开报道的调查统计显示，一些官员从开始贪腐起，就预谋把家人移居国（境）外。这种安排无疑可以解除他们贪腐的后顾之忧。第二，学历普遍较高，且多身处要职。20 世纪 80 年代末，我国就有官员因经济犯罪开始外逃，20 多年来，"裸官"多发生在与经济领域相关的政府部门、国有企事业单位和金融机构，且多处于要职，拥有人、财、物的决定权。

2. "裸官"易贪腐的原因

（1）部分"裸官"较一般官员更容易成为"贪官"的个人原因。第一，"裸官"把配偶和子女送出国，一定程度上可以反映出这部分官员对国家的制度和未来缺乏自信。第二，"裸官"亲属移居境外后，庞大的开支仅靠官员工资肯定供不起。配偶和子女移居国外需要大量的资金支持以维持国外高昂的生活和留学费用，官员为了保障他们家人的金钱需要，易踏上贪腐之路。第三，"裸官"远离配偶，更易包养情妇或情夫，而包养情妇或情夫的官员，不是贪官几乎没有可能。第四，"裸官"因为一人在国内，将贪腐的资金转移境外更容易操作，即使遭到查处也不会倾家荡产。

（2）制度的不健全，给"裸官"可乘之机。由于我国现有的反腐体制机制的不健全，监督不到位，官场上滥用职权、以权谋私、权钱交易、权色交易、商业贿赂现象突出。在制度规定或文件规定方面，公职人员要申报本人、配偶及子女与外国人通婚的状况以及配偶、子女出国（境）定居的情况；《关于领导干部报告个人有关事项的规定》中规定了领导干部需要报告个人的收入、房产、投资等内容，但仍缺失"裸官"的境外财产情况报告。被查出的违纪违法"裸官"，多少折射出相关职能部门和监管机构疏于防范、监管不力的问题。

（3）与国际反腐合作的不足，给"裸官"漏洞可钻。目前，我国追逃贪官的方式主要有三种，即引渡、遣返和劝返。引渡必须是与外逃贪官所在国家有正式缔结的引渡条约。遣返需要具备两个前提要件，一是被遣返人自愿，二是被遣返人构成非法移民。遣返需要就个案与外逃贪官所在国家的司法机构取得合作，达成司法协助协议，难度很大而且往往需要付出巨大的经济成本。劝返是指在外逃贪官所在国家有关机关的积极配合下，通过对外逃贪官开展说服教育活动，劝其主动回国、交代贪腐事实、接受司法处置。这种方式的效果有限，因为"裸官"们既然千方百计地选择出逃，就是为了规避风险和国内司法的制裁，很少会在说服教育之下主动回国接受处理。引渡在这三种方式中是最正规的也是最具普遍性的方式，但在我国却是很难奏效的。虽然近些年我国在《联合国反腐败公约》的框架内积极开展国际合作，但目前我国只与49个国家签订了民、刑事司法协助类条约，与36个国家签订了引渡条约，主要是周边的发展中国家，而与被"裸官"们视为"天堂"的美、澳等发达国家签约有限。

二 案例对管控"裸官"的警示

1. 张曙光受贿案简介

张曙光，1956年12月出生，1982年毕业于兰州交通大学车辆专业，教授级高工。先后在上海、沈阳、北京铁路局、京津城际铁路公司、高速铁路公司筹备组和铁道部运输局等单位任职，曾任铁道部副总工程师兼运输局局长、客运专线（高速铁路）副总设计师。2011年2月28日，张曙光被停职审查。2013年9月10日上午9点30分，原铁道部运输局局长、副总工程师张曙光涉嫌受贿一案在北京市第二中级人民法院开庭审理。检方指控，张曙光利用职务，暗箱操作高铁项目的招投标，帮助一些私企谋取暴利，收受他人财物，涉案时间跨度从2000—2011年（见表18-1）。检方认为，张曙光利用职务上的便利，索取他人财物或非法收受他人财物、为他人谋取利益，数额特别巨大，情节特别严重，应以受贿罪追究其刑责。

表18-1　　　　　　张曙光案指控涉嫌受贿事实

时间	行贿人	代表方	金额合计（万元）
2000—2011年	杨建宇	广州中车铁路机车车辆销售租赁公司等	1050余
2004—2006年	杨庆凯	青岛四方新诚至卓客车配件公司	10余
2005—2009年	徐洪发	苏州苏城轨道交通设备有限公司	30
2007—2010年	谈国良	无锡市万里实业发展有限公司	15
2007—2009年	王建新	武汉正远铁路电气有限公司	1850

续表

时间	行贿人	代表方	金额合计（万元）
2005—2009 年	戈建鸣	今创集团	800
2005—2006 年	王康	中技国际招标公司	47
2005 年	刘越胜	青岛亚通达铁路设备有限公司	10
2009 年	陈丙玉	北京博得交通设备有限公司	500
2009—2010 年	薛之桂等	中国铁建电气化局集团有限公司	57
2010 年	金明南	吉林省金豆实业集团有限公司	200
2010—2011 年	陈晓美	双双集团有限公司	129

早在 2001 年，身为处长的张曙光因涉嫌利用车辆采购权，擅自决定采购乡镇企业产品，受到原铁道部纪检部门审查。但因"查无对证"，审查不了了之。但张曙光因此被以"下去锻炼""离招投标远点"为名，调任沈阳铁路局局长助理。对这个决定，时任铁道部副部长的刘志军还颇有意见。2003 年 4 月，刘志军上任铁道部部长仅一个月，就把张曙光调回北京，任北京铁路局副局长。不到半年，调回铁道部出任装备部副部长兼高速办副主任，负责高铁技术引进。2004 年，出任铁道部副总工程师兼运输局局长，主要负责高铁技术、装备的引进。高铁上一套集便器售价 20 余万元，而张曙光的妻子王兴正是这种昂贵的进口集便器的中方总代理。

刘志军之所以赏识张曙光，是因为张能很好地贯彻执行刘的想法和命令。刘志军所犯下的两起滥用职权罪，也是交派张曙光具体落实，终使女商人丁书苗无偿占有数亿元非法利益。2006—2009 年，刘志军擅自决定由心腹丁书苗推荐的某煤炭进出口集团有限公司在有关项目中中标，并让张曙光等人具体落实此事。2010 年，刘志军在铁道部主办的第七届世界高速铁路大会前夕，不顾他人的反对，擅自决定把高铁大会赞助企业的宣传工作交由丁书苗控制的广告公司，并吩咐张曙光扩大赞助企业的数量、提高赞助资金的数额，并由张曙光将赞助资金 1.25 亿元人民币转入了该广告公司。

张曙光的妻子早在 2002 年之前就已带着孩子移居到了美国，并在美国购置豪宅、开公司。1999 年 10 月，其妻王兴以个人名义贷款购买了洛杉矶一套价值 34.6 万美元的别墅，2000 年，该别墅的所有权改为夫妇共有。2002年年底，王兴以61.5万美元将此别墅出售。同年，张曙光夫妇以大约86万美元的高价全款买下688号豪宅，此豪宅位于中产阶级和高收入阶层聚集地的沃尔纳特市（Walnut）皮埃尔路，占地面积近3万平方英尺，大约2793平方米，住房面积为4100平方英尺，大约381平方米，拥有五间卧室。按照当年的汇率1∶8.28计算，86万美元相当于人民币712万元。2011年1月，山西女商人丁书苗接受调查后不久，张曙光怕被牵连，便赶至美国洛杉矶，将688号别墅所有权全部转入其妻王兴一个人名下。

2. 多角度管控"裸官"

鉴于"裸官"可能带来的政治、经济、文化、社会、国家安全等方面的不良影响，加强对"裸官"的治理和防控，有利于增进社会信任、遏制"带病提拔"和压缩贪腐空间，应当是从严治党的应有之义和现代国家治理体系的必然要求。

（1）从限制任职的角度防控"裸官"任职。在许多国家和地区，法律都明文规定，公职人员不得拥有外国国籍或外国永久居住权。我国法律对此尚未有明文规定，但在目前条件下，对"裸官"实行职位限入和提拔限制是可行的。2010年7月25日，中办、国办印发了《关于对配偶子女均已移居国（境）外的国家工作人员加强管理的暂行规定》，提出领导干部应当及时报告本人婚姻变化情况和配偶、子女移居国（境）外留学、从业等事项。2011年3月，中纪委决定从2011年开始要对"裸官"进行登记管理。在地方层面上，2009年11月25日，深圳市率先出台了《关于加强党政正职监督的暂行规定》和《党政领导干部问责暂行规定》，特别强调，凡配偶和子女非因工作需要在国（境）外定居或加入外国国籍或者取得国（境）外永久居留权的，不得担任党政正职和重要部门的职务。2012年广东省出台的《从严治党五年行动计划》中明确规定，配偶及子女均已移居国（境）外的领导干部，不得担任市、县（市、区）、乡镇（街道）党政正职，不得提任为省、市、县（市、区）党政工作部门和国有企业、事业单位正职，也不能担任重要或敏感部门领导职务。在广东等地探索实践的基础上，2014年1月15日，中共中央印发了《党政领导干部选拔任用工作条例》，指出"裸官不得提拔"等重要规定；中组部印发《配偶已移居国（境）外的国家工作人员任职岗位管理办法》，首次明确 5 类岗位裸官需清理。依此，可以较多参考广东省的规定，从对"裸官"的认定、职位限入与提拔限制的措施、处理现任"裸官"的几种情形（调整职务、责令辞职、免职等）等几方面，制定全国范围内适用的统一标准，使各地各部门处理"裸官"有规可依、有章可循。在此基础上，我国应该尽快完善我国与其他国家或地区的司法合作制度，健全相关法律法规，立法机关应抓紧制定出台《反腐败法》《财产申报法》《社会审计法》《举报人保护法》等法律，并对《商业银行法》《反洗钱法》《公务员法》《政府采购法》等相关法律进行修改。

（2）从财产收入申报的角度防控"裸官"敛财。作为反映政府廉洁的"晴雨表"，评估政府官员廉政程度的重要参考指数——公职人员的收入和财产状况，也是一个重要参考指标。经济收入和财产是个人物质财富的载体和象征。在一个国家，公职人员的收入和财产状况是否公开透明及其变化趋势，就成了民众最关心、反应最敏感的问题之一。因此，建立和完善公职人员财产申报制度，从法律上要求公职人员特别是"裸官"，定期如实报告个人有关收入、财产状况，并在一定范围、以一定方式予以公开，让其"家底"在阳光下晾晒，让公众知情，接受民众质询和社会监督，无论是从规范收入分配管理、维护社会公平的角度，还是从预防和治理"裸官"腐败的要求上，都是十分必要和十分有益的。干部外逃前，其拥有的身份证护照情况、出入境次数、家属亲人的工作和生活状况、家庭财产变动等都会有征兆。因此，要定期开展"裸官"清理，做好对党员领导干部个人有关事项报告情况的抽查核实。各部门不能各自为战，要协调配合，加强分析研判，一旦发现干部可能外逃的蛛丝马迹，及时启动防范措施。

（3）从生活作风监督的角度防控"裸官"贪腐。通常情况下，生活作风不仅反映着一个人的生活态度，也反映着一个人的思想品德。一个公职人员生活作风不检点，往往就是腐败的开始。因为，生活作风不检点，生活情趣不健康，追求奢侈的生活方式，也是需要成本投入的。而这种成本投入，往往又是超常的。因此，管好"裸官"的生活作风，也是管住腐败滋生的源头之一。党的组织和纪检监察部门对"裸官"的生活作风问题不能视而不见。监督"裸官"的生活作风，不仅要注意掌握"裸官"在八小时工作内干了些什么，而且也要注意了解八小时外的情况。该进行谈话提醒的要谈话提醒，该提出严肃批评的要严肃批评，该依纪依规处理的要处理。

（4）从国际联合反腐的角度防控"裸官"贪腐。由于历史文化和现实国情不同，各国的法律体系、司法制度、执法机制也有很大区别，反腐败的国际合作面临诸多困难。一些腐败分子正是利用这种差异来逍遥法外。因此，反腐防腐行动逐渐显现出组织化、智能化、国际化的要求，除了国内的"打虎""拍蝇"，还包括境外的"猎狐"和"天网"行动，开展国际追逃追赃，致力于打造一个"零容忍""零漏洞""零障碍"的反腐败国际追逃追赃合作体系。我国应该做好国内反腐败法律与国际反腐败相关公约、制度的衔接工作，在资源共享、平台互利的基础上协调推进国家间的"裸官"反腐工作；在国际公约、国际组织框架下，积极在国家间缔结引渡条约、刑事司法协助条约，建立反腐败、警务、检务、外交、反洗钱等多部门参与的执法合作机制，灵活运用刑事、民事手段开展合作，继续完善国际司法合作、执法合作以及资产追回三种机制。近几年来，我国在反腐败信息、技术、执法、培训等领域，深化与各国合作，尤其是争取各国支持我国正在开展的国际追逃追赃行动有大的成效，已经通过引渡、遣返和司法协助、警务合作等国际执法合作的方式，将一批逃往国外的腐败分子缉拿归案。同时，我国也逐步加强了国家工作人员出入境登记备案、证件集中保管和境外逗留的时间限制等方面的管理，并对地下钱庄等非法金融活动转移赃款等问题加强了防范。

参考文献

[1] 任建明：《"裸官"腐败风险及其制度预防》，《理论视野》2011年第4期。

[2] 孙泊：《"裸官"腐败的生成机理与治理路径》，《廉政文化研究》2013年第1期。

[3] 过勇：《完善中国反腐败体制和机制的几点建议》，《经济社会体制比较》2010年第4期。

[4] 刘武俊：《"裸官"监管离不开制度的法网》，《人民政坛》2013年第5期。

[5] 宋圭武：《"裸官"现象背后的文化思考》，《领导之友》2013年第4期。

[6] 李景平：《"裸官"的危害与监管》，《领导之友》2013年第4期。

[7] 牟长城：《"裸官"现象的原因分析及其治理对策》，《蚌埠党校学报》2010年第2期。

[8] 梁斌、郝敬京：《从"裸官"治理谈中国反腐法律体系的构建》，《法制与社会》2012年第1期。

[9] 何平：《深入推进反腐败的国际合作》，《光明日报》2012年12月9日。

[10] [新西兰] 杰里米·波谱：《反腐策略——来自透明国际的报告》，王菲易译，上海译文出版社2000年版。

[11] [美] 哈罗德·D.拉斯韦尔：《权力与社会：一项政治研究的框架》，王菲易译，上海人民出版社2012年版。

第十九章　乡镇负责人腐败现象及其防治措施研究

在现行的政府治理体系中，乡镇位于最基层。截至2016年年底，我国有40497个乡级行政区划单位。乡镇负责人，作为乡镇一级政权组织的"一把手"，在"三农"政策的执行上、在乡镇经济发展、公共服务、社会事务管理等方面工作的布置上，都有着强势的话语权。其自身的廉政建设情况，对农民切身利益、政府形象、基层稳定等都有着重要的影响。因此，分析乡镇负责人中发生的腐败现象，探究乡镇负责人腐败原因并寻找相应对策，有利于防止基层干部与乡镇村民争利，从而做到服务于民。

一　乡镇负责人的职责和工作特点简述

1. 乡镇负责人的职责

乡镇一级的政权组织，有乡镇人民代表大会、乡镇党委、乡镇政府、乡镇纪委、乡镇人民武装部以及共青团、妇联等群团组织。在法律层面，乡镇人民代表大会是乡镇的最高权力机关，乡镇政府是其执行机关。但在多数地方，乡镇人民代表大会的主任由乡党委书记兼任，这就使得乡镇党委是乡镇一级政权的真正核心，在实际操作中，乡镇党委书记又是乡镇一级所有工作的拍板者，是人事任用、重大事项的决策者。中共中央组织部《关于加强乡镇党委书记队伍建设的意见》明确指出："乡镇党委是乡镇、村各种组织和各项工作的领导核心，乡镇党委书记是党在农村基层的执政骨干。"依此，笔者认为，乡镇负责人主要是乡镇党委书记和乡镇长。根据我国的宪法和地方政府组织法，从法律层面来讲，乡镇政权中的乡镇长是乡镇一级的法人代表人。在实行工作中，从政治层面分析，乡镇一级事务由乡镇党委会来研究决定，党委会成员有乡镇党委副书记、党委委员，而乡镇政权中的乡镇长往往只是党委系统中副书记职务，其在党委会中的话语权是不及党委书记的。乡镇长如此，更不用说其他的乡镇干部。

目前关于乡镇负责人的职责可以从不同的角度、不同的层次进行概况，大致包括：（1）推动农村科学发展。乡镇负责人，作为乡镇全面工作的负责人，自然也是乡镇发展的"领头羊"，中共十八大报告明确指出，要把实现好、维护好、发展好最广大人民群众的根本利益作为一切工作的出发点和落脚点，乡镇负责人首要的职责应为增进人民福祉，想办法推动农村科学发展。（2）推进农村各项改革。社会的进步必然伴随着改革。无论是已经完成的改革，还是诸如农村医疗制度改革、农村社会养老保险制度改革等，乡镇负责人都需要严格按照中央和上级党委与政府的安排部署，认真结合本地实际，积极推动各项改革落实到处，保持改革的连续性、有序性和有效性。（3）维护农村社会稳定。"基础不牢，地动山摇"，基层的稳定事关国家的稳定。近几年来群体事件不断发生，警示我们重视乡镇基层的稳定。乡镇稳定也是乡镇科学发展的前提，稳定的环境是科学发展的必要条件。（4）注重解决民生问题。乡镇工作千头万绪，解决民生问题必须放在首位。乡镇负责人需要加强农村基础设施建设，完善农村公共服务功能，解决涉及群众切身利益的民生问题和生产生活中的实际困难，兜底精准扶贫。（5）加强基层党的组织建设。乡镇负责人，作为农村基层组织建设直接责任人，不仅要抓好廉政建设，要带好乡镇班子，更要抓好村一级党员干部的队伍建设，推进党内基层民主建设。

2. 乡镇负责人的工作特点

（1）乡镇基层管理的困难多。例如，办公经费这几年虽增加不少，但也仅勉强够维持运转的水、电、暖、网、车、油、纸等消耗开支。同时，上级各单位将工作下达给乡镇时，并未一并拨付办事资金，造成乡镇只能压缩办公开支以挤出钱来完成上级下达的任务。又如，权责不对等，人手紧缺。机构改革后，乡镇权力被无限收缩，财权、人事权、土地权等都划归县级，但上级任何一项工作最终都层层下压到乡镇，依然由乡镇来担责任。一个乡镇编制一般也就40—60人，工作包括维稳、综治、民宗、计生、环保、卫生、兵役、信访、安监、规划建设、民政、社保医保、扶贫、残联、农林渔、畜牧兽医、农机、财政、党建群团、机要保密、纪检宣传统战等，乡镇干部普遍兼着三项到四项工作，还要配合若干检查、评比、考察调研。

（2）工资低、待遇差、地位低，但工作繁重且压力大。连续加班和值班是常态，而且都是无偿的。千头万绪的工作，上至书记乡镇长，下至普通科员，即使全神贯注、全力以赴也难免不出纰漏。大家每天都担惊受怕，因为一旦出了问题，轻则挨骂、扣工资，重则问责处分。

二　近些年乡镇负责人发生腐败的表现

1. 选人用人方面的"买官""卖官"交易

"要想富，动干部"，"送得少，位难保，送得多，挪个窝"，这些在民间广泛流传的顺口溜，形象地描述了一些乡镇负责人利用职权"卖官"的现象。由于乡镇负责人在辖区内人事调整中起着决定性作用，而国家关于人员干部调整只有粗线条的规定，乡镇负责人在人事任免上有很大的自由裁量权，因此这也成为某些乡镇负责人腐败敛财的可乘之机。以河南A县为例，在查处的某乡党委书记王某一案中，王某就利用人事任免上的权力，将自己司机李某的孩子从乡工作人员安排到乡农发中心任主任，并从中收受现金8万元。通过分析不难发现，乡镇负责人在乡镇一些站所负责人、村支书的任免上，有着绝对的拍板权，而名义上的集体研究，实际在工作中因为熟人社会情境影响常常是党委书记稍稍一暗示，大家都能心领神会。

2. 经济事务方面的贪污受贿

若干公开报道显示，村（社区）、乡镇（街道）、基层站所等部门、单位和个人截留私分、虚报冒领、贪污挪用涉农、民生、扶贫等财政专项资金，违规处置农村集体资金、资产、资源以及在办理群众事务中滥用职权、"吃拿卡要"等问题时有发生。由于乡镇负责人在重大决策上有着最后的决策权，这就使得土地发包、工程承包、新农村建设等领域成为乡镇负责人腐败易发高发的领域。以河南A县为例，在查处的董某一案中，其在任某乡镇党委书记期间，在新农村建设中插手工程，利用手中的权力为开发商提供便利，从中收取好处，仅从大的开发商收取的贿赂就高达百万元。一些乡镇负责人通常在新农村广场建设、街道硬化等领域中以权谋私、插手工程导致贪污受贿。除自己插手外，一此乡镇负责人还会指使其亲属参与工程，打着合伙的名义吃回扣，变着法地以权谋私。如在新农村建设中，一些乡镇负责人利用自身官位，向百姓许诺相关配套基础设施会在新农村建设完成后配齐，但在开发商收完农民的购房款之后并没有建好或建全，由于自己收受了贿赂，并不会给开发商施加压力。又如，一些乡镇负责人在集体土地发包过程中，以较低的价格发包给自己的亲属，而承包费则可以少交甚至不交，这些本应该用于改善村容村貌的集体收入，被乡镇负责人利用手中权力化为乌有。

3. 作风方面的专断、无耻和不作为

一是专权独断。某些乡镇负责人在单位人事任免、财务管理、重大事项上表现出蛮横无理的态度，藐视国家的相关规定，将组织原则、集体决策等一些相关制度抛弃在一边不顾，而对于一些和自己唱对台戏的人员则进行打压，从一名单位"一把手"变成单位"一霸手"，大搞"一言堂"。除对同事进行欺压外，对于百姓的呼声也是置之不理，听不进去百姓的意见和建议。

二是生活无耻。以河南A县为例，大多数乡镇实行单位财务乡镇负责人直管制，由于乡镇负责人对单位财务享有绝对的控制权，这也会成为他们滋生腐败的温床。一些乡镇负责人追求吃香的喝辣的，甚至出入一些色情场所，影响极坏。一些乡镇负责人追求名牌衣着，一件衣服几千元，一双鞋子也要好几千。这些高水平的消费仅靠他们的工资是不够的。一些乡镇负责人还热衷于豪宅，他们利用非法所得在各地购买豪宅供自己的亲属或儿女享用。一些乡镇负责人在经济上腐败之后，精神上空虚寂寞，除了出入一些色情场所外，还信神弄鬼，搞不正当男女关系。

三是懒政、庸政等不作为。主要表现为工作作风漂浮、服务意识淡薄、纪律观念淡化、精神状态不佳、廉洁自律不够等。

三 乡镇负责人腐败的成因：基于 A 县的问卷调查分析

1. 问卷调查简介

（1）问卷的制作与发放。问卷调查为无记名形式，均为选择题，共有16项。通过对相关问题的调查，重点从目前在乡级和村级任职的党员干部中了解他们对乡镇负责人权力运行的满意程度、现状、存在的问题、自己对纪检监察的认识等。在为期近20天的调研中，笔者对河南A县近23个村200名党员干部进行问卷调查，共发放问卷200份，收回200份，其中190份有效，有效率为95%。

（2）问卷的有效性。本次调查的对象中，男性占72.6%，女性占27.4%。这与基层条件艰苦，大多数女性更愿意在县城工作的实际情况相符。这样的比例结构合理，样本有一定代表性。由于农村留守的一般群众多为老年和儿童，他们大多数对当前的腐败形势鲜有了解，所以本次调查对象以在乡镇任职的干部和关注时事的其他中年人为主，由此调查对象的年龄大多在30—55岁之间。其中，30—45岁之间占45.8%，46—55岁之间占19.4%，其他55岁以上占11.1%，30岁以下23.7%。本次样本调查以党员干部为主，学历也集中在高中及以上，其中本科及以上学历占36.8%，大专学历占42.6%，高中或中专占15.8%，初中及以下占4.7%。从学历上看，被测评对象具备较高的认知基础，对腐败与反腐败有着自己的看法。

（3）问卷数据统计结果见表19-1。

表19-1　　　　　　　　基于 A 县的问卷调查统计

调查情况	选择人数	百分比（%）
1. 您的性别是		
A. 男	138	72.6
B. 女	52	27.4
2. 您的年龄是		
A. 30 岁以下	45	23.7

续表

调查情况	选择人数	百分比（%）
B. 30—45 岁	87	45.8
C. 46—55 岁	37	19.5
D. 55 岁以上	21	11.1
3. 您的学历是		
A. 本科及以上	70	36.8
B. 大专	81	42.6
C. 高中或中专	30	15.8
D. 初中及以下	9	4.7
4. 您的身份是		
A. 乡镇所站党员干部	34	17.9
B. 乡镇机关党员干部	46	24.2
C. 村干部	53	27.9
D. 其他人员	57	30.0
5. 您从事这份工作的原因是		
A. 工作稳定	78	41.1
B. 具有一定优越感	14	7.4
C. 兴趣所在，可以实现人生价值	49	25.8
D. 可以为人民服务	12	6.3
6. 您认为乡镇工作环境如何		
A. 好	18	9.5
B. 较好	35	18.4
C. 一般	59	31.1
D. 差	78	41.1
7. 您认为乡镇工作人员工资待遇如何		
A. 高	9	4.7
B. 中等	51	26.8
C. 偏低	82	43.2
D. 不清楚	48	25.3
8. 您认为乡镇工作人员工作的投入回报比如何		
A. 高	15	7.9
B. 一般	83	43.7
C. 低	78	41.1

续表

调查情况	选择人数	百分比（%）
D. 不清楚	14	7.4
9. 你如何看待所在乡镇负责人手中的权力		
A. 有绝对的自主权	28	14.7
B. 有很大的自主权	132	69.5
C. 有一定的自主权	17	8.9
D. 不清楚	13	6.8
10. 你对你所在乡镇乡镇负责人用权接受监督情况的满意程度		
A. 很满意	7	3.7
B. 比较满意	12	6.3
C. 基本满意	52	27.4
D. 不满意	119	62.6
11. 你认为乡镇负责人腐败现象中最较突出的问题有哪些（可多选）		
A. 贪污受贿	132	69.5
B. 公权私用、权力寻租	145	76.3
C. 任人唯亲、用人不公	173	91.1
D. 利用婚丧借取敛财	83	43.7
E. 吃拿卡要	52	27.4
F. 乱收费、乱摊派	46	24.2
G. 公款消费	158	83.2
H. 生活作风腐化堕落	108	56.8
12. 你认为乡镇负责人滋生腐败现象的原因有哪些（可多选）		
A. 思想教育不足，整体素质、对权力的认识有待提高	130	68.4
B. 决策拍板、人事任免、经费支出的自由裁量权过大	168	88.4
C. 监督渠道不畅、监督形式单一、监督力量不足	156	82.1
D. 攀比、炫富等坏的社会风气使得乡镇负责人思想混乱	134	70.5
E. 薪资设定不合理	126	66.3
13. 如您了解掌握一些具体涉及腐败问题的线索，您将如何去做		
A. 实名举报	12	6.3
B. 匿名举报	26	13.7
C. 涉及自己利益才举报	83	43.7
D. 担心打击报复不举报	54	28.4

续表

调查情况	选择人数	百分比（%）
E. 不关心	15	7.9
14. 如果您准备提供涉腐线索，您会选择哪种渠道		
A. 向司法机关举报	20	10.5
B. 向本单位领导举报	7	3.7
C. 向纪检监察组织举报	67	35.3
D. 向媒体举报	45	23.7
E. 向上级组织举报	51	26.8
15. 你认为下列监督措施哪些最有效（可多选）		
A. 加大处罚力度	172	90.5
B. 政务公开	153	80.5
C. 薪酬改革	102	53.7
D. 加强廉政文化建设	98	51.6
E. 加强顶层设计、完善监督机制	159	83.7
F. 加强职业道德教育和廉洁从业教育	126	66.3
16. 你最希望以哪种方式得到鼓励		
A. 提高工资和福利	131	68.9
B. 职务晋升	40	21.0
C. 增加培训	9	5.0
D. 良好的工作环境	6	3.2
E. 精神鼓励	4	2.1

2. 乡镇负责人腐败的内因

（1）心理失衡。一般来说，乡村物质、文化方面的条件差，乡镇工作设施条件简陋，生活环境比不上城市。加之乡里的信访压力非常大，特别是在还有信访排名的情况下，一旦某个乡镇在信访排名中靠后，其负责人提拔任用就会受到影响，严重者还可能会因此受到处分。对此，乡镇负责人感到压力很大。这可能会诱发乡镇负责人心理失衡，而采取逆向选择或道德败坏。特别值得提及的是，这种"补偿式腐败"也会让其他人员特别是县级领导们对其产生一定的怜悯和宽容。在以 A 县为基础的问卷调查中，仅有近 9.47% 认为乡镇工作环境好，而大多数则认为乡镇工作环境差（见图19-1）；仅有6.3%的党员干部认为从事自己现在的工作的目的是为人民服务（见图19-2）。

乡镇工作环境问卷统计结果

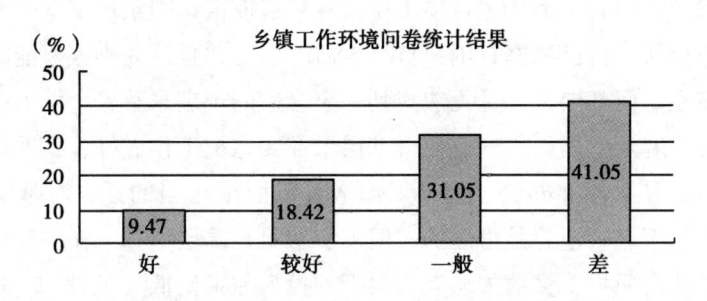

好	较好	一般	差
9.47	18.42	31.05	41.05

图19-1 基于A县的乡镇工作环境情况统计

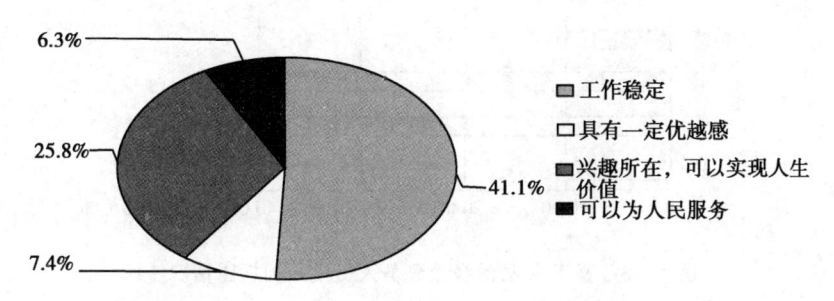

饼图数据：
- 工作稳定：41.1%
- 具有一定优越感：7.4%
- 兴趣所在，可以实现人生价值：25.8%
- 可以为人民服务：6.3%

图19-2 基于A县的公务人员从事现职原因统计

（2）法律意识淡薄。从近年来曝光的腐败案件来看，一些乡镇负责人在违反了党纪国法之后还浑然不知，或者认为自己的错是小事，不是什么大问题。一些乡镇负责人在做群众工作时，不能以法规政策等的规定来给群众讲道理，而是以自己的喜好、个人利益的得失作为工作开展的出发点。同时，一些乡镇负责人的亲朋好友也会误认为，为官者应适当为自己的亲朋好友谋求一定的福利。还有些乡镇负责人的家属，不能承担起"廉内助"的角色。

3. 乡镇负责人腐败的外因

（1）综合激励不足。"上面工作千条线，下面担子一人挑"，"上头动动嘴，底下跑断腿"，这是对基层工作的一种反映。基层的工作千头万绪，既有上面安排的硬性动作，还要面对群众随时可能的突发事件，而一些"一票否决"的项目也让基层负责人面对很大的压力。最明显的例子是农村"低保"问题。目前"低保"发放的对象是生活贫困的人，但国家并没有对生活贫困给出具体的评价标准，这样基层干部就有了很大的自由裁量权，同时也造成了这项工作很容易造成信访因素。一些收入中等的村民坚持认为自己家庭贫困，自己生活不易，并且认为别人家能吃，自己也应该吃。而基层干部又无法找到一个合适的规定来解释，无形中造成了基层工作麻烦的局面。这也使得基层干部要想把工作做好，就要付出更多的努力，采用各种办法。如果工作辛苦但回报相当的话，对基层干部来说，工作干起来还算是可以的，但事实情况是基层干部工作的高投入并没有伴随着高回报，多数人认为基层干部投入回报比低（见图19-3）。

投入回报比调查结果统计

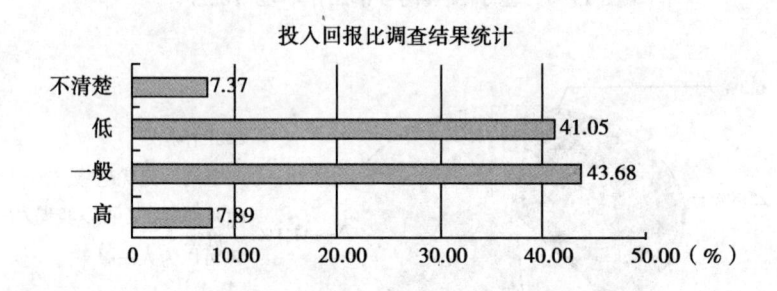

类别	百分比
不清楚	7.37
低	41.05
一般	43.68
高	7.89

图 19-3　基于 A 县的乡镇公务人员投入回报比情况统计

（2）监督不力。由于乡镇负责人对辖区内的党委、政府部门以及辖区内的政权组织实行"统一领导"，这使得乡镇负责人几乎可以决策辖区内的所有事务。如重大事项的决策权、重要人事的调整权、重要支出的决定权，无一不在乡镇负责人的控制下，这样就多多少少形成了一个"自己决策、自己执行和自己监督自己"的局面。乡镇辖区内官员干部仕途上的进步，都深深地受着乡镇负责人的影响，所以基本上没有哪个党员干部会主动监督乡镇负责人。在这种情况下，乡镇负责人的权力就无法受到很好的监督和制约，乡镇负责人工作素质差时容易导致"权力私人化、利益部门化、腐败窝案化"的局面。乡镇纪委的设立在初衷上是对乡镇负责人进行监督，但由于乡镇纪委书记一般也是乡镇党委委员，这就使得乡镇负责人对其评价在其日后提拔任用中有着很大影响，乡镇纪委是很难对同级党委进行监督的。本级纪委乏力，那么上级纪委应该相当给力才是，但在实际操作中却不是这样。按照权力管辖的规定，县级纪委应该可以很好地对乡镇负责人进行有效的监管，但在实际操作中，一是乡镇负责

第十九章　乡镇负责人腐败现象及其防治措施研究　　229

人在任命时都是经过县级党委负责人同意的，县级纪委负责人会对这产生顾忌。二是对乡镇负责人进行查处在县一级算是一件大事，县级党委负责人要考虑这样的事在社会上的影响。

　　虽然对乡镇负责人的监督形式有很多，比如说事前监督、事中监督和事后监督，在乡镇负责人任命期间有任前、任中和离任审计；作为领导干部，其又要受到同级党员的监督、上级党委的监督，以及下级党员干部的监督；作为公民，其还要受到各种各样法律的监督。虽然说有着形形色色的监督，但归纳起来都跳不出内部自我监督的圈子。媒体监督应该能起到很好的作用，但实际情况是，县一级的媒体，也是紧紧地服务于县委和政府的中心工作，不能很好地起到反腐倡廉的作用。而更高级别的媒体，由于对基层环境不了解，同时也很少有人愿意深入到基层这些艰苦的地方去，所以总体来说，媒体监督也很乏力。再加上近年来，一些"野记者"打着能为百姓伸冤出头的噱头，骗百姓的钱财，在收受了百姓的钱财以后不能够对百姓的一些疾苦进行报道，反而会以此来要挟当地政府，这些行为使得群众对媒体监督在一定程度上缺乏信心。以河南 A 县为例，仅有 6.32%的人员在掌握一定腐败线索后会选择实名举报（见图 19-4）。

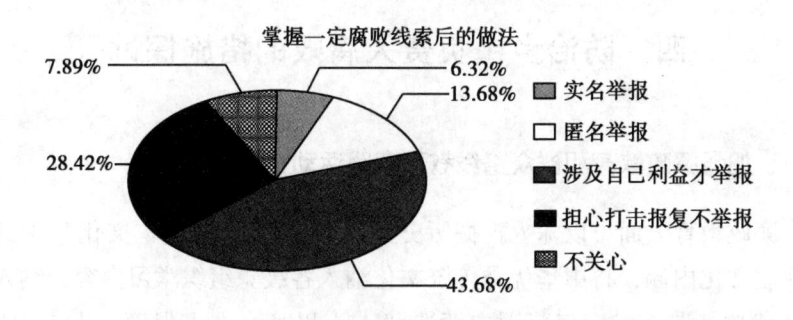

图 19-4　基于 A 县的掌握一定腐败线索后做法情况统计

　　图 19-5 为 A 县纪委近十年的涉案人员处分情况。可见对领导干部的处分以党纪政纪为主。一方面，是出于对干部的"保护"。对领导干部给予党政纪处分，最严重的是开除党籍，这相比刑法类的处罚，还是轻一点的。因为领导干部一旦被判实体刑（不管是哪一档），都将被"双开"，但党纪政纪处分最严重的加在一起才是"双开"，而且如果不是特别严重，领导干部不会被因为违纪的行为"双开"。而纪检机关对是否移送司法机关有一定的自由裁量权，这也为党员干部开脱提供了机会。另一方

面，一个干部被培养到乡镇负责人这一位置时，县级党委和政府对这些人也是打算委以重任的，如果不是情节特别严重，来自各个方面的说情也会使得给予党纪政纪处分的可能性更大，而不是移交司法部门。一些被处分的干部在任官一方的时候也确实有功劳，这也会被用来作为说词。此外，县里有时出于怕把事情闹大了出现一些不可预控的因素，甚至可能对县委负责人的仕途产生影响。这点是县里主要领导所不愿意看到的，所以会导致处分不足的问题。

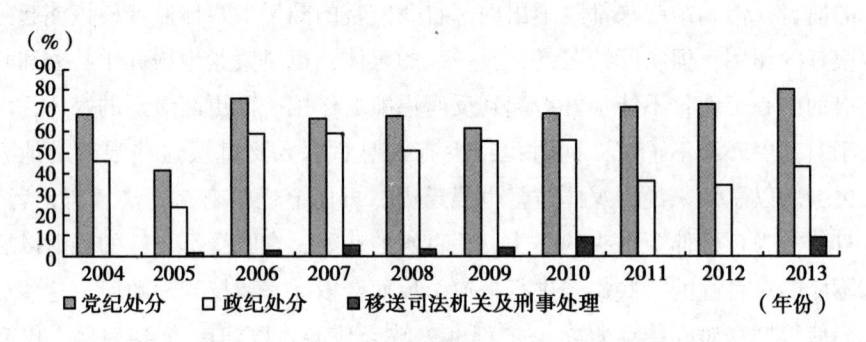

图19-5　基于A县的乡镇涉案人员处分情况统计

四　防治乡镇负责人腐败的措施探讨

1. 加强廉政教育和群众路线教育实践活动

廉政教育方面可以深入挖掘历史上"廉吏文化""名人文化"中蕴含的廉政文化内涵，将中华优秀传统文化纳入各级党组织学习内容，纳入廉政教育必修课，在一定范围内营造"人人思廉、人人保廉、人人促廉"的良好氛围。群众路线教育实践活动方面，强化乡镇负责人的群众意识，认真查找自身存在的"四风"问题，对自身存在问题进行限期整改，同时，还要时刻主动接受群众的监督。

2. 完善乡镇管理体制和工作机制

（1）制定权力清单。分清决策权、执行权和监督权分别是由哪些机构掌握，要明确党委掌握决策权、纪委掌握监督权，明确各自的职责，形成权责明确的格局，还要充分发挥机构各自的功能。同时，要真正发挥这些机构的作用，不能够让乡镇负责人轻易地跨过这些机构为所欲为，要真正明确党的最高决策机构为党员代表大会。只有这样明确权力的边界，才能让乡镇负责人明确地明白哪些是自己可以决策的，哪些是必须要经班子成员会讨论的，哪些是要咨询民众的，好让他们知道自己的权限。遵循"内容要合法、程序要规范、形式要简明、操作要方便"的原则，除了乡镇负责人、乡镇班子成员的个人信息、工作分工、工作权限、工作流程、工作时间等相关情况外，还要明确写清工作责任人，应该在多少个工作日内办理，如果这项工作出了错误该向哪个部门进行投诉。

（2）优化年度考核。年度考核工作中，要在全面考核乡镇负责人的德、能、勤、绩、廉的基础上，注重班子成员之间对乡镇负责人的评价，积极地探索加入群众和其他社会人士的评价。要通过座谈、民意调查等方式，做到"组织考评"和"群众考核"相结合，要打破原有的"干部考核干部，谁也不难为谁"的局面，由"官考核官"向"民考核官"进行转化。同时，在考核干部的时候，要实行群众问政办法，让乡镇负责人现场就人民对自身工作的疑问进行答复。

（3）加大薪酬激励。根据 2006 年出台的《公务员工资制度改革方案》规定，公务员工资的组成部分有以下三个：职务工资、级别工资、津贴和奖金。其中，职务工资和级别工资的标准是全国统一的，这两部分由中央和地方财政支付。而津贴和奖金则主要由地方财政来承担，这两个方面的标准由地方财政决定，并没有统一的标准。由于津补贴和奖金部分是我国公务员工资中所占比重较大的部分，那么在一定程度上，地方财政作为支出这部分钱的主体，在某种意义上就很大程度上决定着公务员的收入水平。地方财政实力的强弱，也使得不同地区的工资差异很大。以河南A县为例，同级市的工资比县级工资高出近 1000 元，约占县区工资的 1/2。这严重影响了公务员队伍的稳定，同时，低薪也容易挫伤乡镇负责人工作的积极性，而目前只有通过职务晋升才能提高待遇的弊端也容易导致买官卖官行为的发生。根据调查的结果（见图 19-6），对于多数公务员来说，他们还是希望通过职务晋升和提高工资福利来激励自己。但是，公务员工资制度又决定着职务不晋升，工资和福利就很难得到提升。目前实行的"八项规定"又使得以前公务员"引以为傲"的隐性福利难得实现。而作为乡镇负责人，他们所在意的东西不能通过政策来实现，就会想办法通过其他歪门邪道来谋划。因此，宜建立合理、科学的增薪晋级制度。

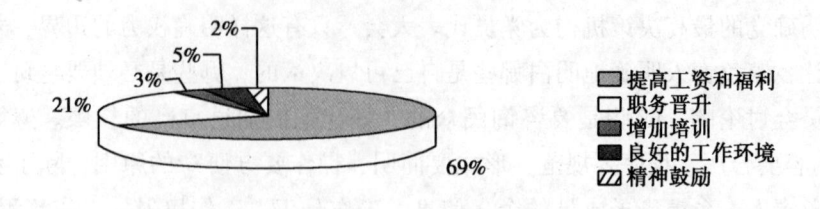

图 19-6　基于 A 县公务人员最想的激励方式情况统计

3. 改进对乡镇负责人的监督

（1）加强县域纪检、监察组织建设。社会主义建设中从严治党依法治国，在加强监督方面，最重要的是要有专门的机构进行铁面无私的监督检查。由于乡镇人员编制少，而基层工作又面临着大量的任务，本来基层的干部就是一身兼数职，乡镇纪委书记"兼职"五六项"副业"是常态，人情关系复杂拉不下面子，乡镇纪检监察干部名义上专职，实际上也是兼职。这样一来，主业虚化，副业缠身，位子成了待遇，工作无法推动。从对乡镇抽查的情况来看，在乡镇管理整体人员不足的情况下，很难保证乡镇纪委人、财、物的独立。①乡镇纪检监察要有专门的编制，专门的经费，专门的办公场所，专门的办公设备保障。②可以考虑每级纪委书记的提名都由上级纪委会同组织部门进行考核后任用；将纪委书记（纪检组长）排位前移：乡镇纪委书记在党委班子中的职务排序排在人大主席之后，其他党委委员之前；排位前移调动了纪检组长（纪委书记）工作积极性，也增强他们落实监督责任的自觉性。③每级纪委的经费都由上级直接拨付，形成独立的财务。④全县所有纪检监察干部划为几个片区，由纪委的常委任片区组长，按"职责相近、行业关联、区域相邻、力量均衡"的原则，整合乡镇、部门分散的纪检监察力量，纪检工作变"单打独斗"为"兵团作战"。⑤单列考核，让纪检干部放下顾虑。这样一来，对于开展党风廉政建设和反腐败工作提供了便利，最起码工作起来顾忌少了些。

（2）畅通举报渠道。要建立专门的举报网站，设立专门的举报电话，公开信访投诉举报渠道。只有畅通的渠道，老百姓才能及时地表达自己的意愿和疾苦，才能对基层一些干部，特别是乡镇负责人违法违纪行为进行有效的监督。同时，能够形成案件线索的要及时查办，不能够形成案件线索的也要跟反映人耐心解释，注意保护反映问题者免受打击报复。

（3）加大问责力度。乡镇负责人在具体工作中，大多数工作上的安排为口头安排，很难留下证据，如果其能说服其他人员为其顶包，那么同级纪委在给予处分时会有很大的倾向来为乡镇负责人开脱。这会在问责力度上显得不够。因此，对于涉及乡镇负责人的信访件，要由上一级纪委查办或市级纪委督办。

参考文献

［1］李如海：《公务员制度》，高等教育出版社 2007 年版。

［2］荣敬本等：《从压力型体制向民主合作体制的转变》，中央编译出版社 1998 年版。

［3］杜赞奇：《文化、权力与国家》，江苏人民出版社 1996 年版。

［4］王世谊：《当代中国反腐败问题探析》，《新视野》2011 年第 1 期。

［5］邓军辉：《加强乡镇党委书记队伍建设的对策建议》，《领导科学》2010 年第 18 期。

［6］韦向余：《我国农村基层腐败的成因及应对思路探析》，《法制与社会》2009 年第 10 期。

［7］朱忽翀：《一个基层腐败标本的剖析》，《中国监察》2009 年第 16 期。

第二十章 "村官"腐败现象及其防治措施研究[①]

我国有60多万个村,"村官"的数量则有500多万。[②] 有人认为"村官"是村民自治委员会和村党支部委员会的组成人员。也有人认为"村官"是依据《村民委员会组织法》管理村级事务的农村基层自治组织的管理人员,包括村支书、村主任等人员。全国村级组织的村干部队伍甚是庞大。"村看村,户看户,群众看干部。""村官不算官,硬扛半边天。"在基层治理中,"村官"直接面对乡村农民,其廉洁与否,直接影响基层亿万群众对执政党和基层政府的政治认同。伴随中国特色新型工业化、信息化、城镇化、农业现代化进程加快和国家强农惠农政策力度的加大,大量的资源、资金、资产往农村,特别是城郊接合部汇集,给部分"村官"形成了很大的权力寻租空间。土地征迁、惠农补贴、新农村建设……这些与农民利益息息相关的事项及其环节,前些年成了部分"村官"雁过拔毛、借机揩油的"良机"。"村官"腐败行为与普通公务员的腐败行为有相似之处,但也存在区别。"老虎太远,苍蝇扑面",这是不少群众对腐败现象的真实体会。相较于"老虎"的位高权重,"苍蝇"虽然位低权小,但其"微腐败"影响着群众生活的方方面面,直接损害公众利益。笔者参照《村民委员会组织法》和《农村基层干部廉洁履行职责若干规定》等,试图在国内外学者的研究基础之上,从村治视角探讨"村官"腐败的状况与防治措施。

[①] 此章内容,依据饶方舟2012年硕士学位论文《治理"村官"腐败研究》改写。本章的相关内容,曾发表在湖北省公共管理研究会会刊《管理研究》(内部刊物)2014年第2期。

[②] 数据来源于范小军《"村官"腐败特点与治理对策》,《法制与社会》2011年第4期。

一 "村官"腐败现状的实证分析：基于 A 县调查

1. 调查问卷设计与信息整理

在为期一个月的调研中，笔者实地走访了湖北 A 县 4 个乡镇（青山镇、白霓镇、石城镇、天城镇），对其中的 68 个村的近 150 名村干部、村民进行问卷调查和开放式访谈，获得了重要的第一手数据。本次调研活动共计发放调查问卷 150 份，回收 150 份，其中有效问卷数为 125 份，有效率达到 80%以上。

（1）年龄结构。因大多数处于青壮年期的年轻人外出打工，所以调查对象主要集中在 40—49 岁（47.2%）和 50—59 岁（28.8%）这两个年龄段，他们一方面在本村已经生活很多年，对本村的基本情况和相关事务都有比较深入的了解。另一方面，他们具有一定的生活经验、文化水平以及参政议政意识。他们对本村事务以及"村官"的观点和态度具有一定的合理性和代表性。因此，从年龄结构的分布情况来看，本次调研对象年龄结构较为合理。

（2）性别比例。本次调研对象中，男性占 71.2%，女性占 28.8%。这一数据也与农村当前现状密切相关，即在我国广大农村中仍有大量妇女受封建思想束缚，未接受过任何教育，更谈不上对时事政治的了解。因此，这样男多女少的性别比例也是较为合理的。

（3）文化程度。在被调查对象中，所有人都接受过义务教育并识字。其中初中及以上的人群占到 84%的比例，他们对本村干部的素质以及国家惠农政策有一定程度的认知。

（4）收入情况。本次调研对象覆盖农村各个收入阶层，且比例相对均衡，这样能够更真实地反映村民对腐败现象的态度和认知。

2. "村官"腐败的类型和特点

（1）当前"村官"腐败的主要类型

①中饱私囊型。在土地征用、专项补贴资金等方面，部分"村官"（含村支书、村主任等）由于手握多项涉农资金和惠民政策的"裁量权"，钻财务漏洞贪污挪用公款，违规处置和侵占村集体"三资"，或者利用职

务上的便利非法侵占集体财物，骗取、挪用、贪污上级各种补偿款现象很常见。如果说"贪污""受贿"等形式相对隐蔽，那么"索取""收取"财物特别是"好处费""关照费"和"吃回扣"等，则是赤裸裸地侵犯群众利益。

②"抱团腐败"型。一些贪腐案例显示，有的村党支部书记、村委会主任、会计等"关键人物"沆瀣一气。更有甚者，多村"抱团"，有村支书、村委会主任、乡镇民政所所长、农机站站长、工商所所长、武装部部长等，也包括村会计、出纳、报账员等。有基层监察干部形容道："虎狼式撕咬、狼狈式勾结、蜂巢式盘踞、一查一窝、一挖一串，形成'塌陷式腐败'。"

③生活腐化型。本次调研中发现，多个村设有小食堂，美其名曰为了方便工作、服务群众，实则把在外吃喝、请送等项的花费均打在村食堂的账上。部分村干部借参观培训开会之名公费旅游，近则国内风景名胜，远则国外知名旅游景点。大多数村民对村级小食堂怨声载道，县里取消了村级"小食堂"，群众无不拍手称快，见图20-1。

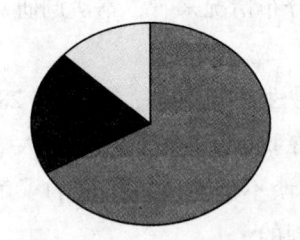

图20-1 群众对村级食堂的看法

（2）当前"村官"腐败的主要特点

①从腐败主体看，"一把手"贪污腐败行为较为突出。按照我国现行村级组织架构，村支部书记、村自治委员会主任多是村里的"一把手""二把手"。全国村务公开协调小组分赴海南、青海、湖南、辽宁、山东、四川、浙江、江苏8个省进行督察调研发现，发生违法违纪行为的村干部绝大多数是在村里掌握实权的村支书、村主任和村会计。根据笔者从A县纪委和乡镇纪委了解的情况来看，村党支部书记、村委会主任和村会计的的确确是"村官"腐败的高危人群。表20-1所示，2002—2007年，在该县查处的39起"村官"腐败案件中，涉及村支书、村主任腐败案件高达32件，占总案件数的82%。

表 20-1 "村官"腐败案件涉案对象分析

年份	案件数量（件）	涉案对象				"一把手"腐败所占比例（%）
		村支书	村主任	会计	"两委"其他人员	
2002	7	3	3	1	0	85.71
2003	7	3	3	0	1	85.71
2004	8	4	2	0	2	75.00
2005	9	5	2	1	1	77.78
2006	2	2	0	0	0	100.00
2007	6	3	2	0	1	83.33

②从腐败方式上看，"村官"集体腐败行为呈多发态势。过去村干部腐败多是单独作案。根据现阶段检察机关审理的"村官"腐败案件来看，村"两委"人员集体腐败案件已呈多发态势。有村支书和村主任、会计伙同作案，也有不同村的村干部合伙作案，更有甚者与乡镇和其他国家工作人员合伙作案。A县近年"村官"腐败案件情况显示，村"两委"人员集体腐败现象较为严重，腐败"手段"主要有"贪污""受贿""骗取""私分""套取""挪用"等。如表20-2、图20-2所示，2002—2006年，A县查处的39起"村官"腐败案件中，集体作案20件，占案件总数的52%。图20-3更加直观地显示了集体作案行为的增长态势。

表 20-2 "村官"腐败案件集体作案情况分析

年份	案件数量（件）	集体作案案件数量（件）	集体作案案件数所占比例（%）
2002	7	0	0
2003	7	3	42.86
2004	8	4	50.00
2005	9	6	66.67
2006	2	2	100.00
2007	6	5	83.33

③从腐败的种类上看，在集体土地征用拆迁过程中、在土地开发利用等集体资源、资产、资金管理运行过程中、在农村基础设施建设过程中、在农村低保户确认等公务管理过程中营私舞弊来贪污受贿、挪用公款、鲸

图 20-2　案件类型对比

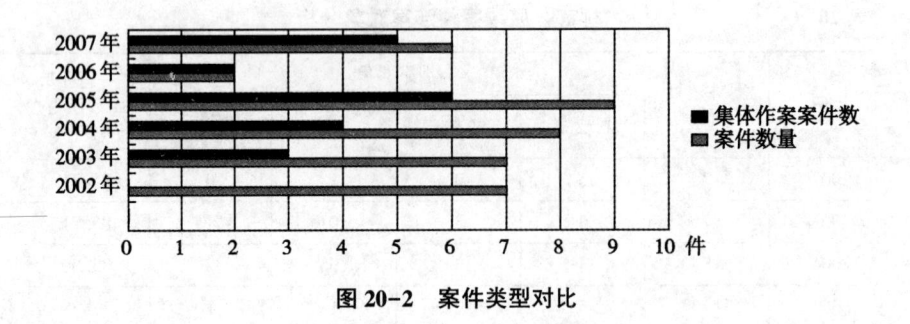

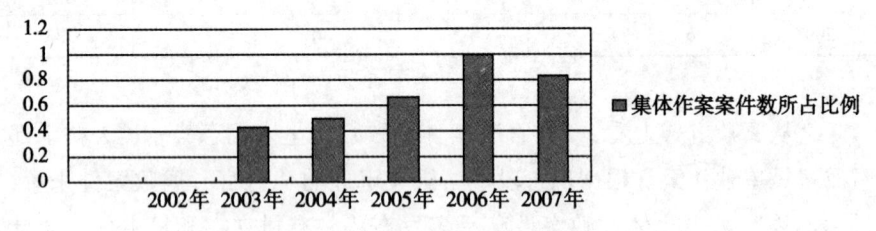

图 20-3　集体作案案件增长

吞集体财物等经济类违纪违法行为仍占主导。村干部的作风问题、专断问题皆与钱、财、物有关联。如表 20-3 所示，2002—2007 年，A 县共查处农村基层干部腐败案件 39 件，其中涉及经济类的案件有 30 件，占腐败案件总数的比例高达 77%，部分案件涉案金额高达数十万元。

表 20-3　A 县"村官"腐败案件性质分析

年份	案件数量（件）	经济腐败案件数	赌博案件数	作风问题案件数	其他案件数	经济类案件所占比例
2002	7	6	0	1	0	85.71%
2003	7	5	1	0	1	71.43%
2004	8	5	2	1	0	62.50%
2005	9	7	1	0	1	77.78%
2006	2	2	0	0	0	100.00%
2007	6	5	0	1	0	83.33%

④"村官"腐败行为的地域特征明显。经济犯罪多发生于集体资产比较多的村或者是上级下拨扶贫资金较多的贫困村。涉及土地资源（如土地补偿款等）的违纪违法行为多发生于城乡接合部或者是城镇化水平较

高的村。一些与黑恶势力勾结的行为则多发生于"城中村"或者是偏远闭塞的村。交通便利的国道、省道边的村也是"村官"腐败高发的村。此外，在一些经济欠发达地区，通过截留、套取、侵占等方式对惠民政策补助款"雁过拔毛"、私分集体资产的犯罪形式更加隐蔽。

3. "村官"腐败的原因分析

(1) "村官"腐败的主观原因

①权力欲望强烈，法治意识淡薄。"说他是官，咋论都没官位；说他有威，咋摆都没地位；说他无权，咋干都不越位。"这样一段北方顺口溜，说的是"村官"在中国体制中的特殊性：身份是地道的农民，干的却是干部的工作。在县域的乡村治理中，"村官"的角色具有双重性，一方面是乡镇政府的代理人，另一方面是基层群众自治组织的代理人。于是，"村官"的实质性权力，一个来自政府系统，一个来自社会自治体。"村官"手握政府授予的资源管理权力，但监督和制约其权力的主要还是社会自治体中的村民，权力监管上明显不对称。广大农民群众法律维权意识和管理、监督技能不强，难以监督村干部滥用手中的权力。有些"村官"可能在身份认同模糊、监督管理失效的状态下，认为收取好处费、挪用公款、侵吞集体财物不是违法行为，并且独揽大权，办事不公开，作风不民主，剥夺群众的监督权、知情权和参与权，在重大村级事务的决策上搞"一言堂"。如此一来，这类村干部成了村里的"太上皇"，"官本位"思想严重，利用一点小权力就投机取巧，无法无天，还自我标榜"权力不用，过期作废"。更有甚者，有的村干部勾结当地黑势力，横行乡里，百姓往往敢怒不敢言。根据调查问卷，在被问及"您觉得本村现任村干部存在下列哪些问题"，分别有11.76%和39%的村民认为"村官"存在"依靠家族势力，欺压村民"和"勾结黑恶势力，与民争利"的问题。27.34%的村民认为"村官"存在搞"一肩挑，一言堂"，村务无论大小，一个人说了算，不听取村民意见的问题。52.69%的村民认为本村"村官""不能公平的处理问题"，见图20-4。农村基层干部中，大部分仅有中小学文化水平，文化素质相对较低，通常对违法违纪行为的界定缺乏必要的了解，对国家的相关法律法规没有明确的认识。

②个体心理扭曲。部分村干部存在"侥幸心理"，认为自己的腐败行为是"天知地知，你知我知"，只要自己不说就没人知道。部分村干部心

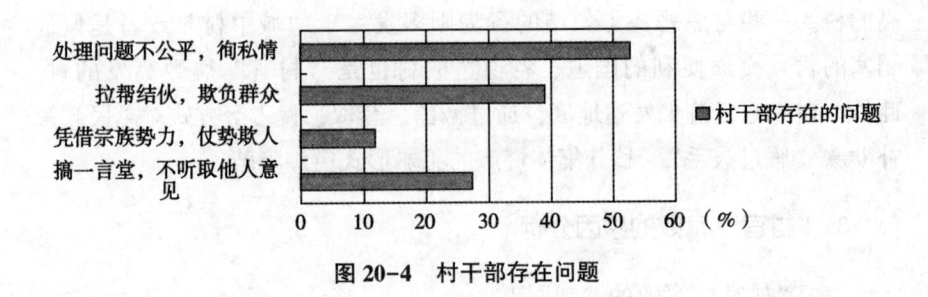

[图表：村干部存在问题]
- 处理问题不公平，徇私情
- 拉帮结伙，欺负群众
- 凭借宗族势力，仗势欺人
- 搞一言堂，不听取他人意见

图 20-4 村干部存在问题

理失衡后存在"补偿心理"，认为自己在任期内为本村的经济发展、村容改善、村民生活水平的提高做出了很大的贡献，临近退出之时应该"捞一把"，作为对自己的补偿。

（2）"村官"腐败的客观原因

①管理制度的缺陷。村组或社区干部贪腐问题有时处于"群众不敢管、上级顾不上管、法律管不着"的"真空地带"。例如，我国的《村民委员会组织法》以《宪法》为依托，致力于规范程序和完善制度，但该法中依然有些不完善的地方，特别是村官选拔、任用、激励、罢免机制还不健全。在一些地方，由于人手、经验等因素，导致部分"小官"长期占据关键岗位，在没有有效的监督制约的情况下，很容易就滋生了腐败。这种现象在乡镇和村一级特别明显，有些乡镇办所负责人以及村支部书记、村主任等一干就是好些年，很容易就钻了法律和制度的空子。又如，在现有的土地征用管理制度下，农民缺乏对集体土地的控制权和支配权，许多地方出现了"村官"与开发商勾结的情况。部分村账目条理不规范，财务审批不严格，使得财权集中在一两个村干部手中，他们不经过村委会集体讨论，随意处置集体资产，自批自支，收支一人决断的现象屡见不鲜。再如，全国人大常委会和最高人民法院曾就村干部犯罪问题有一个立法解释和两个司法解释，规定了村干部从事"社会捐助公益事业款物的管理""代征、代缴税款"等七类情况，属于《刑法》第93条第2款规定的"其他依照法律从事公务的人员"，当出现贪污、挪用公款或受贿犯罪行为，由检察机关查办。而当前移民搬迁、农业专项资金管理等腐败高发领域却不在七类情况之列，这些领域的贪腐问题被归为职务侵占范畴，由公安机关经侦部门监管，形成了检察机关和公安机关职能范围的交叉。同时，最高人民法院的一项批复认为，来源于政府拨付的土地赔偿款等一旦进入村集体账户就不是国有财产，此时村干部就不是《刑法》相关条

款规定的"其他依照法律从事公务的人员"。而现实是,村干部贪污绝大多数是在资金引入集体账户后才实施的,该批复实际上把人大的立法解释架空,导致大量此类案件检察机关无法查办。此外,纪检监察机关办案力量不足、监管有"盲区"、取证难、成案率低和不计入工作考核。因上述客观原因除造成一大批群众举报的干部不能查处外,职务犯罪轻刑化、缓刑化现象,也在一定程度上危害了党和政府在基层的形象。

②村民自治的监督机制不健全。《村民委员会组织法》第 32 条规定:"村应当建立村务监督委员会,负责村民民主理财,监督村务公开等制度的落实。"实际上对村干部权力的监督主要来源于两个方面:一是乡镇政府以及纪委部门的监督,二是村委会成员以及广大村民的监督。由于村务公开流于形式,村民的监督权和知情权得不到落实。部分受访群众说,在不少村子,村干部都是所谓的"能人""强人",有的通过家族势力甚至黑恶势力维系村组治理秩序。整日"抬头不见低头见",村民大多对其腐败现象"敢怒不敢言","有的村民反映了情况,去实地调查时又不敢出面举证"。有的村干部和县乡干部结成利益共同体,联合作案,腐败村官受到乡镇干部的保护,腐败行为得不到及时查处。

二 完善村治机制,形成防治"村官"腐败的管理体系

1. 重视完善村务综合治理

(1) 以更新人事制度为先导

①严把入口,拓宽渠道。在当前农村实行村民委员会自治的情况下,首先,要严把入口关,切实保障村民代表大会的功能,保障村民代表对村主任的选举权,保障广大村民、非干部党员对村党支部书记任免的知情权、参与权和监督权。其次,拓宽渠道在优秀的村小组长和村"两委"人员中挑选管理人才,在优秀的民营企业家、致富能手、养殖大户中,挑选经济人才,在优秀大中专毕业生中挑选知识型人才。只有这样,才能保障村干部队伍有能力、有意识为广大农民谋福利,为农村发展作贡献。最后,要走群众路线,充分发扬民主,把群众拥护的、年富力强、政治素质好、服务意识强的党员选进"两委"班子,严防那些道德败坏、唯利是图的人混进"两委"班子。

②更新激励保障机制。对村干部可以实行结构工资制，工资由三部分组成，即基本工资、效益工资、考核工资。基本工资是根据地方实际经济水平，经村民代表大会讨论决定，效益工资是将"村官"的报酬与其工作成效挂钩，考核工资是通过定期对"村官"进行工作能力、道德水平的评估和考核得出是否应为其加工资。通过这些举措，可以促使"村官"不愿腐败。

③更新退出机制。2010年10月28日第十一届全国人民代表大会常务委员会第十七次会议重新修订了《村民委员会组织法》，修改后的文件对村民委员会成员职务终止的情形加以说明。包括以下四种情形：丧失行为能力、被判处刑罚的、连续两次被评议不称职的、被罢免的。以上四种情形的村民委员会成员职务终止规定，不仅有助于强化监督，还畅通了的"出口"。

（2）以创新管理为基础

目前全国有94%的村实行了村务公开制度，但是其中很大一部分是流于形式。就笔者走访的68个村来看，有6个村没有任何形式的村务公开，甚至拒绝设置村务公开栏。有38个村设有村公开栏，但栏目中公布的全部是无关紧要的信息。有17个村的村务公开栏上有财务公开项目，但所列开支仅仅是日常办公用品等小额支出，有关上级拨款、专项补贴、政府强农惠农政策、新农村建设中资金使用情况以及村里重大决策都没有任何显示。因此，需要进一步创新村级管理制度。凡是关系村民切身利益的、农民普遍关心的重大事务，一定要经由"两委"集体讨论决定。必须实现村务公开内容规范化、公开程序制度化、公开形式多样化。

①创新村级财务制度，实行专项资金规范管理。第一，建立专项资金监督管理制度。在乡镇设立财政专管员对各村扶贫救灾等专项资金实行专户管理。第二，完善村级财务人员管理。坚决杜绝村支书兼任会计一职，会计不得是村干部的亲属，财务人员必须价值观端正、业务能力强、政治素养高。第三，专项资金直接进入农民账户。国家各种惠民资金、财政补贴等直接存入农民的信用社存折上，不与村干部发生任何关系，有效防止专项资金在发放中被截留。第四，落实工程建设项目公开招标制度。对大型工程建设项目，如修建高速公路，要通过规范严格的招投标方式确定。由村民代表大会集体商议决策，并接受乡镇政府、县政府、纪委监察部门的监督。第五，设立村级民主理财小组，小组成员包括村里面德高望重的

老党员、村民代表。第六，全面落实"收支两条线"管理，村级收入上缴县财政局或乡镇财政所，支出由财政部门根据各单位履行职能的需要按标准核定发放。

②创新村级审计制度。村级审计的主要对象是村干部和村级财务人员。审计内容主要是本村债务债权情况、本村财务收支情况、国家拨付和社会捐赠资金物资使用情况、本村集体资产的承包租赁出让情况、本村公益事业建设项目招标投标以及生产经营和建设项目的管理情况。审计方式应该从事后审计转变为事中审计，将审计制度定期化、规范化。

③创新"村官"问责制度。要落实"村官"问责制，关键要做好如下几点：一是明确"村官"的工作事项和岗位责任；二是明确问责事项及程序；三是问责制需要以村民监督为基础、以党的领导为根本、以法律法规为准绳；四是追究乡镇党委书记、乡镇纪委书记的领导责任；五是加大惩治力度。腐败行为一经查出，对于触犯刑法者应立即移交司法机关。对于尚未构成刑事犯罪的要给予严格的党纪政纪处分，而且必须给予严厉的经济处罚，并作为腐败典型在乡镇范围内进行通告，使村官腐败者在经济上和名誉上付出双重代价。

(3) 以完善法律制度为保障

①依照《村民委员会组织法》，依法确权、科学配权、制度限权、阳光用权、合力监权、严惩滥权。探索"3+X"（即决策类、日常管理类、便民服务类和其他类）权力清单制度，按照权力公开、权责一致的原则对村治权力进行梳理，理清"两委"各自的权力和责任，将两者的工作领域精细化。比如，村"两委"换届、公益事业建设、重大物资采购等民主决策权，要履行"四议两公开"程序；党务村务财务公开、票据管理等日常管理，要经村"两委"会议或者其他相关会议通过；针对村"两委"组成人员的选任条件，对"两委"参选人员的思想素质、能力水平、政治素质等作出明确的规定；针对村务公开，明确公开的主体、程序、内容、时间，等等。有了权力清单，对应每项权力，编制了权力运行流程图，并将村级组织工作职责、村规民约、"两委"干部职责及联系电话等内容纳入，印制成《权力运行监督管理手册》发放给党员、村民代表和每家每户。彻底改变当前"两委"工作中出现的相互推诿、权责不明的现象。这样，有利于刹住把"党支部领导"沦为"支书领导"、把"村民自治"沦为"'村官'自治"的歪风，乡村干部才不能也不敢胡乱

作为、一手遮天。

②严格执行《农村基层干部廉洁履行职责若干规定（试行）》（2011年5月）。该规定对于促进"村官"廉洁履行职责，着力查处发生在群众身边的腐败问题，健全和完善农村基层党员干部行为规范制度体系，推动农村经济社会和谐发展具有十分重要的意义。

（4）以落实民主自治的四项权力为目标

①民主选举权是实行村民自治的基础。按照《村民委员会组织法》的规定，乡镇政府对村民自治委员会没有领导权，只能进行相应的指导和辅助。村民自治委员会的主任、副主任及委员皆由本村村民民主选举产生，任何组织或个人不得指定、委派村民委员会成员。

②民主决策权是实行村民自治的关键。在村民进行民主自治的过程中，民主决策占相当重要的地位。具体而言，民主决策即是村民通过参加村民代表会议讨论，并按照多数人意见决定村级重大事务；村民对涉及自身利益的重要事项有知情权。通过切实落实村民的民主决策权，有助于"村官"在决策过程中真正走群众路线，更好地贯彻执行党的方针政策，所以说民主决策权落实的情况直接决定了村民自治的效果。

③民主管理权是实行村民自治的根本。民主管理即用制度规范村干部和村民行为，增强村民自我管理、自我教育、自我服务的能力，增强干部群众的法制观念和依法办事能力。一方面要组织全体村民共同讨论制定和完善村民自治章程、村民代表会议议事规则、财务管理制度等，共同管理村内各项事务，实现基层社会管理的程序化、科学化和法制化，防止村治的"行政化"（村委会成了乡镇政府的延伸），使"村官"和村民的行为都有明确的规范。另一方面要组织全体村民结合实际，明确规定村干部的职责、村民的权利和义务，村级各类组织的职责、工作程序及相互关系，明确提出要求，防止村治的"工具化"（村委会包括了村域全部社区事务）。前些年，浙江全省农村实行了村监督委员会制度，让监督看得见、摸得着，有效减少了村官腐败。有的地方则探索"一枚公章多瓣分头保管"的形式，也是分权制约、强化监督的乡土办法。

④民主监督权是实行村民自治的保障。《村民委员会组织法》第29条规定，村民委员会实行村务公开制度，委员会定期公布相关事项，主动接受村民的监督，以增强村务管理的透明度。《村民委员会组织法》第16条规定的本村1/5以上有选举权的村民或者1/3以上的村民代表联名，可

以提出罢免村民委员会成员的要求。《村民委员会组织法》第 2 条规定的村民委员会向村民会议和村民代表会议负责并报告工作。

2. 形成防治"村官"腐败的管理体系

（1）开展党风廉政教育

在预防、控制和惩处腐败的科学体系中，预防是系统的开始，同时也是系统的归宿。控制和惩处的最终目的也是防止腐败行为的发生。因此，必须加强农村基层的党风廉政建设和反腐败工作。要预防"村官"腐败行为的发生，强化教育是基础。通过思想教育、党风廉政建设，端正"村官"的人生观、世界观；通过素质教育，落实"村官"教育培训制度，提升"村官"的综合能力和素质；通过价值观教育，构建社会主义核心价值观体系，增强"村官"防腐拒变的能力。

①以思想教育为先导。所谓思想教育，就是组织农村党员干部认真学习和贯彻落实中纪委印发的《关于加强农村基层党风廉政建设的实施意见》，组织村"两委"人员集体观看廉政教育影片，组织和开展村党员干部述职述廉活动，帮助他们树立正确的人生观、世界观和权力观，保持艰苦奋斗、勤俭节约的优良传统，消除拜金主义、享乐主义等不良因素的侵蚀，做到警钟长鸣，防患于未然。

②以素质教育为重点。从源头上治理"村官"腐败，必须结合开展"三严三实"专题教育，提高广大农村党员干部的整体素质。以乡镇党校和村级远程教育网络为依托，通过网络方式定期对村干部进行能力培训、科学知识普及、勤政廉政教育和法治教育，提升村干部综合能力和素质。

③以价值观教育为核心。价值观是指一个人对周围的人、事、物的意义、重要性的总观点和总评价。在防范"村官"腐败问题上，要依托社会主义核心价值体系建设，突出"八荣八耻"这一重点，通过廉政文化进农村、进社区、进家庭等形式，形成以廉洁奉公为荣、以贪污腐败为耻的农村社会风尚，常抓党员和村干部宗旨意识、群众观念、法纪观念方面的教育，帮助他们牢固树立公仆意识，恪守艰苦创业、廉洁奉公的职业道德，切实为民办实事、办好事。

在教育的形式和手段上，既要靠党组织进行灌输教育，又要引导广大党员干部进行自我教育；既要运用"三会一课"等传统教育手段，又要运用信息技术等现代化手段开展教育；既要加强示范教育，又要深化警示教育，使党员干部在深刻剖析违纪违法原因当中汲取教训。

（2）建立廉政风险防控机制

廉政风险指公务人员为了满足追求自身利益最大化，在行政执法过程中或日常生活中以权谋私，造成公共利益损失的可能性。廉政风险防控主要是以风险管理理论为理论基础、将全面质量管理理论的研究方法和风险管理的研究框架相结合设计出防控廉政风险的管理措施。

①建立廉政风险防控机制的原则。含以人为本的原则、实事求是原则、信息公开原则和全面监督的原则。

②建立廉政风险防控的四个环节。根据全面质量管理理论，我们将廉政风险防控分为宣传动员阶段、查找与界定阶段、评阶段和修正循环阶段。这四个阶段环环相扣，呈螺旋上升状。突出重点岗位，建立健全"管采分离""管审分离""管办分离"制度，使集中于一个岗位的权力分解为几个岗位互相制约，将集中于一个人的权力分解为几个人共同行使，把集中于某一层级的权力分解为几级共同负责，形成相互协调又相互制约的内部权力结构。规范权力运行流程，推行权力清单、负面清单、责任清单制度，全面梳理和规范自由裁量权，细化裁量标准和幅度。对重点领域重点岗位工作人员定期交流轮岗，严格实行回避制度。完善内部管理制度，健全民主决策机制，坚持重要事项集体决议，建立决策问责和纠错制度，完善基层单位内部财务、人事、物资、基建以及核心业务管理制度，并推进配套措施保障落实，规范内部管理。出台"农村基层权力清单"制度，将农村三资管理、工程项目、物资采购、公共服务等29项内容，编制成"操作手册"和"流程图"，明确村干部用权流程和村民监督要点。针对村干部权力界定模糊、决策随意、监管薄弱等问题，推行"村级干部'微权力'清单管理办法"，遏制村干部违法违规办事导致的"苍蝇式"腐败和"优亲厚友"等不公现象。让"微权力"在阳光下运行，不仅方便群众办事，同时也让村干部心中有了一把"戒尺"。

（3）建构全方位监督

①改革现行的乡镇纪检工作体制。作为村干部廉政监督的主体，乡镇纪律检察部门应该担当主要的监督工作，加强对村"两委"人员廉洁自律方面的监督。通过对湖北A县4个乡镇的调研发现，乡镇纪检部门工作现状令人担忧：第一，纪委书记都来自本地，他们往往碍于情面，对已经露出破绽的村干部不愿监督，不敢监督。结果造成对村级干部的监督弱

化。第二，各个乡镇通常由于编制和经费问题只设有纪委书记一个职位来对全镇的村干部的行为进行监督。在没有纪委委员协助的情况下，纪委书记一人在查处腐败案件、监督村干部行为时明显捉襟见肘。第三，纪委书记调动、交流频繁，纪委书记岗位成为职级过度的跳板，使得乡镇纪委书记多半业务不精，乡镇纪检工作有些流于形式。基于此三点，改革现行的乡镇政府纪检工作体制势在必行：对乡镇纪委书记的任用采取回避制度，调入外地专业人才来担任此职位并予以职级高配；或实行保留乡镇纪委的同时设监察分局在分片分块的基础上统一联系乡镇；探索建立乡镇纪委异地交流任职、交叉办案等机制，摆脱人情因素的干扰；在县一级专门建立农村基层作风巡察制度并实行"异地巡查"，集中力量对村级组织、村干部以及村级建设项目开展巡察，探索开展针对脱贫攻坚专项巡察，完善督促整改机制，确保问题整改到位和震慑常在。① 在此基础上，要强化乡镇党委的主体责任和纪委的监督责任，纪检监察机关要不断深化"三转"，加强监督执纪问责，坚持暗访、曝光、查处、追责"四管齐下"，坚持抓早抓小，实行"一案双查"，坚决查处发生在群众身边的不正之风和腐败问题，着力整治"村官"贪腐、小官大贪现象。

②在县级以上监察机关，专门建立农村基层巡察制度，集中力量对村级组织、村干部以及村级建设项目开展巡察。目前，资金管理体制不完善，财政专项资金审批、下拨、流转、使用缺乏细化性规则，各管理部门职能交叉、彼此推诿，导致农村存在资金使用、项目开支和工程建设信息不公开，政务村务更新不及时、公示事项不全面等问题。这势必会导致村干部、乡干部的权力集中，政商关系不清等风险。因此，监察部门要重点围绕扶贫政策执行、扶贫资金落实等环节出现的虚报冒领、截留私分、挥霍浪费等"雁过拔毛"式的腐败问题，开展多轮次、滚动式的重点督办，查处侵害群众利益问题和扶贫领域腐败问题。针对执纪审查和巡视巡察发现的问题，各级纪检监察机关还要注重督促相关职能部门完善制度堵塞漏洞。如针对执纪审查中发现的村干部侵占冒领问题，要求对村（社）干部及其直系亲属享受低保、危旧房改造、贫困补助等惠农惠民政策情况进

---

① 2017年1月17日，《人民日报》刊登记者朱思维等的报道《打通基层反腐"神经末梢"》，介绍了近年来安徽省针对县域基层公职人员因省委巡视无暇顾及但又有问题线索的情况，强队伍、建立并织密了巡察体系机制，将全面从严治党向基层延伸的做法和成效。

行公示，从源头上确保脱贫信息动态精准到村、到户、到人。

③加强对村干部的经济责任审计。审计内容包括财经法纪执行情况，集体资产、债务及权益的变动情况，任期岗位目标完成情况及经济责任评价情况。审计重点包括：有无虚报、冒领、套取、侵占集体资金资产；是否存在以兴办公益事业为由擅自高息借款；惠农补贴资金的发放情况，有无违规截留、挪用、侵占；有无侵占、挪用、私分集体资金和私设"账外账""小金库"；集体建设用地、耕地、"四荒地"等资源的出租、发包、租赁，是否履行民主程序，实行公开协商和招投标，并签订规范的承包合同；征地补偿款的使用、分配是否符合有关规定等问题。对被审计个人或组织存在的问题，要依法依纪处理。

④完善基层检察院的监督。当前我国检察院设置的最低一级单位为县级检察院，而在广大的乡镇地区没有设立相应的检察机构。县级检察院通常缺乏对各个乡镇真实情况的了解，加上检察院往往都是被动受理案件，因此目前司法监督对村级干部是被动和软性的。针对以上情况，我们必须在确保检察机关的独立性的同时，改革检察体制机制，协同检察、监察反腐败工作，积极发挥司法监督的作用。

⑤拓宽民主监督渠道。《村民委员会自治法》规定，村民代表大会是农村的最高权力组织，是广大村民行使民主监督权力的重要渠道，是村民参政议政的平台和载体。但是，调查显示，村民代表会议实际上很难有效地召集。这种非经常化、非制度化的模式在实践中极大地阻碍了广大村民监督作用的发挥。因此，必须优化村民会议的组织模式，同时探索和发展其他新型的村务监督常设机构。根据党中央、国务院《关于健全和完善村务公开和民主监督制度的意见》的精神，可以探索建立村民监督小组或村务监督委员会来将村务监督工作制度化、具体化。例如，像浙江等地那样，建立村务情况分析、村务监督工作报告、评议考核等制度，规范村务监督委员会工作的运行。又如，邀请媒体记者、村法律顾问、挂点镇街干部等加入监督队伍，将群众监督、暗访监督、片区监督和专业监督相结合。事实证明，只有机制健全、程序规范，做到事前、事中、事后全过程监督，不留"盲区""死角"；做到全方位监督，乡镇交叉巡察，破解"熟人社会"壁垒，才能让村务公开透明、合法合规，切实发现和纠正中饱私囊、暗箱操作、优亲厚友等违纪违法行为，切实维护村集体和广大村民的利益，赢得农村群众的信任和支持。

参考文献

[1] 李刚：《农村干部防腐倡廉与监督》，金盾出版社 2010 年版。

[2] 李雪勤：《中国：警惕十种腐败现象》，南开大学出版社 1999 年版。

[3] 徐勇：《村干部的双重角色：代理人与当家人》，《二十一世纪》（网络版）2002 年第 7 期。

[4] 陈进之、黄海客：《村官腐败触目惊心》，《决策与信息》2006 年第 7 期。

[5] 王金豹：《惩治"村官腐败"与社会主义新农村建设》，《甘肃农业》2006 年第 8 期。

[6] 雷悦：《以政治文化透视村民自治中的消极参与》，《民主与法制》2009 年第 1 期。

[7] 宋伟：《专家：加快修订村委会组织法 遏止"村官腐败"》，《人民日报》2009 年 5 月 13 日。

[8] 范小军：《"村官"腐败特点与治理对策》，《法制与社会》2011 年第 4 期。

[9] 曹国英：《如何治理村官腐败》，《学习时报》2013 年 11 月 28 日。

[10] 杨吉斌：《村组干部违纪违法问题的治理对策》，《中国纪检监察》2014 年 9 月 26 日。

[11] 仲祖文：《以推进村务监督为重点 加快完善乡村治理机制》，《人民日报》2015 年 6 月 22 日。

[12] 刘慕仁：《健全村级监督体系夯实执政根基（建言）》，《人民日报》2016 年 5 月 25 日。

第二十一章　权色交易研究：基于 159 个案例的分析

权色交易作为权钱交易的衍生品，是指公职人员凭借职务或职务的便利，索取性服务，或者接受来自他人（包括单位）提供的性服务，作为回报，为该人或单位谋取不法或不当利益的行为。本章以 159 名地方官员权色交易腐败个案作为研究的切入点，分析此类行为的发生机理，并据此提出重在有效预防和治理的对策建议。

一　研究设计与数据采集

1. 案例数据库维度体系的设计和维度编码的形成

笔者将案例库的维度体系的一级维度分为四个部分，分别为个人信息、职务信息、行为发生信息、惩处信息（见表 21-1）。其中，个人信息维度分了五个二级维度，职务信息维度分三个二级维度，行为发生信息维度分五个二级维度，惩处信息维度下设一个二级维度。

表 21-1　　　　　　权色交易案例库维度体系

一级维度		二级维度				
		二级维度(1)	二级维度(2)	二级维度(3)	二级维度(4)	二级维度(5)
一级维度	个人信息	主犯姓名	发生的地区	出生年	最高学历	性别
	职务信息	案发时级别	案发时职务	案发时部门		
	行为发生信息	被查处的年份	被查处的原因	涉案金额	权色交易行为类型	案发时年龄
	惩处信息	惩处力度				

基于维度体系的构建，笔者对于可以进行编码的和需要进行编码的9个二级维度完成编码，依次为：（A）所在系统部门。共设10个三级维度分别为：政府（1）、党委（2）、人大（3）、政协（4）、国企（5）、审判机关（6）、检察机关（7）、民主党派机关（8）、军队（9）、其他（10）。（B）文化程度。下设6个三级维度分别为：高中及以下（1）、专科（2）、本科（3）、硕士研究生（4）、博士研究生（5）、无法判断（6）。（C）案发年龄。共设5个三级维度，分别是：30岁以下（1）、30—40岁（2）、41—49岁（3）、50岁以上（4）、无法判断（5）。（D）涉案金额。下设9个三级维度。分别为101万—500万元（1）、11万—100万元（2）、5万—10万元（3）、5000元—5万元（4）、5000元以下（5）、无法判断（6）、501万—1000万元（7）、1001万—1亿元以下（8）、1亿元及以上（9）。（E）被查处的原因。下设6个三级维度，分别为：无法判断（1）、自我检举（2）、媒体网络披露（3）、利害关系人举报（4）、群众举报（5）、组织查处（6）。（F）惩处力度。下设10个三级维度，分别为：死刑（包括死缓）（1）、无期徒刑（2）、有期徒刑20年（3）、有期徒刑15—19年（4）、有期徒刑14—10年（5）、有期徒刑10年以下（6）、被双规撤销职务，移交司法审理中（7）、尚未判决（8）、自杀或自然死亡（9）、无法判断（10）。（G）权色交易类型。下设8个三级维度，分别为：买色换权（1）、以色谋钱（2）、霸权掠色（3）、仗色自荐（4）、贪钱买色（5）、以色谋官（6）、买色捞钱（7）、占有以上两种类型及以上（8）。（H）性别。共有2个三级维度，男（1）、女（2）。（I）行政级别。共有10个三级维度，分别为：副科级（1）、正科级（2）、副处级（3）、正处级（4）、副厅级（5）、正厅级（6）、副部级（7）、正部级（8）、少将及以上军衔（9）。

2. 样本选取与数据采集

本文案例库的个案及数据信息主要来自官方权威网站、权威媒体以及大量的腐败研究文献中所收录的案例等，计159件官员权色交易腐败个案（见表21-2）。

表 21-2　　　　　样本案例库中权色交易腐败落马官员一览

行政级别	人物	人数
少将及以上军衔	王守业	1
正部级	韩桂芝、陈同海、陈绍基、王华元、黄瑶、陈良宇、宋平顺、李嘉廷、申维辰	9
副部级	杜世成、庞家钰、刘志华、孟庆平、胡长清、王昭耀、段义和、赵安歌、张宗海、李纪周、王宝森、米凤君、孙瑜、黄胜、张小川、王怀忠、杨卫泽、赵黎平、栗智、斯鑫良、孙鸿志、景春华、杜善学、武长顺、秦玉海、聂春玉、梁滨、孙兆学、金道铭、陈铁新、谭力、沈培平、阳宝华、杨刚、余刚、冀文林	36
正厅级	毛小兵、蔡志强、许晓刚、罗发玉、张保、董苏皖、徐其耀、李庆普、张二江、祝均一、李宝金、李大伦、许迈永、焦俊贤、赵詹奇、杨前线、王詠、王茂、方西屏、黄羽天、沈东海、崔志勇、黄晓炎、严文清、王志忠、蒋尊玉、洪嘉祥、黄小虎、程孟仁、雷政富、曾维佳、陈文广、杨森林、李若虹、冯立梅、丁铧、任云峰、罗长刚、徐同文、赵中社、徐孟加	41
副厅级	蒋艳萍、张美芳、张秀萍、陈桂玲、郑兴华、马红妹、陈亚春、闫永喜、雷渊利、洪月江、裴洪权、周光荣、宋利、周其东、曾国华、杨枫、邱伙胜、金维芝、李森林、李玉书、张仲平、夏夕云、许荣勇、肖作文、杜湘成、梁振林、陈盛仪、徐铁骏、吴继德、赵洪兴、王洪、夏先禄、曹务顺、许兆君、杨汉中、权晓辉、朱太中、刘国生、刘庆成、梁国英、张震龙、王世、林翘银、谢克敏、戴春宁	45
正处级	刘光明、杨晓波、李晨阳、袁菱、金秋芬、王纪平、谢再兴、杨国瞿、张汝韶、郑平、黄贵兴、林龙飞、王银旺	13
副处级	许玲、陶荔芳、余敏燕、金渊、陈立岩	5
正科级	罗亚平、梁冠中、刘玉槐、陈伯才	4
副科级	安惠君、肖洪波、邵慧灵、吴悦明、邓善红	5

二　基于159个案例的实证分析

1. 样本总体描述性分析

（1）地区分布与人员构成情况分析。①从区域看，权色交易腐败官员的落马数量东部地区位居首位，其次为中部、西部、东北部地区分别位列三、四位。其中仅东部10个省份，就有权色交易腐败的落马官员73位，占总数的45.9%；中部地区6个省份，共有47位落马官员，占总数的29.6%；东北部地区4个省份，共有11位落马官员，占总数的6.9%；

西部地区共有11个省份，共有24位落马官员，占比15%。案例库中落马官员最多且具有权色交易特征的省份为广东，共13例，占比8.2%；山西，共13例，占比8.2%。居于第二位的为湖北，共12例，占比7.5%。位列第3—11位的分别为：福建，共9例，占比5.7%；浙江，共9例，占比5.7%；北京，共8例，占比5%；海南，共8例，占比5%；安徽、湖南、江苏、山东分别有7例，各自占比4.4%。②从落马官员分布的密度来看，中部地区密度最高，为a＝7.83；东部地区密度位居第二，为a＝7.3。这说明东部、中部地区涉及权色交易腐败官员的情况更为严重和复杂。落马官员密度（a）＝地区落马官员的频率（g）/地区省份个数（s）。落马官员密度值越大，表示该地区腐败程度相对严重与复杂；反之，密度值越小，表示该地区腐败程度相对较轻。从落马官员省份和地域来看中部和东部地区的落马官员远多于西部与东北部地区。笔者认为，这一方面取决于中部、东部地区的省份相对较多，同时也从一定程度上反映出中部、东部等经济相对发达的地区官员权色交易腐败情况较为严重。③从行政级别和性别等对比来看，样本案例库中具有权色交易腐败行为特征的女性官员多为正处与副厅级，而男性官员多为副厅、正厅与副部级别，其中属正厅级别的落马官员数量最多。男性落马官员的行政级别整体上高于女性官员的行政级别，一方面与男性官员的庞大的数量有关，另一方面还与女性官员整体的行政级别低于男性官员不无关系。在权色交易腐败官员案例库中男性落马官员占到绝大部分，共有138例，占比86.8%。女性落马官员共有21例，占比13.2%。男性官员权色交易行为发生的频率和可能性远大于女性官员。一方面，是男性官员的基数远大于女性官员的基数所致；另一方面，相对于女性官员而言，男性官员往往居于部门、机构或地区的正职岗位，且大多为具有实权的关键岗位或部门。

（2）交易类型分析。159例权色交易个案，可以大致分为如下几种类型：①买"色"换"权"型。指国家工作人员出入高档声色犬马场所，并由相关利益人埋单，以"色"为中间媒介，实现各自目的，这是较为低等的官员权色交易类型。②借"色"谋"伞"型。指行贿方根据具有领导职务和实权的国家工作人员的喜好，培养或者物色一些女性，且提供较隐蔽的场所来满足这些具有领导职务和实权的国家工作人员的个人生理欲望。作为回报这些国家工作人员利用手中的实权充当行贿方的隐形保护伞。③为"色"谋"钱"型。指官员在包养情妇时需要巨额的费用，不得不通过变卖手中的权力来换取金钱。此种类型的官员权色交易为当前具有权色交易行为特征落马官员的主要类型之一。④霸"权"掠"色"型。指有些具有领导职务的公务人员明示或暗示异性下属与其发生性关系，并以此作为下属提拔任用或帮助下属谋取其他利益的交换条件。这里分为两种类型，一种为男性上级霸"权"掠"色"女性下属；另一种为女性上级霸"权"掠"色"男性下属。⑤仗"色"谋"权"型。指公务员为了谋求晋升或者其他利益，不惜以自身的美色作为筹码主动地献身于上级，毛遂自荐地甘做官员的"情人"，行贿者本人付出的是姿色，得到的是金钱或者权力的回报。

2. 基本统计维度分析

（1）个人背景信息分析。①年龄分析。30—40岁区间中的权色交易腐败落马官员的数量为11例，占样本案例库总量的6.9%；41—49岁区间中的权色交易腐败落马官员的数量为23例，占样本案例库总量的14.5%；50岁及以上的权色交易腐败官员落马数量为114例，占样本案例库总量的71.7%；此外，样本案例库中还有无法判断案发时年龄的落马官员11例，占比为6.9%。据以上数据显示，样本案例库中落马官员的平均年龄为54.08岁，落马官员数量最多的为59岁年龄段，共有14例。②文化程度分析。在159名具有权色交易行为的落马官员中，剔除29例学历信息无法统计的外，共有56名本科学历的落马官员，占总样本量的35.2%，居于首位；其次，有42名硕士研究生学历的落马官员，占总样本量的26.4%；此外，具有博士学历的腐败官员有18名，占总样本量的11.3%。

（2）职务信息分析。①职位级别分析。在样本案例库中，权色交易腐败官员的行政级别多集中在正厅级与副厅级层次，计86例，共占样本总数的54.1%；其次为副部级，共36例，占样本总数的22.6%；位列第三的为正处级，共13例，占比8.2%；正部级、副处级、副科级、正科级分别位列四至八位，分别有9例、5例、5例、4例，占比分别为5.7%、3.1%、3.1%、2.5%、0。样本案例库中副厅级、正厅级、副部级已成为官员权色交易腐败案发生的高危行政级别地带。②所属系统分析。从官员案发时所在的系统纬度来看，笔者将所属系统纬度细分为党委、政府、人大、政协、国企、审判机关、检察机关、军队等十个三级维度。按此标准对样本案例库的统计分析如下：政府系统落马官员人数最多，为87例，占样本案例库总量的54.7%；其次为党委系统32例，占样本案例库总量的20.1%。政协、国企权色交易腐败落马官员的数量相对而言较少，分别为15例、12例，占比为9.4%、7.5%；司法检察系统与军队系统落马人数偏少，分别为1例，占比0.6%。

（3）行为发生信息分析。①案发年份。笔者选取的个案从1995年开始，截止时间为2015年7月。从案发年份来看，2014年共有42名落马的权色交易腐败官员，占样本案例库总数的26.4%，2015年（截至2015年7月）共有32名权色交易腐败落马官员，占样本案例库总数的20.1%。如果按照2015年的统计，预估数值可能超过2014年。居第三位的为2005年、2006年，各10例，分别占比6.3%。2014年与2015年（上半年）中权色交易腐败官员落马数量最大。笔者认为，这与中央的反腐力度和政策密度有密切关系，在"苍蝇与老虎"都要打的环境下，不同级别的官员落马的基数越来越大，具有权色交易行为特征的落马官员的数量也随之增加。②涉案金额。在样本案例库中，具有权色交易行为特征的官员大部分于2014年、2015年案发落马，绝大多数案件还在审理之中，最终的判决结果与涉案金额还未公布，为了保证此维度数据的真实性与准确性，仅对已经在官方权威媒体、杂志、网站上公布的个案的涉案金额进行归纳整理与统计。鉴于此，剔除不符合要求的109例样本，仅对剩下的50例样本进行统计分析。按照《刑法》对腐败官员量刑的标准，并结合实际情况，笔者将前面叙及的涉案金额9个维度缩小为五个区间：10万—100万元、101万—500万元、501万—1000万元、1001万—1亿元以下、1亿元及以上。样本案例库中部分权色交易腐败落马官员案件的涉案金额处于1000万—1亿元区间段，共有18例，占可知涉案金额样本量的36%；其次为100万—500万元区间段的，共有15例，占比30%；500万—1000万元区间段的有10例，占比20%；最少与最多涉案金额的数量分别为4例、3例，分别占比8%与6%。权色交易腐败官员的涉案金额多为500万—1亿元以下，10万—100万元和1亿元及以上区间段落马人数较少，呈现中间大，两头小的分布趋势。③落马原因。笔者将落马原因分为6个三级维度，分别为：不详、自我检举、媒体网络披露、利害关系人举报、群众举报、机关查处等。据此，对样本案例的个案进行整理分析后可知，因机关、组织查处原因落马的官员的数量最多，共有107例，占样本总量的

67.3%；因利害关系人举报原因落马的官员，共有26例，占比16.4%；由于群众举报、媒体网络披露、自我检举原因落马的官员数量较少分别为8例、4例、1例，分别占比5%、2.5%、0.6%。此外，还包括无法统计的13例，占比8.2%，其数量较少，占比不大。从总体上看，纪检监察、司法监督与审计部门在反权色交易腐败行动中充当着中坚力量的角色，发挥了重要的作用；群众举报、媒体与网络的监督作用还未高效发挥。

（4）惩处信息分析。惩处力度直接与涉案金额的多少挂钩。除去个案未有判决结果数据的，样本案例库中权色交易腐败官员被判死刑（包括死缓）的有34例，占样本库总量的21.4%。被判无期徒刑的有12例，占比7.5%；被判有期徒刑20年的仅有1例，占比0.6%；被判处有期徒刑15—19年的有11例，占比6.9%；被判有期徒刑10—14年的有12例，占比7.5%；被判处有期徒刑10年以下的有4例，占比2.5%；尚未判决的7例，占比4.4%；自杀或自然死亡与无法判断各有4例，分别占比2.5%。这表明，权色交易腐败官员的量刑总体上偏轻。此外，根据《刑法》有关贪污受贿罪的规定，并未将权色交易（"性贿赂罪"）纳入治罪范围之内，仅归类为生活道德作风腐化，此举使防治官员权色交易腐败行为时无法可依。

3. 部分维度间的相关性分析

本章采用常用的Pearson等级相关研究方法进行相关性分析。样本案例库中的相关性系数反映两变量间线性相关程度的强弱。相关系数r的取值范围介于$[-1, +1]$，当$r>0$时表示两变量存在正的线性相关关系，$r<0$时表示两变量存在负的线性相关关系。按常理来讲，如果$|r|>0.8$，则表示两变量存在较强的线性关系。如果$|r|<0.3$，则表示两变量之间的线性相关关系较弱。$r=0$，则表示两个变量不存在线性相关关系。具体分析过程与结果如下：

（1）受贿金额与惩处力度间的相关性分析。由表21-3可知，受贿金额与惩处力度的Pearson等级相关系数为$r=0.006$，远小于0.3，接近于0，认为受贿金额与惩处力度间基本无线性相关关系。而按照正常的学理逻辑与常识推断，受贿金额与惩处力度间存在较强相关性，且呈正相关，即受贿金额越大，其处罚的力度越大；受贿金额越小，处罚力度就越小。可见Pearson等级研究方法得出的结论与此逻辑不符，表明我国对权色交易腐败的处罚力度上整体偏轻。

表 21-3　　样本案例库落马官员受贿金额与惩处力度相关性

分析		受贿金额	判决结果
受贿金额	Pearson 相关性	1	0.006
	显著性（双侧）		0.942
	N	159	159
判决结果	Pearson 相关性	0.006	1
	显著性（双侧）	0.942	
	N	159	159

（2）涉案金额与职位级别的相关性分析。样本案例库中权色交易的涉案金额与行政级别的 Pearson 等级相关系数为 $r=0.101$，P 值为 0.207，没有通过显著性检验，涉案金额与职位级别不存在线性相关关系（见表 21-4）。这表明贪污巨额款项的不一定是高官，低级别官员受贿贪污金额不一定少。

表 21-4　　样本案例库落马官员涉案金额与职位级别相关性

分析		受贿金额	行政级别
受贿金额	Pearson 相关性	1	0.101
	显著性（双侧）		0.207
	N	159	159
行政级别	Pearson 相关性	0.101	1
	显著性（双侧）	0.207	
	N	159	159

（3）文化程度与职位级别的相关性分析。样本案例库中权色交易腐败官员的行政级别与文化程度的相关系数 $r=0.218$，P 值等于 0.006，小于显著性水平 α（$\alpha=0.01$），可拒绝原假设，认为文化程度与职位级别之间存在线性相关关系，表明权色交易腐败官员的职位级别与其文化程度内在一致性较高（见表 21-5）。

表 21-5　　　样本案例库落马官员行政级别与文化程度相关性

	分析	行政级别	最高学历
行政级别	Pearson 相关性	1	0.218**
	显著性（双侧）		0.006
	N	159	159
最高学历	Pearson 相关性	0.218**	1
	显著性（双侧）	0.006	
	N	159	159

注：** 表明在 0.01 水平（双侧）上显著相关。

（4）所在系统与涉案金额的相关性分析。样本案例库中权色交易官员的受贿金额与案发时所在的系统相关系数 r=0.422，在显著性水平 α 为 0.01 时，相关系数的概率 p 值近似为 0，表明所在系统与涉案金额间线性相关关系较强（见表 21-6）。在党政系统中具有权色交易特征的落马官员共有 84 位，超过案例库总数的 65%。

表 21-6　　　样本案例库落马官员受贿金额与案发时所在系统相关性

	分析	案发时所在系统	受贿金额
案发时所在系统	Pearson 相关性	1	0.422**
	显著性（双侧）		0.000
	N	159	159
受贿金额	Pearson 相关性	0.422**	1
	显著性（双侧）	0.000	
	N	159	159

注：** 表明在 0.01 水平（双侧）上显著相关。

（5）性别与行政级别相关性分析。样本案例库中权色交易腐败官员的性别与行政级别的相关系数 r=−0.408，在显著性水平 α 为 0.01 时，相关系数的概率 p 值近似为 0，认为性别与行政级别存在线性相关关系（见表 21-7）。进一步分析可知，男性落马官员无论从数量上，还是从行政级别上都明显多于或高于女性官员（见表 21-8）。

表 21-7　　　　　样本案例库落马官员性别与行政级别相关性

分析		性别	行政级别
性别	Pearson 相关性	1	-0.408**
	显著性（双侧）		0.000
	N	159	159
行政级别	Pearson 相关性	-0.408**	1
	显著性（双侧）	0.000	
	N	159	159

注：** 表明在 0.01 水平（双侧）上显著相关。

表 21-8　　　　　样本案例库落马官员性别与行政级别交叉关系

性别	行政级别								总计
	副科级	正科级	副处级	正处级	副厅级	正厅级	副部级	正部级	少将及以上军衔	
男性	3	3	1	7	36	43	36	8	1	138
女性	2	1	4	6	7	0	0	1	0	21
总计	5	4	5	13	43	43	36	9	1	159

（6）案发时年龄与行政级别间的相关性分析。样本案例库中权色交易腐败官员案发时年龄与行政级别相关系数 r=0.555，在显著性水平 α 为 0.01 时，相关系数的概率 p 值近似为 0，认为案发时年龄与行政级别量存在较强线性相关关系（见表 21-9）。结合权色交易腐败官员案发时的年龄与行政级别的交叉表（见表 21-10）可知，行政级别在副厅、正厅、副部级别落马官员的数量最多，且在 50 岁以上。

表 21-9　　　　　样本案例库落马官员案发时年龄与行政级别相关性

分析		案发时年龄	行政级别
案发时年龄	Pearson 相关性	1	0.555**
	显著性（双侧）		0.000
	N	148	148
行政级别	Pearson 相关性	0.555**	1
	显著性（双侧）	0.000	
	N	148	159

注：** 表明在 0.01 水平（双侧）上显著相关。

表 21-10　　　样本案例库落马官员案发时年龄与行政级别交叉关系

案发时年龄	行政级别									总计
	副科级	正科级	副处级	正处级	副厅级	正厅级	副部级	正部级	少将及以上军衔	
30—40 岁	3	0	4	0	3	0	1	0	0	11
41—49 岁	1	1	0	6	8	4	3	0	0	23
50 岁以上	1	1	1	5	30	35	31	9	1	114
无法判断	0	2	0	2	2	4	1	0	0	11
合计	5	4	5	13	43	43	36	9	1	159

（7）上述相关性检验结果。本章的相关性研究主要在 3 个二级维度中的 8 个三级维度中进行，一共做了 6 组相关性分析，具体结果如下（见表 21-11）。

表 21-11　　　　　　　相关性检验结果情况

序号		检验结果
1	受贿金额维度与惩处力度维度间具有显著相关关系	不通过
2	涉案金额维度与职位级别维度间具有显著相关关系	不通过
3	文化程度维度与职位级别维度间具有显著相关关系	通过
4	所在系统维度与涉案金额维度间具有显著相关关系	通过
5	性别维度与行政级别维度间具有显著相关关系	通过
6	案发时年龄维度与行政级别维度间具有显著的相关关系	通过

三　讨论与建议

1. 权色交易的诱因与危害

在官员权色交易的活动中，权力的需求方（寻租方）就会思考运用何种方式进行交换可以使自己的边际效益最大化。经过以往传统的"权权交易"和"钱权交易"摸索，由于"色"的成本低于"钱"与"权"成本和"色"对官员的诱惑力大于"钱""权"对官员的诱惑力，寻租方最终发现"权"与"色"的交易方式相较于"权权""钱权"的交换方式似乎能更有效地使自身边际效益最大化。因此，权力需求方（寻租方）大肆利用"色"作为交换媒介获取权力或者权力的特许，权力代理者也会出于自己的私利或欲望考虑而行动，进而通过媒介"色"进行利益交换来完成违纪或违法活动。

发生交易的诱因，一是心理失衡和价值观扭曲或异化。错误的金钱观，导致官员对钱财过度渴望，进而取之无道，容易滋生腐败；错误的权力观，导致官员让权力为己私用；错误的人生观，导致官员及时行乐，以自我为中心。若加上侥幸、从众、攀比等不健康心理的影响，权色交易行为可能持续发酵。二是工作环境中的不良习气。官员权色交易行为的发生不仅与个体因素有关，还与其所在的外部环境有关。如监督与制约的制度供给不足与滞后，导致用权无规律，用权监督缺位；不良的色情文化泛滥，严重侵蚀了官员的思想；在社会权力结构中性别比例失衡以及一些其他的原因导致女性在权力生态圈处于不利地位，财富、美色自然成为权力生态圈中强者的猎取对象，当然也不排除少数女性官员用权满足自己对男色的追逐；干部选拔任用工作存在一定封闭性、神秘性，为权色交易行为的发生提供了可乘之机；性贿赂立规立法的缺失，治理权色交易时无法可依；送礼文化、关系文化、官本位文化以及个人主义、享乐主义、拜金主义等在规范权力的使用过程中起的负面作用，直接或间接地刺激着官员的性欲、物欲和占有欲，为官员权色交易行为的发生埋下了隐患。

权色交易的危害严重，一是加剧了贪色官员以权谋色，进而扰乱了市场秩序，纵容了商业贿赂，污染了管理环境，损害了公职人员的公正形象。二是权色交易丑闻往往导致恶性民事纠纷和刑事案件。《大家文摘报》2013年9月27日依据新华网的报道归纳，仅官员包养情妇就有五种结局：实名举报或网帖曝光，导致权色交易者身败名裂；共同受贿，双双落入法网；情妇反水，检举揭发涉事官员；情妇敲诈勒索，敲诈者判刑，被敲诈者受处罚；以权谋色者心狠手辣，杀人灭口。

2. 权色交易防治措施建议

（1）官德方面，加强廉政教育与职业道德建设。首先，廉政教育应当制定一套科学的教育方案，重点突出，分层次、分对象推进。在这方面，要着重强化对领导干部的廉政教育；加强对处在管人、管事、管钱等关键岗位人员的廉政教育。其次，应构建廉政教育计划、实施、评估、反馈机制，以促进廉政教育实践活动的常态化和创新反权色交易廉政教育的方式。最后，不失时机制定推行《公务员职业道德法》，并成立专门的公务员职业道德评价、考核、处罚、监督委员会，将职业道德考评作为公务员录用、任职、升降、奖惩的重要依据，形成科学、公平、有序的公务员道德考评晋升机制。

（2）心理调适方面，引入心理预防机制。健康的心理素质同良好的思想、道德、文化素质一样是一名合格公务员所应具备的基本素质之一。部分公务员在党和国家的重要部门担当要职，担负制定和实施路线方针政策的重大职责，其心理健康尤为重要。政府官员由于所承受的生活和工作各方面的压力以及个人预期与实际情况的较大差距导致相对剥夺感的产生，进而致使其价值观变异，心理失衡，又受侥幸心理、从众心理、攀比心理、"59岁心理"以及个人主义、拜金主义、享乐主义等不良思想的影响，权色交易、钱权交易等腐败行为发生的可能性大为增加。因此，必须重视对各级公务人员心理素质的研究和健康心理的培养，对于心理健康已出现苗头性问题的要及时引入心理干预机制。在这方面，首先，要配置相应的物质、机构、人员，出台相应制度法律法规，以保障公务员心理健康问题的预警与干预的合法性与可持续性，明确处置流程和办法，有效开展并提高预警、干预的科学性与规范性。其次，引入公务员心理测评软件系统与自测压力量表，实现他方测与本人测结合，便于公务员自身及时发现问题，提早自我预防和治疗。最后，引入社会服务机构，建立全职业生命周期的公务员心理健康档案，开展常规化与非常规化的心理咨询与培训活动。常规化的咨询服务要注重保护被咨询者的隐私，可以实行服务外包或者购买服务的形式来实现公务员心理问题的咨询治疗、可以采取面对面的交流咨询、网络虚拟化的交流咨询、信件的来往咨询等形式。非常规化的侧重于心理培训活动，可以通过心理讲座普及心理健康知识，开展有益的集体活动增加同事间的感情，活跃工作氛围。

（3）选人用人方面，严把领导干部考核关。从考核时间节点来看，强化领导干部考核时，不仅要强化日常工作中的考核，而且还要注重新录用和重点培养公务员的德行的考核。从考核的主体来看，应该通过扩大干部考评主体，解决因考评主体过于单一所产生的独断专行，通过有效扩大民主来遏制干部工作中容易出现的问题。如可以试点建立职业化的评估考核队伍和相应的组织机构，提升评判的民主化水平以及科学客观性。从考核对象来看，应当抓主要矛盾，化解对"一把手"考核监督难的困境。从考核的标准和方法看，要严格按照有关法律法规和党规政纪执行。在考核结果的运用上，要与干部退休、试用期、考核、任期、罢免、培训、激励等制度配套，营造领导干部"能上能下"的工作环境。

（4）依法行政方面，推行权力清单和严格问责。梳理调整政府职权，推行权力清单和严格问责，第一步，本着简政放权、快速高效的原则，对每个部门、每个岗位的权责进行逐一的审核、分解。对于没有切实的法律规章依据的要予以废除，而有明确法律依据，但是不符合实际的职权也应当清除；对于面向基层的职权，确认审核后下放给基层，同样一些行业标准和行业公约制定以及职业资格的认定等职权，则可以下放给行业自律和自治组织管理；对于一些事关市场经济持续发展，社会的和谐、公平、稳定，社会公共服务等方面的职权则要不断加强。第二步，对各项职权进行确认。第三步，将制定好的政府权力目录清单与权力运行流程图向民众公布。第四步以权力清单为依据，对问责客体及其范围进行明确的界定，既追究主体责任、监督责任，又严肃追究领导责任，保证问责精准到人。

（5）全方位监督方面，加强"八小时外"监督和举报工作。领导干部的"社交圈""生活圈""娱乐圈"具有隐秘性、互惠性与动态性。增加对领导干部"八小时外"的监督，一方面，可以让领导干部有效分清"公务领域"与"私人领域"的明确界限，筑起严格、牢固的思想防火墙；另一方面，可以有效防止一些品行不正、私生活混乱、个人消费奢侈的人被提拔到关键性的领导岗位。比如，"八项规定"精神和反"四风"，在一定意义上就是对领导干部社交、生活、娱乐方面的监督要求。又比如，从一些典型案例看，对"生活圈"的监督，主要是看领导干部是否有"宠妻""纵子""厚戚厚友厚司机厚秘书"的现象。监督之中，宜定期审计领导干部家庭财产状况，宜建立家属亲友等过错连带责任制，宜开展廉洁文化进家庭、进学校活动，宜着力构建举报的信息管理机制、协作配合机制、保护救济机制、激励奖励机制和舆论引导机制。

（6）立规立法方面，推进"权色交易"入法。对于权色交易行为（性贿赂罪）是否应该纳入《刑法》制裁的范围之内，反对者与支持者各持己见，争论已达十余年之久。反对者主要认为，首先官员权色交易属于道德规范的范围，属于个人隐私，不应当纳入法律范围之内。其次，即使将其纳入《刑法》制裁的范围之内，但在实施上存在较大难度，如定性难、取证难、量刑难等。支持者主要从官员权色交易腐败行为造成的既有社会危害的角度出发，极力主张将其纳入《刑法》制裁的范围之内，以此有力地打击官员权色交易腐败行为。笔者赞同后者。权色交易（性贿赂罪）入罪，仅对《刑法》第388条、第385条、第391条等相关法律条文的有关"财物"表述增加修订解释，即将"财物"外延拓展为可以满足人某种需要的物质性或非物质性的利益，如此就将财物性的贿赂与非财物性的贿赂囊括其中。对于取证难的问题，需要加强与提高我们侦破技术和办案水平。对于量刑难的问题，不应该以官员权色交易行为发生的次数作为量刑的标准，而是应该以官员权色交易腐败行为发生后对国家和社会造成的损失并结合官员权色交易行为情节、方法等综合因素考虑量刑。

参考文献

[1] 中纪委监察部案件审理室：《纪政纪案例参考》（第1—3辑），中国方正出版社2000年版。

[2] 禹燕：《腐败床榻：反权色交易调查报告》，群众出版社2009年版。

[2] 王璋：《权、钱、色——三权交易轨迹与防控探究》，中国方正出版社2011年版。

[3] 刘汉霞：《我国权力寻租影响因素的实证研究》，法律出版社2012年版。

[4] 袁锋：《当前中国的腐败治理机制——健全反腐败惩戒、防范和保障机制研究》，学林出版社2015年版。

[5] 周国才：《一腐必败——告诉你腐败与反腐败的86个真相》，中国方正出版社2014年版。

[6] 李云祥：《后悔迟——重拳反腐案例选编》（上、中、下），中国发展出版社2012年版。

[7] 师永刚：《中国贪官录2000—2010：250位贪官档案》，中国发展出版社2011年版。

[8] 乔德福：《家庭监督论》，中国社会出版社2015年版。

[9] 李永中、董瑛：《反腐新动向："三权交易"异变透析》，《趋势前瞻》2011年第4期。

[10] 闫祥东:《权色交易中党政干部的心理剖析及预防对策》,《甘肃警察职业学院学报》2011年第3期。

[11] 公婷、吴木銮:《我国2000—2009年腐败案例研究报告——基于2800余个报道案例的分析》,《社会学研究》2012年第4期。

第二十二章　贪腐心理研究：100 名贪腐人员样本分析

"不义而富且贵，于我如浮云。"（孔子语）从行为心理学的角度来看，"贪"是对自己的放纵，是对流俗的盲从，是对法纪的无视。腐败主要是滥用权力以满足私心和贪欲的病态。本章通过对 100 个贪官的言行与各种贪腐心理标准进行对照，找出样本显示的贪腐心理类型及其行为的复杂性，并对贪官经济与生活腐化问题、家人参与现象、多米诺骨牌效应、贪官的抛物线人生以及主要涉及的贪污腐败领域五个方面的共性进行了总结。

一　样本选择

笔者从公开报道中随机选取了 2002—2012 年的 100 个贪腐人员作为研究对象，其中有七成以上的贪腐人员样本是从中国国情研究中心廉政研究室编写的《后悔迟——重拳反腐案例选篇》（上、中、下三册）和凤凰周刊编写的《中国贪官录》当中随机选取的。表 22-1 为 100 个贪腐人员样本的行政级别分布一览表。

表 22-1　　　　　100 个贪官样本的行政级别一览

行政级别	人物	人数
部级以上	陈良宇	1
部级	陈同海、刘志军、王雪冰、张恩照、康日新、郑筱萸、郑少东、王益	8
省级	李嘉廷、韩桂芝、陈绍基、吴振汉、宋晨光、张宗海、黄松有、田凤岐、王怀忠、丛福奎、潘广田、徐国健、何闽旭、段义和、李宝金、杜世成、庞家钰、刘志华、荆福生、麦崇楷、皮黔生、米凤君、王华元、许宗衡、王照耀	25

续表

行政级别	人物	人数
厅级	张二辰、谢明中、周良洛、王兴尧、陈罗荣、张玉舜、曾锦春、李真、郭京毅、卢万里、柴王群、林孔兴、张小川、赵成霖、娄小平、高勇、闫怀民、许迈永、彭晋镛、李启红、石发亮、李和中、王维工、马德、马其伟、蒋艳萍、李兴民、赵增军、雷渊利、杨光亮、谭灯耀、文强、李友灿、殷国元、王寿林、刘松涛、姜人杰、叶树养	38
处级	王先民、官有仁、白玉岭、刘志祥、陈海泉、杨国瞿、林福久、李林、龙起銮、李华森、张治安、顾旗章、赵应明、夏志凌、郑年胜、蔡彬、申公元、王文利、刘青峰、高小明、梁涛、韩峰	22
科级	罗亚平、晏大彬、郝鹏俊、李明学、陈沛霖、史双生	6

二　样本分析

1. 贪腐心理类型及其排序

（1）贪腐心理类型

①权势心理。权势心理就是盲目追求、玩弄、享受权势的"当官做老爷"心理。权势心理根源于权势者对"权势"的认知和心态的失调，是权势者个人好恶、情感、欲望的异化，是权势者在权力规定范围之外企求对个人扭曲的利益和自我成就感的追求和满足。其主要表现就是恃官高傲、逞威、摆富、报复以及耍横。典型案例：原江西省政协副主席宋晨光在宜春官场留下"什么是市委，市委就是我，我就是市委"的"名言"。他主政宜春长达6年，对人事权进行绝对的把控，曾使得宜春官场有"高安帮"（意指宋晨光多青睐高安同乡）。

②贪婪心理。贪婪指一种攫取远超过自身需求的金钱、物质财富或肉体满足的欲望。贪婪心理就是对与自己的能力和条件不相称、与社会道德规范不相符的东西，如对金钱、权力、女色等不择手段过分追求的病态心理。其主要表现就是肆意索贿受贿，挪用侵吞公款。典型案例：原杭州市副市长许迈永在接受调查后，办案人员在许迈永的家中发现了大量名贵字画、消费卡、金银首饰、各种玉饰和石器制品，此外，还有一些著名作家的字画，甚至某前国家领导人的书法。另外，人们都叫他"许三多"，

因为他有三多：钱多、房多、女人多。

③享乐心理。享乐，指追求自己感官快乐刺激的认知和心理状态。由于感官刺激只能由本人来体验，因此与享乐心理并存的是自我中心和忘乎所以，同时享乐心理与个人主义和拜金主义相关联。享乐心理的表现主要是寻求刺激而光顾高档娱乐场所或者花天酒地。典型案例：原山东省政协副主席潘广田，在一帮大款朋友的簇拥下，他频频出没于歌舞厅、夜总会、桑拿房，乐不思蜀，风流快活。随着职务的不断升迁，潘广田的生活也越来越讲究：友非大款不交，烟非"中华"不抽。

④侥幸心理。侥幸心理，就是无视事物本身的性质，违背事物发展的本质规律，企图偶然地获得成功或意外地免去不幸的一种赌徒式心理。侥幸心理的诱因有二：一是有些官员法纪观念淡薄；二是法规和制度的监管不严。从人们口头上表达来看，多是"可能、或许、万一、大概"之类的词汇：可能我的事情没人知晓，或许我们的协约隐蔽性很强、攻守同盟靠得住。侥幸心理的突出表现是认为贪污腐败发生在自己身上，总认为自己权钱交易、权权交易和权色交易的行为隐蔽，只有天知地知，最终无法自拔。典型案例：原天津市委常委、天津滨海新区管理委员会主任皮黔生的忏悔——思想深处的侥幸心理占了上风，在错误面前一再失去了纠正错误的机会。无论是第一次收受吴晓华的小额款项，还是在为女儿谋取解决住房困难，我都清楚那是错误的，但那时心想，这事只有我们两人知道，我们不说，谁又能知道？侥幸心理十分严重，吴晓华"出事"，住房、款物等都不可避免地要暴露出来的时候，自己还在用各种手段企图掩盖事情的本质，混淆事物的本来面目，还在企图蒙混过关。

⑤失衡心理。当人们通过认知不能平衡实现对环境的适应时而产生的强烈不平，我们称为心理失衡。失衡心理的表现，一是特权意识与心态，自认为手中的权力是多年"打拼"的结果，努力付出就应有丰厚回报。二是盲目攀比心态导致的羡慕、嫉妒和痛恨的泛滥：与同龄人比，"我的官为什么没他大"，与富贾豪商比，"我的钱为什么没他多"。典型案例：原湖南省建副总蒋艳萍的忏悔——因工作出色，1994年组织调我任省建六公司副总经理、党委书记兼劳服公司经理。我与干部、职工一道千方百计、想方设法为公司扭亏增盈。有了成绩，我渐渐有了功高傲慢的思想，认为自己为省建六公司系统赢得了巨额利润，立下了汗马功劳，渐渐地，自己心里有了一些不平衡，总觉得自己付出太多，得到太少。

（2）贪腐心理类型排序

这100个贪腐人员的贪腐心理类型所占人数由高到低的排列顺序是：贪婪心理、享乐心理、失衡心理、侥幸心理和权势心理（见图22-1）。与此相对应，产生若干类型的贪腐人员。2016年9月26日至10月18日，人民网·中国共产党新闻网梳理出近年来落马官员有8种类型："政治愿望落空型""迷信鬼神风水型""玩物丧志型""双面官员型""虚荣心膨胀型""贪恋金钱美色型""家风败坏型"和"前腐后继型"。其中，某些人的贪腐心理属于混合型，即具有两种或两种以上心理特征。

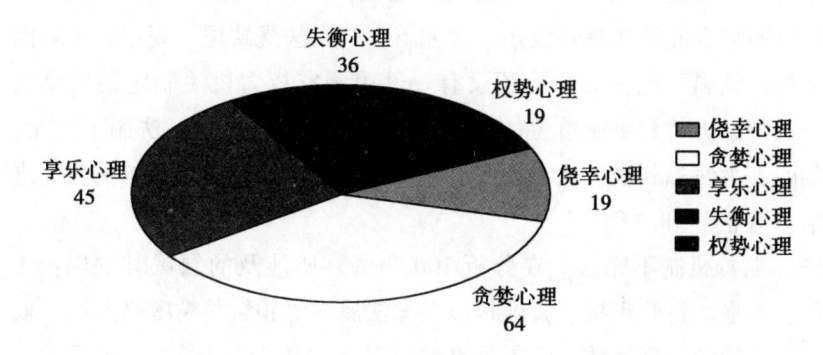

图22-1 100个贪官样本的贪腐心理类型分布

在整理案例过程中，我们发现，尽管腐败因人而异且在不同时空环境中有若干变异，但这五种贪腐心理之间还存在着相关性。一些贪腐人员在贪污腐败行为发生之前，由于感到委屈、失意、亏欠、不公等价值观发生扭曲、非理性情感时常表露，若在规则边缘行走经不住钱、色的诱惑，就会用以权谋私、权钱交易、权色交易来宣泄。这表现为或者是由于攀比心理重，导致失衡心理和享乐心理的产生；或者依仗自己的权势，天不怕地不怕，导致权力观的异化，进而产生权势心理；又或者认为不会倒霉到自己头上，抱有侥幸心理。这四种贪腐心理在形成之后，在一定程度上会导致贪婪心理的出现——为了钱、色、财，不择手段，铤而走险，采取各种形式，肆意索贿受贿，挪用侵吞公款，以此来填补和满足自己的失衡心理、享乐心理、权势心理和侥幸心理。因此，在有些具有失衡心理、享乐心理、权势心理和侥幸心理特征的腐败人员中，同时具有贪婪心理的特征，这就解释了为什么贪婪心理相比较其他几种贪腐心理类型所占比重更大。中纪委监察部网站自2015年2月起披露的22名违纪违法者的悔过书，也显示出这类情形。

2. 贪腐心理及其行为的诱因

（1）权力失衡且心存贪念。权力导致腐败，绝对权力导致绝对腐败。对于掌权者而言，尤其是一把手，由于权力的过分集中，没有对他们的权力形成制衡，造成没有人敢去监督他们。因此，一些领导干部和国家工作人员往往就会抵御不住钱、色、财的巨大诱惑而陷入腐败泥沼。

（2）法律制度的不健全。法律具有明示、预防和矫正的作用。因此，法律作为约束人们行为的规范，是巩固政权，维护社会秩序的必要手段。我国在反腐败方面的法制建设还不太完善，存在法规缺位、规定笼统等问题。例如，我国到现在为止，还没有一部由国家权力机关制定的反腐法律；一些国家机关和事业单位的廉政规定缺乏可操作性等。法制不健全，会让某些人为使私利最大化而钻制度松散的空子或借自由裁量的由头，进而产生"寻租"和"创租"。

（3）监督机制不完善。在分析100个贪官所涉及的领域时发现：工程项目、人事、行政审批、投融资以及司法腐败等领域是腐败高发区，而之所以这些领域出现腐败，除了外来的刺激和"机会"，还有一个重要原因就是监督机制的不健全，主要表现在：首先，党内监督制度的不足；其次，政务公开机制不健全；再次，舆论监督权力还缺乏充分的法律保障；最后，对群众参与监督的重视程度不够。这样一来，在贪官的心目中，规则遵守的程度完全由掌权者自己拿捏，"权力至上"，并且经常为假公济私的行为找各种理由和借口。

（4）公职人员的保障和激励机制不健全。目前我国公务员的保障和激励机制还存在一些问题，如职务晋升激励制度不合理，养老、医疗等保障社会化程度低。这些问题如果解决不好，就很容易造成公务员消极心理："与同龄人比，我的官为什么没他大"，"与富贾豪商比，我的钱为什么没他多"的失衡心理；"有权不用，过期作废""过了这个村，没有这个店"的实用心理；"先贪针、后贪银、再贪金"的贪婪心理等。虽然健全保障和激励机制也不能根除腐败现象，但是能够将公务员腐败问题置于可控制的范围内。

（5）不良风俗的影响。"透明国际组织"认为，没有什么文化是能宽恕腐败的，世界上的每种文化都是能够识别公共资源与私有资源的区别的，在中国社会，自三皇五帝以来，历来的政治文化都充斥着对腐败的讽刺与抨击。不过，中国官员腐败还是受到了社会生活中不良风俗的感染。首先，几千年来"做官发财"的意识根深蒂固。例如，原福建政和县县委书记丁仰宁——"当官不发财，请我都不来；当官不收钱，退了没本钱。"山西吕梁上水西村原村支书王某——"我不贪污，当官干啥"等。其次，"官本位"，拜金主义和享乐奢靡等糟粕也时常在作怪。市场经济强调个人利益最大化，鼓励个人主义，由此带来拜金主义的负面影响，在一定程度上刺激了以官为尊的，"没有好处不办事，有了好处才办事，有大好处滥办事"的权力"寻租"。有些贪官把"官场"看作名利场，以唯利是图的心态经营从政之路，迷失心智理性，不守职业诚信，从而走上违纪违法的邪路。

3. 贪腐心理作用的涉及领域

这 100 个贪腐人员的样本所涉及的主要贪污领域包含工程建设、人事、行政审批、司法、投融资。如图 22-2 所示，这 100 个贪腐人员所涉及的腐败主要领域的人数排序是：第一位，工程建设。第二位，行政审批。第三位，人事。第四位，投融资。第五位，司法。

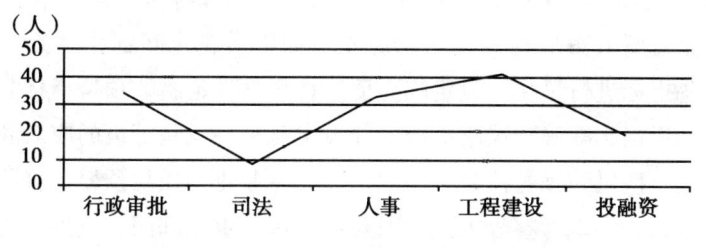

图 22-2 贪腐心理作用的实施涉及领域折线

三 预防贪腐心理的对策探讨

1. 完善防范机制

（1）权力责任明晰化。职务就是职责，权力意味责任。遵循"绝对的权力导致绝对的腐败"这一西方古训，有多大权力就应承担多大责任，因此，在对各部门、各地区的领导干部进行权力规范时，需权力责任明晰化。首先，在法律上要加强对权力边界的界定，同时还要强调权力主体之间的相互关系，真正使权力的使用法律化、制度化。其次，在规定权力的同时，要将权力的责任设计详细化，包括应当承担的直接责任、主管责任、领导责任，如明确上级领导应为下级的哪些行政行为负责，明确负责的方式等。将权力运行流程、范围等进行重新规定和审定，有必要的话，制作出权力清单和权力流程图。

（2）利益冲突回避化。利益冲突的表现非常复杂，但大多是涉及公务行使与私人利益间的互相干扰和影响。在公共领域如此这般的"熟人社会"中，人情和好处的施舍与接受，非常容易使公权力与金钱做不光彩的交易。因此，应当建立和完善领导干部利益冲突信息档案，特别是人大、政协、党政机关、司法机关等公职人员的利益冲突信息档案。档案的内容应当详细规定领导干部回避的对象、回避的程序和回避的事项。其中，考虑将各领导干部应当回避的对象详细登记在信息档案中，并进行网络公示（建立一个隶属纪委的领导干部利益冲突信息档案公示网）。其次，落实违反领导干部利益冲突回避制度的惩处措施，细化领导干部漏报、瞒报信息的惩罚性条款，提高领导干部利益冲突回避制度的可操作性和威慑力。

（3）风险预警常态化。建立风险预警指标和标准。指标和标准的内容可以涵盖腐败案件的一些常见现象（如生活腐化问题，财务异常等），并对这些指标进行量化，设定临界值。在科学设定腐败预警指标和标准的基础上，根据实际确立风险等级，并设定对每一风险等级的应对和惩处措施。其次，使风险预警监督常态化。建立专业化的风险预警监督队伍，通过电子监察、实地考察等方式，对重点领域、重点部门、重点权力进行常态化和一体化的监督；从决策、审批到执法，整个过程和环节都要进行监督，并要做到及时反馈。最后，强化风险预警制度的落实。风险预警制度的落实要实行责任制，对风险预警制度落实不到位、监控不力的部门和个人，追究其责任。

2. 完善惩罚机制

（1）健全惩处法规和纪律。近年来，我国反腐工作和廉政建设逐步走向了科学化和规范化，但问题依然存在。因此，要尽快完善反腐的纪律和法规。例如，制定《反腐败法》《财产申报法》《从政道德法》等；在加强反腐败国家立法的同时，考虑制定、修订党纪处分的办法或条例；制定、修订公务员处分办法或条例等，形成党纪、政纪和法纪协同配合的制度体系，并且把纪律挺在前面。

（2）加大惩处力度。加大查处力度的核心是提高查处腐败案件的速度和效率，纪检监察部门一定要具有坚持"露头就打"的决心和顶得住外界各种压力的意志。要发现一起查处一起，让腐败者没有机会撑开"保护伞"，没有时间掩盖和外逃。对重大和特大事故都要有专门的调查组进行严肃认真的调查处理：除了对责任事故的相关责任人进行认真调查、严肃处理外，还要加大对瞒报事故、权钱交易和事故背后的腐败问题进行严肃查处的工作力度，更要加大对党纪政纪处分决定的执行力度和对贪婪人员的经济处罚和赃物及赃款的追缴力度。

3. 完善保障机制

（1）完善官员个人的激励保障。①优化晋升制度。第一，建立制度化与灵活性相结合的官员晋升制度。在制度性的官员晋升制度下，建立"不拘一格"的选人用人机制；第二，建立官员职务晋升的竞争机制。②完善考核制度。第一，官员的考核制度的核心是依法。进一步完善国家公务员考核法律法规体系。第二，实行考核制度化，并建立科学的、有针对性的和量化的指标标准及完善的晋升评估方法。第三，对考核制度的落实要进行全程的有效监督。第四，在考德方面，注重党政官员和普通干部的理想信念、责任担当、为政品德等，提升其思想境界，增强其奉献精神。③改善公务员工资福利制度。一是加快对城乡之间、地区之间、部门之间以及领导干部职务工资和普通公务员之间福利工资的调查。工资福利制度不可能绝对公平，允许差距的存在，但是通过调查，应该制定出一个合理的标准。二是优化工资福利结构。国际上其他国家的基本工资福利结构是：工资收入占总收入的70%—80%，津贴占20%—30%，我国的公务员工资福利结构具有"低工资、多补贴、泛福利"的特征，这种工资福利结构容易造成"创收"问题的出现，因为当收入以补贴和福利为主要来源时，就会为权力寻租埋下隐患。官员会将权力当作商品来进行权钱交易和权权交易。所以可以考虑提高基本工资的比例，并将规范后的津贴补贴中合理的部分纳入基本工资；根据公务员自身工作和任职年限，将津贴、补贴分等级；健全公务员社会保险体系。④增强自律。一是树立正确的权力观；二是正确认识和处理官商关系和政商关系，不被利益集团"围猎"；三是自我疏导生活和工作中的不良心理；四是培养公务职业的奉献感和荣誉感。

（2）制约监督保障。①严格考察和科学选任干部。第一，要全方位了解干部的情况，从家庭财产（包括子女及相关亲属财产）到个人重大事项都要进行审查与监督。财产申报应包括领导干部及直系亲属拥有的现金、存款、股票、投资、不动产等一切有形资产以及财产变动情况，并讲清楚来源，时间、任务和地点。财产申报关键是要落实到位，监控有力，要由独立的审计部门进行——核实和调查。对于核实和调查的结果，要及时地进行网络公示（建立一个隶属纪委的官员财产网络公示网）。同时，网络公示要按月或季度进行更新，让群众一目了然。第二，干部的选拔要推行公开竞争制，并扩大选民行使选择权的范围和程度。要防止打击提拔或"带病"提拔干部。第三，有计划、有步骤地组织县以上党政领导干部和一些重要岗位的负责人定期进行交换和流动。通过定期进行交流、轮岗，领导干部能够减少和避免陷入各种"关系网"，同时也有利于廉政建设和克服家长制，以减少腐败现象的发生。②突出监督的重点，提高监督制度的可操作性。第一，这里的监督重点是指重点人物、重点领域、重点部门和重点权力。其中，重点人物指的是党政"一把手"；重点领域指的是行政审批、干部人事、财政税收、投资融资、国有资产管理、工程建设、土地矿产资源审批、政府采购、执法执纪等领域；重点部门指的是人事、金融、执法等部门；重点权力包括决策权、执法权和司法权。这些领域与部门往往是贪污受贿的易发区、多发区和高发区。对这些部门和领域要实行全面化和一体化的监督：从决策、审批到执法，整个过程和环节都要进行监督。第二，要完善相关法律法规，制定详细的实施细则。在法律上确立监督主体的权威性，明确社会监督主体的权利，并详细列出权利的分类以及维权的路径等。第三，加快和深化政治体制改革。如干部制度、政治协商制度、权力制约制度等。

参考文献

[1] 中国国情研究中心，廉政研究室：《后悔迟——重拳反腐案例选编》（上、中、下），中国发展出版社2012年版。

［2］凤凰周刊编：《中国贪官录2000—2010：250位贪官档案》，中国发展出版社2011年版。

［3］徐培基、胡晓兵：《领导干部心理问题实例解析调适与自测》，中共中央党校出版社2011年版。

［4］王俊秀等：《2011年中国社会心态研究报告》，中国社会科学出版社2011年版。

［5］李浩根等：《官员腐败心理学》，吉林人民出版社2005年版。

［6］刘纪舟：《落马贪官的腐败心理》，中共中央党校出版社2013年版。

［7］罗忠敏：《腐败成因与防治对策——北京市典型案例分析》，中国社会科学出版社2008年版。

［8］邓鹏、冯斌：《领导干部贪腐犯罪心理分析及预防》，《重庆文理学院学报》（社会科学版）2011年第6期。

［9］刘跃敏：《当代腐败犯罪的若干心理特征与行为趋向》，《重庆理工大学学报》（社会科学版）2010年第7期。

［10］丁锦宏：《30名贪污受贿人员心理蜕变过程的性质研究》，《廉政文化研究》2010年第2期。

［11］潘黎萍：《从社会认知偏差看腐败发生的心理机制及其预防》，《社会科学家》2012年第12期。

［12］《2003—2012反腐典型案例盘点》，《大家文摘报》2012年第8期。

［13］《盘点百名省部级落马高官》，《大家文摘报》2013年第5期。

［14］［美］布茹宁：《不要贿赂：发展中国家如何繁荣而不腐败》，范允龙译，光明日报出版2015年版。

第六部分
监察干部队伍研究

"为政在人，取人以身，修身以道，修道以仁。"（孔子语）"徒善不足以为政，徒法不足以自行。"（孟子语）

由于手中掌握着监督执纪的权力，纪检干部更是时刻都面临着腐蚀与反腐蚀的考验，稍有不慎，便容易陷入"围猎"陷阱，触碰党纪"红线"。据中新网2017年1月9日的报道，中纪委高度重视队伍建设，中共十八大以来，中纪委机关开展谈话函询218人、组织调整21人、立案查处17人；全国纪检监察系统共谈话函询5800人次、组织处理2500人、处分7900人。从查处的纪检监察干部的违纪案件来看，有人搞利益输送、以案谋私；有人欺瞒组织、跑风泄密；还有人作风漂浮、衙门习气严重和失职失责。

近年来，中纪委、监察部在加强自身体制机制改革的同时，制定印发了《关于加强地方县级纪检监察机关建设的若干意见》《关于县级纪检监察机关办公办案装备配置标准和实施办法的通知》《关于加强乡镇纪检组织建设的指导意见》《关于加强和改进派驻机构工作的若干意见》《关于加强和改进中央企业和中央金融机构纪检监察组织建设的若干意见》《关于加强和改进中央和国家机关纪检监察组织建设的意见》等，进一步推进了中纪委、监察部派驻机构以外的中央和国家机关纪检监察组织建设，推进了地方和基层纪检监察组织建设。一些部门和地方的监察机构也逐步建立了工作纪律、教育培训、干部监督、奖惩激励、绩效考核等工作管理体系。2014年3月，中纪委成立了纪检监察干部监督室，加强对中纪委、监察部机关、各省区市、中央和国家机关纪检监察干部的执纪监督。目前，省级纪委和大部分市级纪委都设立了专门的干部监督机构，县级纪委的干部监督工作也都明确了专人负责，确保工作有人管、有人做。

十八届中纪委七次全会通过的《中国共产党纪律检查机关监督执纪工作规则（试行）》，针对纪检机关最核心的监督执纪权力，提出了更严格的要求——以监督执纪工作流程为主线，查找各环节的风险点；明确请示报告、线索处置、审查审理、涉案款物管理工作规程；加强对线索处置、谈话函询、初步核实、审查审理、涉案款物管理等环节的监督；建立审查全程录音录像、打听案情和说情干预登记备案、纪检干部脱密期管理等制度；对执纪违纪、失职失责的严肃查处，对不愿为、不敢为、不会为的要调整岗位，严重的就要问责。

按照中共中央的要求和规定，从严治党治政的关键在于严格执纪。

"信任不能代替监督","打铁还需自身硬"。监察机关落实"把纪律和规矩挺在前面"的要求,要继续深化"三转",切实改变思维定式和工作定势,转变执纪理念,用纪律和规矩的尺子来衡量干部的行为,既抓住领导干部这个"关键少数",又管住全体干部这个"绝大多数";要着力提升素质,坚持原则,秉公执纪,用好"四种形态",维护"六项纪律",把"四种形态"的内在要求体现在信访受理、线索处置、谈话函询,以及执纪审查、调查谈话、审理报告等环节之中,防止办人情案、金钱案、关系案,防止"灯下黑",真正提升监督效能。为此,必须创新工作思路,健全纪检监察干部行为规范,完善内部监督制度,建立健全案件主办责任制、办案回避制、案件过错责任追究制,规范监督程序,加大监察工作公开和群众直接参与力度。这些,都有赖于努力打造一支"忠诚、干净、担当"的监察队伍。

本部分从心理、胜任力角度探讨了地方及基层监察机构在监察队伍建设方面的成效、问题和对策等。

第二十三章 监察人员心理压力研究

心理压力问题广泛存在于各行各业和各类人群当中，不同群体产生心理压力的原因各不相同。压力研究的主要理论包括压力反应理论、压力刺激理论和认知—现象学—交互作用（CPT）模型。探讨心理压力背后产生的原因有助于不同组织的管理者从心理角度发现问题和从组织行为角度有效激励。笔者在前期查阅大量有关公务员心理压力、精神健康方面研究的文献和实地走访调查的基础上，假设监察人员普遍存在着较大的心理压力，通过深入访谈、问卷调查、数据分析等实证研究方法，通过访谈法发现行政监察人员心理压力较大的差异性及其成因、影响；通过描述性统计等方法来了解行政监察人员心理压力的整体情况；在信度与效度检验的基础上，对造成行政监察人员心理压力的因素进行因子分析。在此基础上，根据分析结果提出针对性的调适对策。

一 调查对象的选择、访谈及问卷设计

由于涉及行业敏感和调查对象的隐私，且难以进行地区间比较和大数据分析，本项研究只选择了 H 市监察局和所属的 H 区、J 区监察局的一线监察人员作为调查对象，对监察人员的心理压力状况进行走访和调查。选择 H 区和 J 区作为走访和发放问卷的单位，主要是由于以下几点：第一，H 区监察局有一批工作在监察一线的老干部，他们大多数都有 20 年左右的监察工作经历；第二，J 区监察局的工作表现在 H 市名列前茅。

课题组在 H 市监察局的大力支持和帮助下，在 H 市监察局及 H 区、J 区监察局的监察人员中共发放 76 份问卷，回收 76 份，回收率为 100%，最终确定有效问卷 76 份，有效率 100%，如表 23-1 所示。笔者利用 SPSS17.0（中文版）对搜集到的问卷数据进行分析。本次搜集样本数据的基本信息的统计情况，如表 23-2 所示。

表 23-1　　　　　　　　　　问卷内容分布

代码	一级指标	二级指标
A	基本信息	性别
		年龄
		学历
		工作年限
		行政级别
B	压力源	工作性质
		工作强度
		工作责任
		工作角色
		职业发展
		人际关系
		个人素质

表 23-2　　　　　　　　　　基本信息统计

题项	题项分类	频数	有效百分比	累计百分比（%）
性别	男	56	73.7	73.7
	女	20	26.3	100.0
年龄	22—30 岁	11	14.5	14.5
	31—40 岁	17	22.4	36.8
	41—50 岁	35	46.1	82.9
	51 岁及以上	13	17.1	100.0
学历	大学学历	70	92.1	92.1
	研究生学历	6	7.9	100.0
工龄	1—3 年	7	9.2	9.2
	4—9 年	7	9.2	18.4
	10—20 年	19	25.0	43.4
	20 年以上	43	56.6	100.0
职级	处级及以上	22	28.9	28.9
	科级	42	55.3	84.2
	科员	12	15.8	100.0

二 监察人员心理压力状况分析

1. 访谈分析

访谈提纲包括：①受访人的基本情况，包括所在单位、职务等；②受访人日常从事行政监察的主要工作、面临的主要心理压力等；③受访人对心理压力的主要调适措施、建议等。

2011年11月至2012年5月，课题组先后邀请或走访了H市一线监察人员，与其中几位监察人员进行了座谈，他们分别讲述了自己从事监察工作的真实状态和感受，描述了自己从事监察工作承受的心理压力。个别访谈显示，监察人员普遍承受着较大的心理压力，压力来源于监察工作特殊性的要求，来源于较大的工作强度，来源于监察部门职责定位不清、承担了很多职责范围之外的事项，面对以上种种原因带来的心理压力。

[访谈1] 某巡视员

（1）受访人：Q某，男

（2）访谈时间：2011年11月15日

（3）访谈要点记录：我的主要工作是开展巡察，通过个别座谈、查阅资料、查看现场、群众举报等方法开展工作、及时发现问题。通过巡察，了解地方对省委、省政府的决策部署落实情况、查看主要领导干部是否依法依纪开展工作。巡察过程中，监察人员要承受很大的心理压力，包括政治压力、工作压力、人际关系的压力、不断学习的压力。面对压力，通过上级领导对工作成绩的肯定、自我解压、不断学习等方式来缓解，随着工作经验的不断积累和业务能力的不断提高，这方面的压力也会逐步减轻。

[访谈2] 某监察人员

（1）受访人：H某，男

（2）访谈时间：2012年4月19日

（3）访谈要点记录：监察局的工作面越来越宽、工作量越来越大，工作职能、工作力量不适应实际需要，特别是在完成一些职责范围外的工作时，只能突出重点、统筹兼顾，以问题为导向，存在什么问题、群众对什么工作呼声最高就重点关注和解决哪些问题。监察人员整体都面临着很大的压力,包括工作量大的压力、升职的压力等。而面对这些压力只能通过休息和锻炼自我调适。对于监察机关今后的发展,既要"瘦身",更要"壮腰",即减少监察机关职能范围之外的工作,减轻监察人员的工作压力,同时也要提升监察人员的整体队伍素质,提高履职能力和监察效能。

[访谈3] 某监察人员

(1) 受访人:W某,男

(2) 访谈时间:2012年5月4日

(3) 访谈要点记录:在繁重的办案过程中,监察人员往往承受很大的心理压力。第一,工作中接触的社会阴暗面较多,会给心理带来消极影响;第二,工作时间长、工作压力大,特别是遇到重特大案件,时间紧、任务重,不分昼夜、加班加点,在各种压力之下,监察人员都是超负荷工作;第三,无精力照顾妻儿、陪伴老人,家务和教育子女都落在妻子肩上,容易带来家庭问题,承受着来自家庭方面的压力。

[访谈4] 某监察人员

(1) 受访人:Y某,男

(2) 访谈时间:2012年5月13日

(3) 访谈要点记录:H区监察局主要围绕四方面内容开展工作:教育、监督、惩处和保护,即对干部进行廉政教育,对领导班子、行政人员的行为进行监督,对违反纪律的公职人员进行惩处,对广大干部在制度上进行保护、在思想上进行防范。日常工作任务主要有:一是监察机关自上而下确定的任务,二是随时发生的任务如举报,三是根据本区政府确定的、需要监察部门配合和保障的重大事项,四是领导交办的任务。近些年,区监察局紧贴区党委、区政府的中心工作履责,大胆作为,取得了很大成绩,但是,也存在一些制约工作开展的因素,包括机构设置不适合监察的发展,特别是县级人数少、职能宽,任务和力量不匹配;参与性监督在法律上划分不细,监察局参与、包办了很多事项,消耗了很多力量,疲于应付;政府在使用监督力量上具有随意性,容易扭曲监察机关形象。所有这些给监察人员带来很大的工作量,造成较大的工作压力、领导压力和升职压力。

[访谈5] 某监察人员

(1) 受访人:X某,男

(2) 访谈时间:2012年5月22日

（3）访谈要点记录：J区1995年撤县建区以来，围绕区政府中心工作开展监察，确保政令畅通；围绕依法行政开展监察，确保依法行政；围绕政府效能开展监察，确保行政效率。在土地管理监察长效机制、"双争"工作、围绕重点行业企业优化发展环境、建立基层监察工作组、完善全区行政投诉网络等方面探索出了一系列创新方法，得到市里的肯定。存在的主要问题有：一是纪检监察合署办公后，有淡化监察的倾向；二是经常"越俎代庖"，"包打天下"，由监督变成了牵头，由裁判员变成了运动员；三是在现行编制下，人手与承担的工作不适应，要求监察人员"多面手"，熟悉各行业、各领域的知识，对监察工作要求越来越高。因此，监察人员有较大的工作压力。

2. 监察人员心理压力源量表的分析

以下问题可能是在监察工作中遇到的一些事件或问题，这些事件或问题可能给从业者心理带来不同程度的压力，设计监察人员心理压力源量表如表23-3所示。

表23-3　　　　　　　　　监察人员心理压力源

编号	事项或问题名称	没有	有 对您的心理压力影响程度			
			轻度	中度	重度	极度
1	监察工作的对象和内容给您带来的压力					
2	在工作中被人误会、议论、诬告的压力					
3	在工作中要经常承受来自各方面的压力					
4	工作时间过长的压力（大于10小时）					
5	工作强度过大的压力					
6	工作中任务量与人手不匹配的压力					
7	监察工作中害怕越权的压力					
8	责任风险过大的压力					
9	工作中要经常做出重大决策的压力					
10	岗位职责不明确的压力					
11	工作角色过多的压力					
12	工作频繁变动的压力					
13	职位升迁的压力					

续表

编号	事项或问题名称	没有	有				
			对您的心理压力影响程度			
			轻度	中度	重度	极度
14	工作竞争的压力					
15	工作调动的压力					
16	处理和同事之间关系的压力					
17	处理和监察对象之间关系的压力					
18	处理和上级领导之间关系的压力					
19	在监察工作中力不从心的压力					
20	提高自身能力、继续深造的压力					
21	在监察工作中难以胜任的压力					

（1）量表项目分析。①将量表中所有受试者填答的题项加总，求出各受试者在量表上的总分，进行高低排序。②依量表加总后各受试者的总得分排序结果，找出前（高分组）27%的受试者的得分为52分，后（低分组）27%的受试者的得分为42分，将52分至最高分设为第一组，将42分至最低分设为第二组。③采用独立样本t检验法求出高低两组的受试者在各试题平均数的显著差异性。④将t检验结果未达显著性的题项删除。在t检验的统计量中，两组的方差相等，经Levene法的F值检验结果，如果显著性小于0.05，表示两组群体变异数不相等，应拒绝虚无假设，此时t检验数据要看第二栏"假设方差不相等"中的数据，如果显著性小于0.05，表示此题项的临界比值达到显著；如果显著性大于0.05，应接受虚无假设，此时t检验数据要看第一栏"假设方差相等"中的数据，如果显著性小于0.05，表示此题项的临界比值达到显著。根据本量表分析结果，21个题项高低分组的差异均达到了显著，说明21个题项均具有鉴别力，无删减题项，如表23-4所示。

表23-4　　　　　　　量表独立样本t检验结果

题项		t	df	Sig.
B1	假设方差相等	2.043	42	0.047
	假设方差不相等	2.043	37.575	0.048

续表

题项		t	df	Sig.
B2	假设方差相等	3.116	42	0.003
	假设方差不相等	3.116	40.847	0.003
B3	假设方差相等	3.825	42	0.000
	假设方差不相等	3.825	34.755	0.001
B4	假设方差相等	4.907	42	0.000
	假设方差不相等	4.907	41.446	0.000
B5	假设方差相等	5.336	42	0.000
	假设方差不相等	5.336	40.681	0.000
B6	假设方差相等	1.694	42	0.000
	假设方差不相等	1.694	40.481	0.000
B7	假设方差相等	5.547	42	0.000
	假设方差不相等	5.547	41.515	0.000
B8	假设方差相等	3.397	42	0.002
	假设方差不相等	3.397	41.753	0.002
B9	假设方差相等	4.352	42	0.000
	假设方差不相等	4.352	41.810	0.000
B10	假设方差相等	4.930	42	0.000
	假设方差不相等	4.930	35.230	0.000
B11	假设方差相等	3.573	42	0.001
	假设方差不相等	3.573	42.000	0.001
B12	假设方差相等	5.263	42	0.000
	假设方差不相等	5.263	31.535	0.000
B13	假设方差相等	5.235	42	0.000
	假设方差不相等	5.235	41.980	0.000
B14	假设方差相等	7.194	42	0.000
	假设方差不相等	7.194	37.367	0.000
B15	假设方差相等	5.820	42	0.000
	假设方差不相等	5.820	33.101	0.000
B16	假设方差相等	6.179	42	0.000
	假设方差不相等	6.179	40.653	0.000
B17	假设方差相等	6.476	42	0.000
	假设方差不相等	6.476	35.583	0.000

续表

题项		t	df	Sig.
B18	假设方差相等	7.088	42	0.000
	假设方差不相等	7.088	39.826	0.000
B19	假设方差相等	4.690	42	0.000
	假设方差不相等	4.690	37.497	0.000
B20	假设方差相等	4.681	42	0.000
	假设方差不相等	4.681	35.695	0.000
B21	假设方差相等	2.318	42	0.025
	假设方差不相等	2.318	38.483	0.026

（2）量表因素分析。①因素分析适合性检验。根据学者 Kaiser (1974) 的观点，如果 KMO 的值小于 0.5 时，较不宜进行因素分析。经过检验，KMO 值为 0.745，适合作因素分析。Bartlett 的球形度检验的 x^2 值为 792.122，（自由度为 210）达到 0.05 显著水平，代表总体的相关矩阵间有共同因素存在，适合进行因素分析，如表 23-5 所示。②因素提取。因素数目考虑与挑选标准常用的准则有两种：一是学者 Kaiser 提出的选取特征值大于 1 的因素，相关研究证实，如果变量（题项）数目介于 10 至 40 之间，一般采用特征值大于 1 的方法分析样本相关矩阵以决定保留共同因素数目；二是 Cattell 所倡导的特征值图形的陡坡检验，根据最初抽取因素所能解释的变异量高低绘制而成。如表 23-6 所示，在初始因子合计栏各成分的特征值中，有 7 个成分的特征值超过了 1，按照选取特征值大于 1 的因素原则，应提取 7 个因子；经主成分方法提取因子后，有 7 个因子被提取，且 7 个因子共解释原始变量总方差的 74.818%，从总体来看，这 7 个因子的解释效果较好，因子旋转后，累计解释总方差百分比没有变化。

表 23-5　　　　　　　　KMO 与 Bartlett 检验

取样足够度的 Kaiser-Meyer-Olkin 度量		0.745
Bartlett 的球形度检验	近似卡方	792.122
	df	210
	Sig.	0.000

表 23-6　　　　　　　　　　解释的总方差

成分	初始特征值 合计	初始特征值 方差的%	初始特征值 累积%	提取平方和载入 合计	提取平方和载入 方差的%	提取平方和载入 累积%	旋转平方和载入 合计	旋转平方和载入 方差的%	旋转平方和载入 累积%
1	6.652	31.677	31.677	6.652	31.677	31.677	3.803	18.107	18.107
2	2.300	10.951	42.628	2.300	10.951	42.628	2.462	11.725	29.832
3	1.718	8.181	50.808	1.718	8.181	50.808	2.298	10.941	40.773
4	1.505	7.168	57.976	1.505	7.168	57.976	2.020	9.617	50.390
5	1.429	6.803	64.779	1.429	6.803	64.779	1.760	8.383	58.773
6	1.070	5.093	69.871	1.070	5.093	69.871	1.702	8.105	66.878
7	1.039	4.947	74.818	1.039	4.947	74.818	1.668	7.941	74.818
8	0.833	3.966	78.785						
9	0.646	3.074	81.859						
10	0.594	2.827	84.686						
11	0.515	2.451	87.137						
12	0.496	2.361	89.498						
13	0.418	1.988	91.487						
14	0.334	1.589	93.075						
15	0.320	1.524	94.600						
16	0.279	1.328	95.928						
17	0.221	1.053	96.981						
18	0.192	0.915	97.896						
19	0.187	0.889	98.784						
20	0.164	0.781	99.565						
21	0.091	0.435	100.000						

注：提取方法：主成分分析。

如图 23-1 所示是因子分析的碎石图。在图中，横坐标表示成分数，纵坐标表示特征值。前 7 个因子对解释变量的贡献最大，所以因子分析中提取 7 个因子数最合适。

为了更清晰地反映各项指标在不同因子上的载荷量，在因子分析过程中，将系数显示的绝对值设为大于 0.5。表 23-7 显示，第 14、16、17、18、19 项指标在第一个因子上有较高载荷；第 4、5、6 项指标在第二个因子上有较高载荷；第 10、11、20 项指标在第三个因子上有较高载荷；第 7、9、13、15 项指标在第四个因子上有较高载荷；第 2、3 项指标在第五个因子上有较高载荷；第 1、8 项指标在第六个因子上有较高载荷；第 12、21 项指标在第七个因子上有较高载荷。

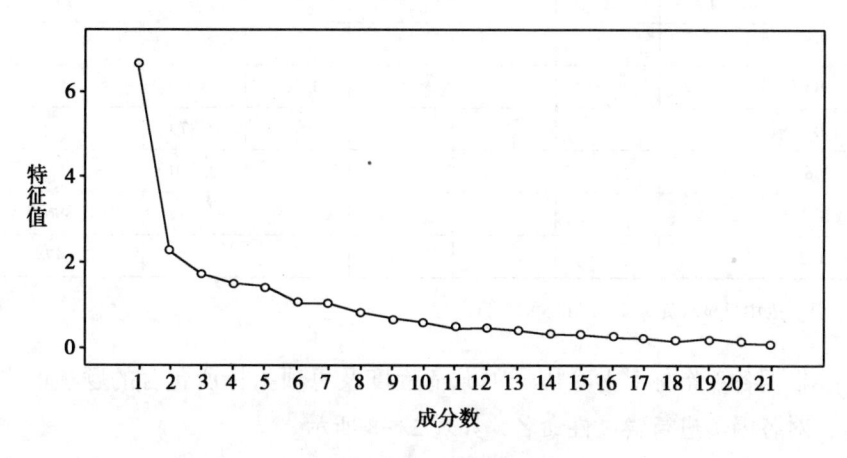

图 23-1　因子分析的碎石图

表 23-7　　　　　　　　　斜交旋转后的成分矩阵

题项	成分						
	1	2	3	4	5	6	7
B16	0.790						
B18	0.778						
B17	0.773						
B14	0.773						
B19	0.592						
B4		0.862					
B6		0.794					
B5		0.696					
B10			0.823				
B11			0.822				
B20			0.501				
B7				0.816			
B9				0.720			
B15				0.657			
B13				0.508			

续表

题项	成分						
	1	2	3	4	5	6	7
B2					0.755		
B3					0.566		
B1						0.879	
B8						0.760	
B21							0.896
B12							0.647

注：表中只显示负荷量大于0.5的项目。

根据各项指标对七个因子的载荷程度及每项指标所包含的题项的内容，对各因子进行尝试性命名，如表23-8所示。

表 23-8　　　　　　　　各因子尝试性命名

因子	名称	表现
因子1	人际关系	工作竞争、处理和监察对象、同事、上级领导的关系
因子2	工作强度	工作时间过长、强度过大、工作量与人手不匹配
因子3	工作角色	岗位职责不明确、工作角色过多、不能适应工作要求
因子4	职业发展	害怕越权、承担决策压力、职位升迁、工作调动
因子5	工作性质	被人误会、议论、诬告，承受各方压力
因子6	工作责任	责任风险过大、监察对象和内容的复杂性
因子7	个人素质	履职能力不足、对工作频繁变动的不适应

（3）信度检验与效度分析。因素分析完成后，进行量表各层面与总量表的信度检验。在态度量表法中常用的检验信度的方法为 L. J. Cronbach 所创的系数，系数是内部一致性的函数，也是试题间相互关联程度的函数，系数愈高，表示量表的内部一致性愈佳，一般认为可接受的最小信度系数值为0.6。本章首先对七个因素分别计算信度，然后对总量表进行信度检验。表23-9显示，各因素系数均大于0.6，整个量表信度为0.887，说明量表整体具有较好的内部一致性。研究的效度包括内在效度与外在效度两种，内在效度指研究叙述的正确性与真实性，外在效度则是指研究推论的正确性。

表 23-9　　　　　　　　　　　可靠性统计量

因素	人际关系	工作强度	工作角色	职业发展	工作性质	工作责任	个人素质	整个量表
Cronbach'sAlpha	0.841	0.749	0.679	0.695	0.784	0.668	0.662	0.887

对效度的分类包括内容效度、效标关联效度和建构效度三种。内容效度指测验或量表内容或题目的适切性与代表性，即测验内容能否反映所要测量的心理特质，能否达到测量的目的或行为构念。根据心理测量学理论，内容效度的确定，没有可用的量化的指标，只是一种逻辑判断的过程，其建立依赖于定义完好的内容范围和测量题目代表所界定的内容范围。效标关联效度指测验与外在效标间关系的程度，如果测验与外在效标间的相关愈高，表示此测验的效标关联效度愈高。建构效度指能够测量出理论的特质或概念的程度，亦即实际的测验分数能解释多少某一心理特质。本研究所用的心理压力量表在设计过程中查阅了大量文献资料，特别是关于心理压力问题的研究成果，请教有关专家并做出多次修改，在预调研过程中反复修改完善，保障了问卷设计的内容效度。同时，量表问题是在实地走访中结合行政监察人员所反映的实际状况和反复修改后而设置的，采用李克特 5 分量表的形式，保证了较好的效标关联度；检验建构效度最常用的方法是因素分析，根据前面的分析结果，提取出七个因子，与理论架构的心理特质甚为接近。

3. 监察人员心理压力水平分析

（1）监察人员心理压力水平的总体分析。①整体压力水平分析。问卷设计时，将每个题项的分值设为 1—5 分，分别表示 5 种不同的压力感受状态，为了得到监察人员整体的心理压力状况和各因子的压力感受状况，也将其分值设为 1—5 分之间会更有可比性。所以在进行层面加总和总分加总时，将整体压力水平设为所有题项的总分除以题项数 21，各因子的压力水平设为所包含的题项得分加总后除以题项数。经过计算可知，整体的压力水平均值为 2.2932，心理压力处于轻度和中度之间，表明监察人员的心理压力普遍存在且感受明显，如表 23-10 所示。②各因子压力感受状况。为了找到不同压力源对监察人员心理的影响程度，按照上述计算方法，本研究对每个因素进一步分析，如表 23-11 所示，在影响监察人员心理压力的七个因子中，按照对心理压力影响程度从大到小依次为：工作强度、工作性质、工作责任、工作角色、职业发展、人际关系和个人素质。

表 23-10　　　　　　　　　　整体压力水平

	N	极小值	极大值	均值
整体压力	76	1.29	3.48	2.2932
有效的 N（列表状态）	76			

表 23-11　　　　　　　　　各因子压力感受状况

因子	N	极小值	极大值	均值
工作强度	76	1.33	4.00	2.6579
工作性质	76	1.00	4.00	2.4408
工作责任	76	1.00	5.00	2.3618
工作角色	76	1.00	5.00	2.3289
职业发展	76	1.00	4.00	2.2434
人际关系	76	1.00	3.40	2.2184
个人素质	76	1.00	3.50	1.7632
有效的 N	76			

（2）基于人口统计变量的监察人员心理压力差异分析。为进一步了解监察人员内部不同群体心理压力感受是否存在差异，本研究根据不同的性别、年龄、学历、工作年限和行政级别将行政监察人员分为不同组别，探讨组别间的差异性。

①基于不同性别的心理压力差异分析。独立样本 t 检验适用于两个群体平均数的差异检验，其自变量为二分类别变量，依变量为连续变量。在本检验中，性别为自变量，各因子为依变量。两个组别平均数间高低的差异必须经过 t 检验才能确知其差异间是否达到显著，而在 t 检验之前，会先进行两组的离散状况是否相似的检验，当两个群体方差未达 0.05 的显著水平，表示应将两组方差视为相等，因而 t 检验数据要看第一行"假设方差相等"中的数值，如果方差达到 0.05 的显著水平，t 检验数据要看第二行"不假设方差相等"中的数值。结果显示，在整体压力和工作责任等方面，男性的心理压力强度明显大于女性，如表 23-12 所示。

表 23-12　　　　　　　　　独立样本 t 检验（性别）

	性别	N	均值	t 值	显著性
整体压力	男	56	2.3546	1.993	0.048
	女	20	2.1214		
人际关系	男	56	2.2500	0.717	0.475
	女	20	2.1300		
工作强度	男	56	2.7202	1.571	0.123
	女	20	2.4833		
工作角色	男	56	2.4048	1.737	0.087
	女	20	2.1167		
职业发展	男	56	2.3170	1.672	0.099
	女	20	2.0375		
工作性质	男	56	2.5268	1.788	0.078
	女	20	2.2000		
工作责任	男	56	2.5089	3.134	0.002
	女	20	1.9500		
个人素质	男	56	1.7411	0.523	0.603
	女	20	1.8250		

②基于不同年龄的心理压力差异分析。自变量年龄为四分类别变量，依变量为连续变量，因而采用单因子方差分析。如果整体检验的 F 值达到显著（$p<0.05$）表示至少有两个组别平均数间的差异达到显著水平；如果方差分析整体检验的 F 值未达到显著，则表示没有任何配对组间的平均数达到显著水平。分析结果显示，人际关系和工作强度对不同年龄段的监察人员带来的心理压力存在显著差异，如表 23-13 所示。

表 23-13　　　　　　　　　方差分析（年龄）

		N	均值	F 值	显著性
整体压力	22—30 岁	11	2.3160	1.795	0.156
	31—40 岁	17	2.4538		
	41—50 岁	35	2.2912		
	51 岁及以上	13	2.0696		
	总数	76	2.2932		

续表

		N	均值	F 值	显著性
人际关系	22—30 岁	11	2.4364	2.761	0.048
	31—40 岁	17	2.3647		
	41—50 岁	35	2.2343		
	51 岁及以上	13	1.8000		
	总数	76	2.2184		
工作强度	22—30 岁	11	2.4242	3.107	0.032
	31—40 岁	17	2.9216		
	41—50 岁	35	2.7429		
	51 岁及以上	13	2.2821		
	总数	76	2.6579		
工作角色	22—30 岁	11	2.1818	1.734	0.168
	31—40 岁	17	2.4902		
	41—50 岁	35	2.4095		
	51 岁及以上	13	2.0256		
	总数	76	2.3289		
职业发展	22—30 岁	11	2.3864	0.922	0.435
	31—40 岁	17	2.4118		
	41—50 岁	35	2.1714		
	51 岁及以上	13	2.0962		
	总数	76	2.2434		
工作性质	22—30 岁	11	2.4545	0.223	0.880
	31—40 岁	17	2.5294		
	41—50 岁	35	2.3714		
	51 岁及以上	13	2.5000		
	总数	76	2.4408		
工作责任	22—30 岁	11	2.3636	0.902	0.444
	31—40 岁	17	2.4706		
	41—50 岁	35	2.2286		
	51 岁及以上	13	2.5769		
	总数	76	2.3618		

续表

		N	均值	F 值	显著性
个人素质	22—30 岁	11	1.7273	1.193	0.318
	31—40 岁	17	1.9118		
	41—50 岁	35	1.8000		
	51 岁及以上	13	1.5000		
	总数	76	1.7632		

年龄越小，人际关系带来的心理压力越大，随着年龄的增长，心理压力逐渐减小，如图 23-2 所示。31—40 岁和 41—50 岁两个年龄段的监察人员由于较高的工作强度带来的心理压力显著高于 22—30 岁和 51 岁及以上年龄段，如图 23-3 所示。

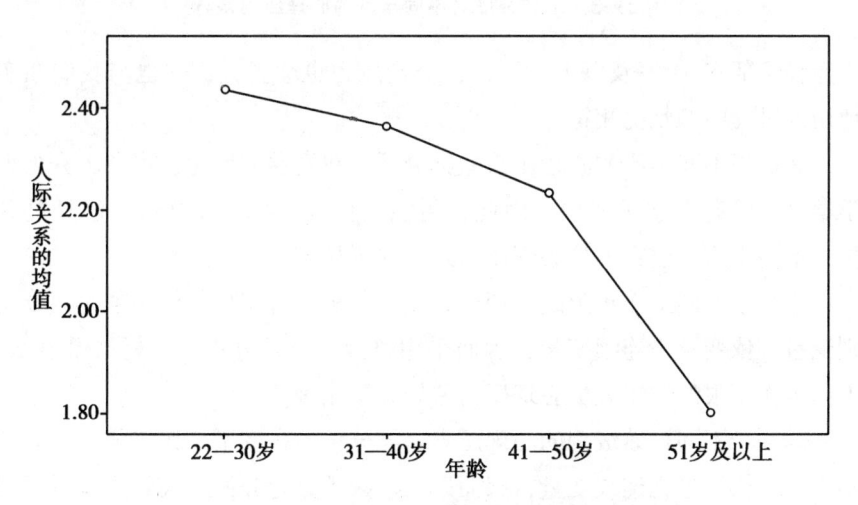

图 23-2 人际关系对不同年龄的心理压力差异

在年龄差异上，处理人际关系带来的压力随年龄的增加而减小，工作强度对 30—50 岁年龄段的监察人员带来的压力更大。刚入职的监察人员面对陌生的工作环境和工作内容，要开始与监察对象、同事和领导一起工作，用在处理人际关系方面的精力更多，压力自然会更大，随着年龄的增加和级别的提升，这方面带来的压力会不断减少；30—50 岁的监察人员一般是科级干部，正好位于监察工作承上启下的位置，是监察队伍的主力和骨干，既有丰富的工作经验，又是单位的主要领导，虽然较少处理具体琐碎的工作，但却要思考如何开展工作，承担主要的责任，工作强度要大

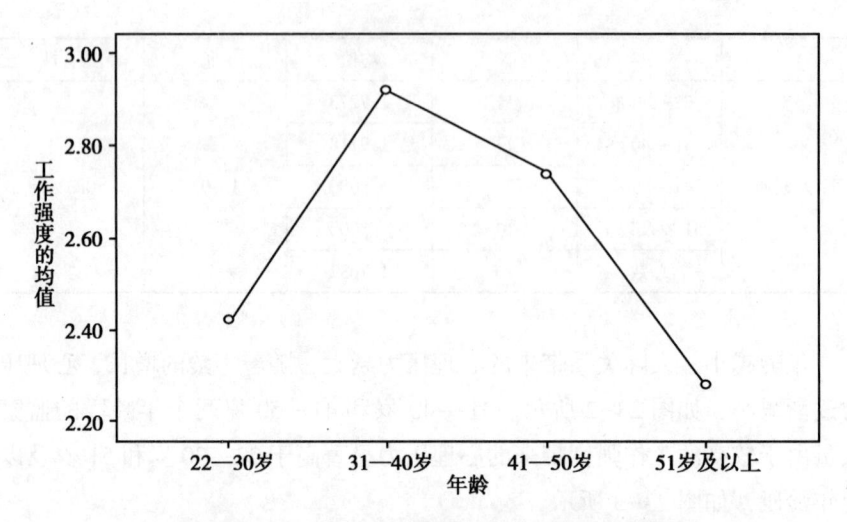

图 23-3　工作强度对不同年龄的心理压力差异

于年轻干部和 51 岁及以上的干部，心理压力也会更大，这也与我们在实地访谈过程中的状况相符。

③基于不同学历的心理压力差异分析。在问卷设计时，将学历分为大学学历、研究生学历两项，因此，用独立样本 t 检验较合适。但经过分析，不同学历的监察人员心理压力差异并不显著。

④基于不同工作年限的心理压力差异分析。自变量工作年限为四分类别变量，依变量为连续变量，因而采用单因子方差分析。分析结果显示，不同工作年限的监察人员心理压力差异并不显著。

⑤基于不同行政级别的心理压力差异分析。自变量工作年限为三分类别变量，依变量为连续变量，因而采用单因子方差分析。人际关系对不同级别的监察人员心理压力差异较为显著，如表 23-14 所示。级别越高，在处理人际关系上带来的心理压力越小，如图 23-4 所示。在行政级别方面，随着级别的升高，人际关系带来的压力逐渐减小。科员处于事业的发展积累期，从事具体的执行性工作，在处理人际关系方面处于适应阶段，容易带来较大的心理压力；随着行政级别的升高，在处理人际关系上会越来越成熟，带来的心理压力也呈下降趋势，这与之前不同年龄带来的心理压力差异的分析结果是一致的。

表 23-14　　　　　　　　方差分析（行政级别）

		N	均值	F 值	显著性
整体压力	处级及以上	22	2.1667	1.453	0.241
	科级	42	2.3685		
	科员	12	2.2619		
	总数	76	2.2932		
人际关系	处级及以上	22	1.9455	3.069	0.043
	科级	42	2.3095		
	科员	12	2.4000		
	总数	76	2.2184		
工作强度	处级及以上	22	2.6515	0.101	0.904
	科级	42	2.6825		
	科员	12	2.5833		
	总数	76	2.6579		
工作角色	处级及以上	22	2.2121	0.800	0.453
	科级	42	2.4127		
	科员	12	2.2500		
	总数	76	2.3289		
职业发展	处级及以上	22	2.0795	1.800	0.173
	科级	42	2.3690		
	科员	12	2.1042		
	总数	76	2.2434		
工作性质	处级及以上	22	2.2955	1.318	0.274
	科级	42	2.5595		
	科员	12	2.2917		
	总数	76	2.4408		
工作责任	处级及以上	22	2.4318	0.368	0.693
	科级	42	2.3690		
	科员	12	2.2083		
	总数	76	2.3618		
个人素质	处级及以上	22	1.7045	0.138	0.871
	科级	42	1.7857		
	科员	12	1.7917		
	总数	76	1.7632		

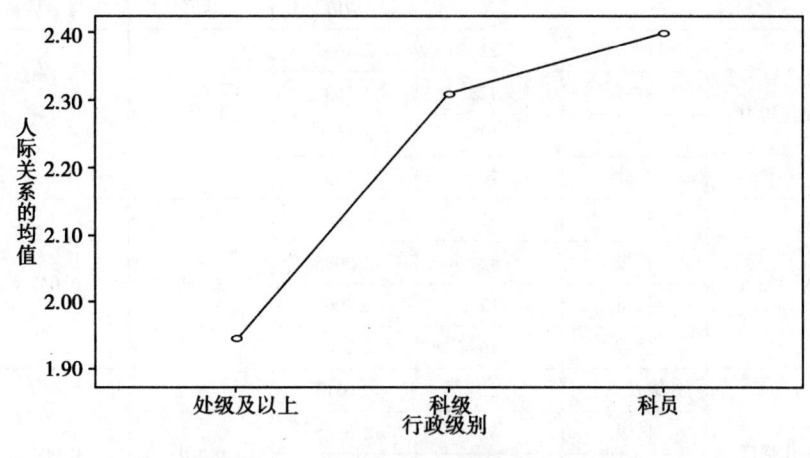

图 23-4 不同级别的监察人员心理压力差异

三 讨论与建议

1. 心理压力的诱导因素

世界卫生组织对"健康"的界定是:"一种身体的、心理的和社会适应的健全状态,而不只是没有疾病或虚弱的表观。"一个人若因心理压力过大,就可能在不能适当调适的情形下生出了"强迫症""抑郁症"等心理疾患。实践中,处于基层或一线的监察人员是否能在繁重的工作中具备良好的心理素质和精神状态,直接与依法依纪履行监察职责正相关。因此,针对监察人员的心理压力所带来的心态不良、心理失衡等问题,切实关爱监察人员身心健康,重视培养监察人员的健康心态,具有重要意义。具体来讲,一是监察人员人数较少,而监察任务较重,监察人员经常处于超负荷运转状态,尤其在基层这一问题更为突出。二是基层监察人员角色过多,负担很重,疲于完成上级交代的工作而很少有精力结合本地实际创造性地开展工作。三是监察人员的年龄普遍偏大,且多来源于党务、转业军人等群体,而非具有法律、经济等专业知识背景的人才。四是监察的任务本身就已经非常繁重,而监察机关还要经常完成政府交办的各种任务,有时既要充当"裁判员",又要充当"运动员",诸如此类的"内在悖论"也是带来监察工作强度大、工作角色多的重要原因。五是监察双重领导模式使得监察人员在人际关系处理上压力较大。六是缺乏完善的工作保障和激励机制。监察工作是一项"得罪人"的工作，要做到秉公执法、刚正不阿需要很大的勇气和智慧。

从以上分析可以看出，在压力源因素中，工作强度、工作性质、工作责任和工作角色带来的心理压力最大；其次为职业发展、人际关系和个人素质。这说明，监察工作较高的工作强度、特殊的工作性质、承担的工作责任、过多的工作角色已成为带来心理压力的主要压力源。同时，处理与监察对象、同事和上级的关系，职业发展过程中害怕越权、承担决策压力、职位升迁、工作调动也是带来心理压力的重要因素。

导致监察人员心理压力状况持续不乐观的因素，一是长期工作所处的工作氛围让人小心谨慎和担忧，极易产生抑郁、迷茫、失望、恐惧等心理障碍和职业疲倦；二是心理调适、心理训练、心理服务咨询缺乏，难以营造监察人员的归属感和尊荣感。面对压力带来的心理亚健康问题时（如精神不振、焦虑、狂躁等），监察人员因心理咨询、心理疏导、心理干预、心理指导等的空白或乏力普遍觉得束手无策，大多是默默地忍受或隐藏或逃避，进而变得迟缓、冷漠或偏激。

2. 组织干预与自我疏导

（1）进行心理压力检测，合理评估压力状况。定期开展针对监察人员的心理压力检测可以了解他们的心理压力状态，帮助他们及时化解压力。

（2）开展压力管理培训，疏导心理压力。针对监察人员的培训不仅应包括专业技能，还应包括如何管理压力。只有认识到自身的性格特点、压力管理的方法、从事工作的特殊性，才能帮助监察人员树立积极正确的角色心理，疏导心理压力，应做到对不同层级人员分类调适和开展个性化调适，处理好落差、担忧、戒备等不良心态。在这方面，心理资本建设是调节和消除监察人员心理失衡问题的重要方法。心理资本的四项核心要素是：自信，即应对挑战和变化的勇气与信心；乐观，即个体的积极信念和思维方式；希望，指个体为实现既定目标而愿意积极努力的动机状态；韧性，即个体在面对挫折失败困境能够迅速恢复，积极应对和转变。心理资本已成为超越社会资本和人力资本的关键心理要素，是监察人员提升工作绩效和加强团队建设的重要资源。①

（3）树立一批优秀典型，发挥积极示范效应。监察人员队伍中不乏先进典型。在组织文化建设和政治环境建设中，深入挖掘、树立和宣传他们的先进事迹能充分发挥其示范导向、激励带动和凝聚感召的作用。他们的先进事迹真实感人，就在监察人员身边，学习他们的工作状态和工作业绩无疑具有巨大的示范效应。

（4）培养多种兴趣爱好，有效转化心理压力。在问卷调查和访谈过程中，不少监察人员都是通过参与自己喜爱的各种活动来缓解心理压力中的紧张、焦虑、悲观、嫉妒、狂躁、抑郁等，如参加体育运动和家人外出游玩等。因此，监察人员可以通过培养自己广泛的兴趣爱好，转移工作中产生的种种心理问题，始终保持健康的心理状态。

（5）持续提升自身素质，不断增强履职本领。不断学习开展监察工作的本领，不断研究监察工作的特点和规律才能不断提高监察人员履职的能力，在工作中更加得心应手，才能增强对工作的认同感和自豪感。

参考文献

[1] 耿兴永、吴洪珺：《心理压力与健康》，华东师范大学出版社2006年版。

[2] 李磊、马华维、管健：《公务员行政管理心理学》，南开大学出版社2008年版。

[3][英]约翰·罗斯特、苏珊·格伦博：《现代心理测量学（第3版）》，李晓等译，中国人民大学出版社2011年版。

[4] 栾盈菊：《转型时期公务员心理压力的原因及管理》，《中共南宁市委党校学报》2008年第1期。

[5] 余锡祥、汪剑：《心理压力研究综述》，《中国校外教育》2008年第8期。

[6] 常征、王娟：《女性公务员心理健康状况研究：以北京市H区为例》，《中国行政管理》2011年第6期。

---

① 参见栾盈菊《转型时期公务员心理压力的原因及管理》，《中共南宁市委党校学报》2008年第1期；戴鸿《领导干部"心"病怎么治》，《人民论坛》2017年4月10日。

［7］封丹珺、石林：《公务员工作压力源问卷的初步编制》，《中国心理卫生杂志》2005 年第 5 期。

［8］牟艳娟、袁道波：《基层公务员心理压力现状研究及对策》，《经济与社会发展》2010 年第 12 期。

［9］韩勇：《领导干部心理资本结构的本土化探析和中西对比——以广西处级领导干部为例》，《领导科学》2010 年第 29 期。

［10］王洪春、李德：《转型期领导干部心理压力与原理分析》，《理论学习与探索》2011 年第 2 期。

［11］张云武：《公务员精神健康的影响因素：一项多层线性模型分析》，《浙江社会科学》2017 年第 1 期。

第二十四章　胜任力视角的地方监察干部队伍建设研究

中共十八大报告提出,坚持和发展中国特色社会主义,关键在于建设一支政治坚定、能力过硬、作风优良、奋发有为的执政骨干队伍。2013年6月28日,习近平在全国组织工作会议上提出"好干部要做到信念坚定、为民服务、勤政务实、敢于担当、清正廉洁"。"为政在人","打铁还需自身硬"。监察干部队伍建设,主要是指监察机关公务员在思想、组织、业务和作风等方面的建设。加强监察干部队伍建设,是增强监察干部队伍凝聚力和战斗力的必然要求。本章基于胜任力的视角,通过访谈和问卷调查的方式,以W市J区为例分析监察干部队伍目前存在的问题及原因,并在此基础上提出了促进监察干部"敢干事、会干事"方面的建议。

一　胜任力模型与监察干部队伍建设的契合性

"胜任力"作为人力资源管理领域的一个术语,指通过一些特征参数(包括动机、特质、自我形象、态度或价值观、专业知识、认知或行为技能等)来判断某一工作中成绩优异者与成绩一般者。学术界把完成某一个特定工作任务所必须具备的胜任特征总和,称为"胜任力模型"(包括冰山模型和洋葱模型)。运用胜任力模型中的洋葱模型(见图24-1)来探讨监察干部队伍建设,主要表现在思考以胜任岗位能力为核心,层层发散,不断地促进监察干部通过自身学习能力、工作实践能力等来完善和充实岗位的需求,为提高监察干部胜任力提供参照(见图24-2)。

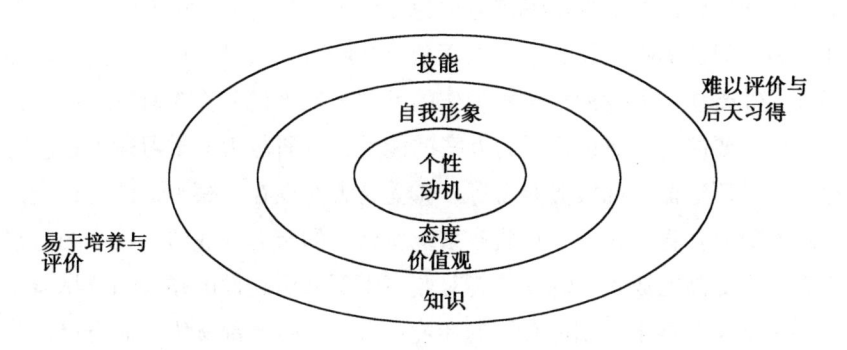

图 24-1 洋葱模型

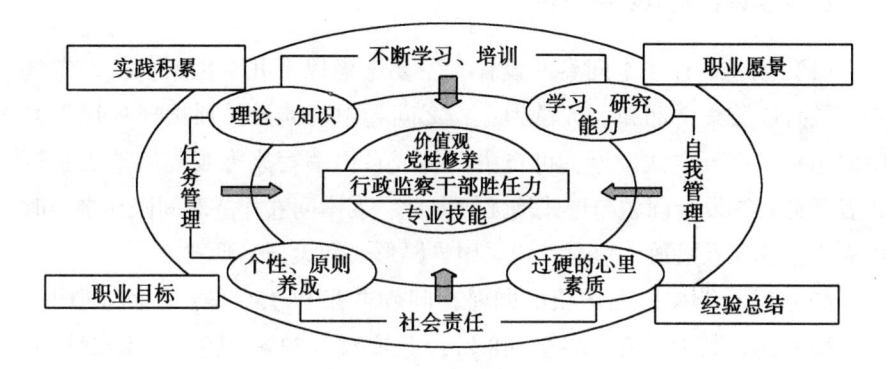

图 24-2 监察干部胜任力模型

二 W市J区监察干部队伍建设的现状分析

1. 访谈内容与结果

（1）访谈内容。2014年5月，笔者访谈了W市J区28名监察干部，涉及不同的部门以及一些派驻机构的监察干部。访谈主要围绕五个问题进行：了解被访谈者的基本情况；请被访者对目前的工作胜任状况和工作能力做一个总体评价，并列举实例；请被访谈者谈谈他认为从事监察工作应具备的素质和能力，并举例说明；请被访者评估现在监察干部队伍的现状；请被访谈者谈谈对监察干部队伍建设有哪些建议。

（2）访谈结果。①被访谈的28人均为本科及以上学历，表明年龄层次适中，学历较高。②受访者普遍认为目前 J 区监察干部对工作有一定的胜任能力，但还需在工作和实践中不断总结经验和通过有针对性的培训加以提高。③受访者通过列举实际工作的不同案例来说明作为监察干部需具备的一些主要能力，可以概括为办案的能力、调研能力、学习能力、应急能力、心理调适能力和服务能力等。④受访者对现在监察干部队伍建设的现状的印象为：肯定这么多年监察系统所做出的努力与成绩；现今的监察干部肩负了更高的职责。⑤受访者对监察干部队伍建设的建议和意见概括为：多为基层监察干部创造有利的环境；选好配强干部队伍；储备更优秀的后备力量；优化监察干部的激励措施，提高干事劲头。

2. 问卷调查及其数据分析

（1）问卷设计。本问卷的设计，主要考虑以下几个因素：①设定调查人员时以监察干部和公务员为主；②问卷中既涉及单项选择（属于封闭问题）又有开放式问题，可自由回答或自由书写来客观真实地表达调查者意见；③设计问题与形式均无倾向性；④本问卷作答时间限在半小时内完成；⑤问卷发放、填写，均采用自愿形式和无记名形式。

（2）样本结构。在访谈的同时，问卷共发放 150 份，收回 120 份，回收率 80%；其中，有效问卷 108 份，有效率为 72%。调查对象在性别、年龄、职业分布情况为：男女比例上，男性占主导，被调查者中男性有 75 人，占到 69%；女性 33 人，占到 31%；年龄结构上偏于年轻化，40 岁以下人群占到了 55%；学历比例上，本科占到了 71%。

（3）数据分析。第一，监察干部队伍具有一定能力。从图 24-3 可知，大部分被调查者对监察干部队伍的胜任能力是肯定与认可的，但同时也看到需要提升的空间还很大。

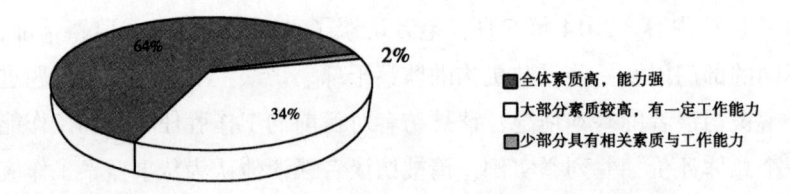

图 24-3 监察干部胜任力总体情况

第二,依法行政、公共服务、应对突发事件的能力成为干部主要应具备的能力。从图 24-4 不难看出,被调查者认为监察干部应具备的能力前三甲为公共服务的能力、应对突发事件的能力和依法行政的能力。

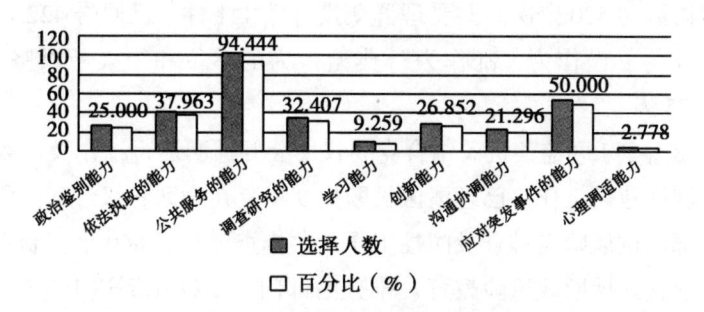

图 24-4 监察干部主要应具备的能力

第三,监察干部队伍建设从"忠诚可靠、服务人民、刚正不阿、秉公执纪"的要求看仍需加以改进(见图 24-5)。

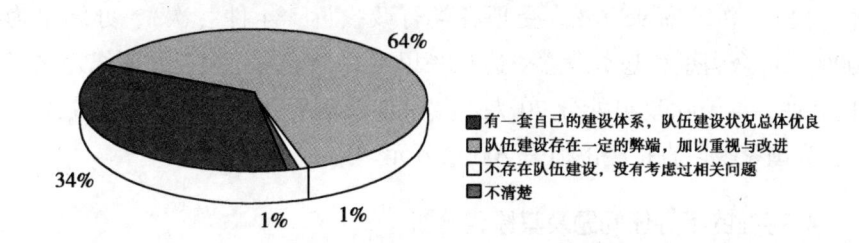

图 24-5 监察干部队伍总体情况

第四,大部分被调查者选择了"改进工作作风,提高廉洁自律"为改进监察干部队伍建设的突破点(见图 24-6)。

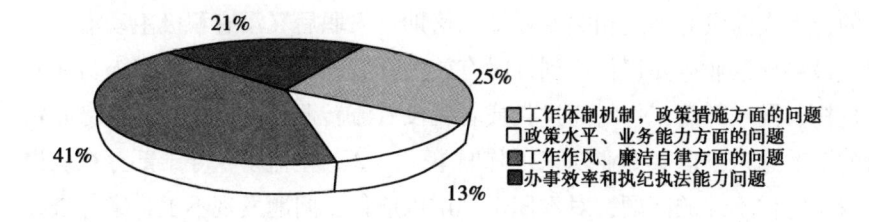

图 6 监察干部队伍建设的突破点

3. 胜任状况分析

2012年，J区监察机关开展突出问题承诺整改专项督查活动40余次，明察暗访活动520余次。共受理群众投诉件441件，已回告422件。对存在"不作为、慢作为、乱作为"典型行为的单位和个人予以坚决问责，共追责25人。

2013年，J区监察机关结合党委权力公开透明运行工作及区委领导班子内部制度建设工作，已理清区长职权9项。在全区各级各部门积极推进领导干部岗位风险点排查及防控工作，共排查风险点860个，制定防控措施665项，开展廉政风险教育、排查的部门、干部比例达100%。在全区277个行政村的1355名村"两委"干部中排查各类风险点5004个，制定防控措施5256条。利用村务公开栏对广大群众公开，接受社会监督，有效促进了农村基层干部廉洁履职。

2013年，J区各级监察机关共受理群众举报87件（次），已办结84件（次），办结率96.6%。受理各类行政投诉584件（次），办结率为100%，群众满意和基本满意率达90%以上。全年共立案查处违纪违法案件70件，给予党政纪处分70人，其中涉及区管干部8人，移送司法4人，为国家挽回直接经济损失200余万元。

4. 存在的不胜任问题及其原因分析

尽管如此，通过对J区进行的问卷调查、访谈还是可以看出，监察队伍建设仍有些待解决的问题：

（1）监察业务素质待提高。①具有全面知识结构的人才太少。大部分监察干部都是在机构改革和干部选拔任用过程中，通过考试或者竞聘上岗的，上岗前没有经过相关专业知识培训，入职后又没有积极主动潜心学习，最终导致业务知识得不到及时有效的补充和更新。不少监察人员在同一机构、同一部门工作时间过长或者就没有流转调动过，产生不愿潜心钻研的懒散意识，监察专业知识也陈旧单一。②一些监察领导干部存在认识不清、定位不准的问题，对本职工作虚以应付，问题发现不了，案件查办不了或干预办案，"种了别人的田，荒了自家的地"。

（2）面对工作困难存在畏难情绪。在监督检查、查办案件时，有的监察干部：①担心领导会不支持，更怕查出问题牵连或者得罪领导，对监督畏首畏尾，得过且过，导致立案中拖延立案、执行工作中的不作为乱作为等问题。②监督同级怕妨碍团结，认为自己管严了，会给干部造成压力，担心影响工作大局和单位的社会形象，担心影响人际关系。③对遇到的新问题如何处理束手无策。④工作实际中易产生"多一事不如少一事""大事化小，小事化了"的心态。⑤动不动就说级别太低、权威不够、牵制过多，工作面广人少，抓不过来，要求提高级别、增加编制，把应承担的监督责任推得一干二净。

（3）监察干部队伍管理机制不健全。主要表现是：培训方面，对监察人员的技能培训尚缺乏一套完整高效的培训体系；考核机制上，缺乏相对健全完善的统一标准，工作程序、考核、激励等配套制度不完备；基层工作环境艰苦，交流难，提拔慢，待遇也低。

三　提升地方监察干部胜任力的举措探讨

1. 以健全体制和机制为支撑，营造"敢干事"的环境

只有进一步营造有利于干部真担当、善作为的制度环境，才能调动干部干事的积极性、主动性、民主性、科学性和创新性。在经济全球化、信息"大数据"化和"互联网+"的背景下或氛围中，要健全科学决策机制、规范实施运行机制（含各项职权行使的法定依据、实施主体、运行流程、职责权限、监督方式、救济渠道和追责情形等）、强化监督检查机制和建立纠错容错机制，进而构建系统完备、科学规范、运行有效的监察体系。特别要按照党的十八届三中全会和中央纪委三次全会的部署，抓紧研究落实"两个责任""两个为主""两个覆盖"的具体措施，理顺纪检监察系统的人权和事权关系，加强上下协调，形成整体合力。

（1）优化配置地方各级监察领导班子。在这方面，宜理顺关系，强化职能分工，科学确定监察领导班子的职位设置；坚持党管干部原则，完善对"一把手"的选拔方式，选拔出把方向、谋长远、管全局等方面领导能力突出且敢于担当、善于监督、勇于负责的优秀干部；按照干部管理权限，明确责任要求，全面统筹选拔、培养、使用、交流等工作，畅通监察干部的入口和出口，不能把纪检机构当作"养老"的地方而搞照顾性安排。与此同时，各级监察机关应切实建立健全领导班子职责分工、议事

规则和决策程序，健全和落实领导班子务虚会、民主生活会测评等制度，提升领导班子的凝聚力和战斗力。

（2）突出主业主责，强化监督执纪问责。地方监察机关应认真在改革初步中转职能、转方式、转作风，聚焦中心任务，突出主业主责，强化监督执纪问责。纪检机构体制改革到位后，各级地方监察机构本身更应适当进行深刻而系统的变革，跨部门优化组合法定职责，将"优化发展环境"等与法定职责不相关的事项分离出去，进而再造无缝隙监察机构。

（3）构建有效激励机制。第一，对在岗位有突出贡献和工作优秀的监察工作者，应当根据相关规定给予表彰嘉奖或晋升机会。第二，通过提高待遇激励人，加大监察岗位津贴，进一步激发行政监察干部活力。第三，维护监察干部合法权益，使监察干部能更加安心地投身于此项工作。

（4）构建内部监督长效机制，坚决防止"灯下黑"。据中纪委网站的报道，截至2015年9月底，中共十八大以来，全国纪检监察系统共处分违纪干部3400多人，中纪委机关查处了14人；截至2017年3月底，湖南省各级纪检监察机关共立案查处纪检监察干部695人，处分538人。这显示，纪检监察机关也需要予以监督，把监察干部置于监督之下，严防"内鬼"和"蛀虫"。为此，①宜注重监察机关的信息公开、程序规范、依法依纪执纪、立案、查案和办案。②宜注重反腐败机构（含纪委、监察、组织、审计、政法委、检察院、法院、公安等部门）的跨部门协作。③宜及时有效地查处、问责和惩戒监察部门内部的违纪违法分子。要以"零容忍"态度查处纪检系统内部违纪违法问题，对政治性、原则性、纪律性不强，不敢抓、不敢管的干部该调整的要调整、该撤换的要撤换、该问责的要问责。④参照中纪委、监察部在2014年增设纪检监察干部监督室（主要承担与纪检监察内部人员有关的信访举报处理、线索调查和训诫惩处）和借鉴河北、浙江、云南等省纪委设立内部监督委员会的做法，整合机关内部干部管理、案件监督、机关纪委等部门的监督资源，出台监察干部监督工作办法；强化内部制约，重抓节点控制，包括信访举报办理、线索管理处置、谈话函询、初步核实、立案审查、审理等方面的若干节点。⑤探索开展作风巡察制度，加强上级监察机关对下级监察机关监督管理。⑥接受人民团体、社会组织、新闻媒体的监督与质询，做到依法、公开、透明，并使外部监督力量规范化和经常化。

2. 以提高干部综合素质为抓手，培养"会干事"的能力

适应反腐败体制机制创新对纪检监察机关提出的新要求、新任务，围绕作风建设、案件查办、监督检查、惩防体系等重点工作，提高分析、发现和解决问题的能力和本领，不断提升执纪监督水平，坚持秉公用权、依法执纪。这要求监察干部具备良好的心理承受力、心理调节能力，树立良好的职业道德，在工作中不徇私舞弊，勇于同违纪行为做斗争；监察干部要始终站在党和人民根本利益的立场上，正确处理个人和组织、集体的利害关系，始终保持高尚的情操和淡泊名利的心境，始终保持昂扬的斗志和积极进取、开拓创新的良好精神面貌，做为人正派、克己奉公、清正廉明、勤政为民、谦虚谨慎、刚正不阿的表率。监察干部如果不敢于担当和守不住底线，尸位素餐而碌碌无为，就可能失职或渎职。

提高监察干部队伍整体素质，一要突出强化依纪依法办案理念。在查办案件工作中，要把严格依纪依法办案的要求贯穿到信访、立案、调查、审理、处分执行等各个环节，重事实、重证据，准确定性量纪。依据一些省市监察部门领导的体会，应正确处理执纪和执法的关系，拿稳纪律"尺子"，强化"纪"在"法"前的理念；应正确处理权力和责任的关系，坚持原则、恪尽职守、敢抓敢管。二要善于学习研究办案有关知识、经验、成果，注意运用新知识、新技术更新办案手段，开拓办案思路，提高办案标准、效率、质量，增强突破重大案件的能力。三要着力提高执纪办案能力。面对新形势、新环境、新任务的要求，监察查办案件工作需要不断提高查办案件能力，做到严格执纪与依法执纪相统一，做到法纪效果与社会效果相统一，不"缺位""越位"和"错位"而"种了别人的田，荒了自己的地"。

参考文献

[1] 中央纪委办公厅、中央纪委研究室：《党的十六大以来中共中央纪律检查委员会历次全会工作报告汇编》，中国方正出版社2008年版。

[2] 彭剑锋、饶征：《基于能力的人力资源管理》，中国人民大学出版社2003年版。

[3] 彭浩晟、沈玉洁：《建立胜任力模型：提高党政领导人才执政能

力的一个新思维》,《前沿》2005年第10期。

［4］武宏文:《浅议纪检监察干部的必备品质》,《中国纪检监察报》2013年8月13日。

［5］赵辉:《中国地方党政领导干部胜任力模型与绩效关系研究》,博士学位论文,西南交通大学,2007年。

［6］崔静、周英峰:《打铁还需自身硬——党的反腐倡廉建设系列综述之十》,新华网,2012年10月29日。

［7］王立峰、潘博:《浅析中共纪检监察机关的内部监督机制》,《长白学刊》2015年第6期。

［8］谷忢军:《谁来监督监察者:监督权问责的逻辑与实现》,《社会科学战线》2017年第1期。

结束语　加速监察改革

公共权力在其来源、行使过程中，涉及国家、社会、市场等领域，彰显出威力、影响力和控制力，影响着资本、权益和能力。政治体制、行政体制变迁的中外历史经验和历史唯物论（恩格斯）、市民社会理论（哈贝马斯）等表明，一方面，权力具有正效应和负效应；另一方面，公职人员的工作动机本身可能是出于自身进步、公共服务或促进所在部门的发展，若面对公共利益与私人利益之间的复杂冲突时尽管有专业精神指引和行政伦理约束，其人性也不可能都像"天使"。[①] 他们有可能受利己主义的动机驱使，不按"集体逻辑"行动，采取机会主义策略来做出反社会道德准则的选择且尽量"打擦边球"规避惩罚。自古以来，就像亚里士多德对雅典城邦等的观察分析后所断言的那样，人是"政治性动物"。对于政府机关及其公务员乃至所有的公职人员，理论和实践都警示"信任不能代替监督"，因为信任是赋予和激励，监督是监视和督促，二者优势互补、良性互动，匹配与协同方能保证权力高效运行。同时，我们也应正视，一味地疏于监督乃至放任自流，可能就让不想、不愿、不能接受制约的拥权者假以"公共性"名义而滥用权力甚或巧妙地以权谋私，所以"把希望寄托于人的优秀品质上，这在政治上是不严肃的"（列宁语）。因此，在世情、国情、党情发生深刻变化的新形势下，在面临许多前所未有的新情况、新问题、新挑战的背景下，监督是公共权力正确运行的根本保证，监督不应存在空、弱、虚等盲区。

"穷则变，变则通，通则久。"（《周易》）"苟利于民，不必法古；苟周于事，不必循旧。"（《淮南子》）织密监察体系之网，做到监察主体

---

① 对社会及其组织活动中的人性假设，古有"善""恶"之争，近现代有"经济人""社会人""复杂人"和"自我实现型人"之论。"天使"说，源于美国《联邦党人文集》中的杰弗逊语。

明确、监察责任清晰、监察制度管用、监察方式行之有效,有若干理论和实践问题值得深入系统的研究。通过研究和改革,致力于提出一系列开创性的监察理念、思路和路径方法,建立健全监察体系,压实和支持保障监察主体在职责范围内履行监督职责,协同并整合国家监督力量,督促政府机关及其公务员"有权必有责、有责要担当、用权受监督、失责必追究",有利于促进监察治理体系和监察治理能力的现代化(民主化、法治化、科学化、信息化和精细化)。

一 行政监察这些年来仍然不同程度地存在若干问题

我们在北京、武汉、广州、深圳、重庆、太原、银川、济南等地的调查研究显示,监察制度作为我国民主政治制度中国家监督体系的一个重要组成部分,从适应和配合处于党和国家各种监督形式中最基本的、第一位的党内监督的纪律检查来看,这些年来在运作中仍然在一定的时空里不同程度地存在下列主要问题:

一是监察的理论和实践导向学理解释不足,没有充分体现马克思主义国家学说和民主监督的精神,没有从国家治理体系现代化的高度和基于与监察主体、职能、客体、机制等相关的历史背景、社会环境、文化底蕴、政治体制、制度结构功能以及政治过程中决策行为等来解析和建构,致使监察长期定位不清、职责不明、机制不畅。

二是监察的体制不顺和机制不健全,表现出纪检与监察不分、行政监察工作缺乏独立性、效率不高和公众参与度低;监察制度不健全和科技支撑不足。

三是监察职责和任务不明晰,主体责任缺失、监督责任缺位或不明晰。上级监察机关"管得着"但"看不着",本级监察机关"看得着"但"管不着";锁定问题清单的"瞄准点"不准确,监督覆盖不到位,往往是工作过多,疲于应付;地方治理中的监察工作长期以来常常"大包大揽演独角戏,冲锋陷阵当清道夫,遮风避雨作挡箭牌,查错纠偏做裁判员",不同程度存在职能泛化、方式固化、作风异化、功能弱化等"越位、错位、缺位、不到位"问题。这些问题,致使决策权、执行权、监督权混淆不清,致使公众仍然怀疑政府权力的边界不清、公职人员不作为、机构繁杂与臃肿等,进而影响了监察工作与反腐败工作的成效,影响了监察队伍公信力和秉公执纪的形象。

四是依法监察执行不力、监察协同不足，监察部门因此常处于"规定易发，贯彻难抓；批示易转，落实难管"的两难境地。

五是监察干部勇于担当敢抓敢管的底气不足等问题，且越到地方和基层，受思想认识、熟人社会、制度约束、领导干预等因素的影响越大，纵向与横向的种种"人情关"和"关系网"使监察人员举步维艰，地方监察机构和干部"三转"的阻力和难度大，被动完成任务的多，结合本地实践主动开展工作的似嫌偏少。

此外，尚需深入研究的问题有：（1）地方监察体制机制改革的最终目标。（2）国家监察体制的地位、职责、机构、功能和法制。（3）国家监察法的指导思想、原则、具体内容条款。（4）监察与监督制约机制的整合与协同。（5）大数据在电子监察和监察生态中的运用。在"互联网+"基础上，构建精准的不敢腐、不能腐也不易腐的长效机制，有赖于政治、经济、管理等方面的大数据的运用。政府数据共享开放，要依法有序进行，不能各自为政、条块分割。目录及数据要及时更新，数据真正活起来、用起来。（6）监察信息公开与群众参与监督。（7）防止"灯下黑"的约束措施。（8）某些机构系统内部的个人和机构自身的缺陷或不足相结合产生的"机构性腐败"及其防治（含成本分析和对策探讨）。（9）监察法律法规与党纪党规的配合。①

二 监察改革，指导思想上要以科学理论为指导

如本书第一部分所述，中国特色社会主义监察理论体系是以马克思列宁主义、毛泽东思想指导治国理政、国家监督体系建设、党风廉政建设和反腐败斗争所取得的重要理论成果。这一理论体系探索于以毛泽东为核心的第一代中央领导集体，开创于以邓小平为核心的第二代中央领导集体，丰富和深化于以江泽民同志为核心的第三代中央领导集体和以胡锦涛同志为总书记的党中央。中共十八大以来，以习近平为核心的党中央，坚定道

---

① 相关研究，可参见过勇、杨小葵《基于大数据的领导干部廉政监督机制研究》，《国家行政学院学报》2017年第1期；杜专家《西方"机构性腐败"研究述评》，《国外理论动态》2015年第1期；《贵阳市政府数据共享开放条例》（2017年5月1日起正式实施）。

路自信、理论自信、制度自信，以前所未有的力度开展党风廉政建设和反腐败斗争，作出一系列重大决策和部署，提出许多新思想、新部署、新要求（如权力制约与监督、从严治党、以零容忍态度惩治腐败、推动党的纪律检查工作体制机制改革和健全、把权力关进制度笼子里、加强党内监督等），推动了监察体制机制、监察内容、监察方式、监察手段、监察制度的改革创新，在监察的指导思想、形势判断、战略定位、路径选择和目标取向上取得丰硕的实践和理论成果。

党和国家领导人的监察思想是适应国家治理体系和治理能力现代化的要求，对国家监督和行政监察实践规律的总结，涵盖广泛且思想深邃，是一个系统完整、逻辑严密的科学体系，贯穿着马克思主义立场、观点和方法，闪耀着辩证唯物主义和历史唯物主义的理论光芒，凝结了中共对权力监察发展规律的深刻认识，指明了我国权力监察未来发展的方向和路径，蕴含着鲜明的中国特色社会主义监察理论特质和理论品格。

其中，邓小平、江泽民、胡锦涛在继承和发展马克思、恩格斯、列宁和毛泽东的权力制约与监督思想的基础上，在领导中国改革开放与现代化事业发展的伟大实践中，形成了具有中国特色的社会主义权力监督与制约思想，促进了马克思主义权力制约监督理论的中国化，对于科学把握中国特色社会主义权力制约与监督的思想精髓，指导我国监察工作和党风廉政建设，具有重要的理论意义和现实意义。自中共十八大以来，习近平从治国理政现代化的战略高度出发，在传承马列主义经典作家和中国共产党往届领导人的廉政思想的基础上，在指导纪检监察工作中，对治国理政中的从严治党、反腐倡廉工作等提出了一系列重要论述，对当前和今后开展纪检监察工作具有重要的指导作用。

三　监察改革，体制上要理顺，机制上要健全

自2014年以来，纪律检查体制改革重点在于："两个责任"，明确落实党风廉政建设责任制，进一步构建了治党管党的责任落实体系；"两个为主"，推动党的纪律检查工作双重领导体制具体化、程序化、制度化，明确了纪检监察机关的主业主责；"两个覆盖"，传导了上下联动的党内监督压力；"两个人群一起管"，强化了对腐败和特权的治理。基于此，强化对权力运行的制约和监督，必须改革与完善监察体制的适应性与有效

性,建构体制机制适应性模型。

我们在第七章中的研究显示,该模型主要包括权力控制调适系统、机制整合系统、组织权变系统三大动力系统。这三大系统以强化权力运行制约与监督为目标取向,以完善监察体制机制适应性需求为核心,通过动态调整、优化与改进,跨部门合作来整体推动监察工作向前迈进:权力控制调适系统是指在实现对权力的控制目标指导下,通过不断改进监察方式、变革反腐技术以及净化政治生态形成合理的调控行为整体;组织权变系统是指监察系统内部不断完善组织结构、优化职能、强化人员管理以灵活适应日益复杂的反腐倡廉需求;机制整合系统是指在监督理念创新、政策法规维系、责任绩效提升的基础上实现监察组织协同运作。

今后的监察工作,应当上升到国家机构层面的权力监督层次。为此,要协调好监察与纪检、检察院、法院、公安、监察、审计之间的职能作用,将有关机构涉及权力监督中的监察职能分离后精简与整合起来,按中央的部署建立集中统一、权威高效的监察体系——监察委员会。在坚持党的领导前提下,确保监察机关的独立性和权威性;监察机关的主要领导成员应由同级人民代表大会选举或提请同级人民代表大会批准后任命;监察机关的各项开支费用由同级人民代表大会审议后列入财政预算;赋予监察机关对违纪的公职人员的调查权、批评权、建议权、公开调查结果权,有警告、记过、记大过、降级、撤职的行政处分权和一定的经济处罚权。

在此基础上,监察机关可探索在多元的监督体系中与其他监督部门、监督主体相互配合、互相支持的工作路径,既把握好监察职责边界正常行使监督权力,又处理好专门监督和业务监管的关系,与其他部门厘清关系,提升监察权威和创造监察方面的社会资本网络与公信力:

(1)进一步推动从非公务员系统的机构、团体、公众中选拔监察专员、人民监督员、廉政专员,保证这些人员编制、福利待遇的独立性,使这些人员不受"体制内"条条框框的束缚,增强监察机制的弹性。

(2)要从信息效率考虑,按照"公开常态化"的原则,进一步推动完善政务分开和各领域办事公开制度,实施决策、管理、服务、结果全方位公开;进一步推动设置科学的权力运行流程,明确权力行使的条件和程序,主动满足需求、及时回应关切。

(3)要在"权力清单""责任清单""服务清单"基础上规范权力运行,净化监察环境,依靠制度体系和民主、科学、"阳光政治""廉洁政治"等方面的配套措施，进而按照习近平总书记和中纪委的指示与要求形成"不敢腐的惩戒机制、不能腐的防范机制和不易腐的保障机制"，并坚决治理公职人员工作上的"庸""懒""散""软""奢"等不作为。

（4）在梳理现行的《行政监察法》等法律法规基础上制定《国家监察法》《反腐败法》等，进而与《党内监督条例》等匹配起来，让权力入笼，且有运行中的边界预警，明确底线，划清红线。

（5）跨部门合作。从严治党，依法治国，必须注重党内监督和国家监察等监督的协同。国家监察要与党内监督明确区别开来。党内监督依《党内监督条例》注重构建科学严密的党内监督体系，把党中央统一领导、党委（党组）全面监督、纪律检查机关专责监督、党的工作部门职能监督、党的基层组织日常监督、党员民主监督统一起来，确保各司其职又相互配合，分工有序又形成合力。国家监察部门在试点后依监察法监督。同时，国家监察要与人大监督、司法机关监督等跨部门合作，重视民主党派监督，支持接受人民群众监督。

（6）打好正风肃纪的"组合拳""攻坚战"和"持久战"，破解正风肃纪的"中梗阻"，把纪律和规矩挺在前面，突出重点领域、重要事项、重点岗位、重点环节和"关键少数"的内外监督，促进公职人员守住底线和红线，习惯在约束与监督下依法办事；与此同时，坚持以"零容忍"的姿态和刮骨疗毒的魄力惩治腐败，不畏权势，没有"禁区"，进而保持高压态势和威慑力。

（7）强化理想信念教育和从政道德教育，搭建起公职人员廉洁自律的信仰支柱和伦理支撑，促进公职人员的职业道德修养，唤醒公职人员廉洁服务的思想自觉，形成廉洁从政的组织文化氛围。

四 地方监察改革中，监察职能及其行使方式应切实转变和创新

省（市）地方各级监察机关应当着眼于监察机关治理方式和治理能力现代化，从依法行政、从严治党和反腐败战略高度转职能、转方式、转作风，按照《行政监察法》规定以及新的反腐败组织体系分工要求，对工作重心、方式、作风进行全面而及时的调整，进一步回归主业、突出主业，聚焦主业，切实解决"越位、错位、缺位、不到位"的问题，在执

法监察、效能监察、廉政监察、纠正部门和行业的不正之风等工作中,把监督执纪问责做深入、做细致、做标准和做出实效。

1. 在执法监察方面,完善组织结构、管理系统、人事管理和信息技术运用

执法监察,体制的问题在于法规制度不健全和部门间协调难;方式的问题在于忽视常规性监察、缺少事前预防性监察和重检查轻整改;工作重点方面的问题在于选题立项不科学,存在空监、难监和虚监;执行效力方面的问题在于领导重视不够,干部怕担当,"弹性"效力和"有限"效力并存。

执法监察优化路径是:(1)从监察机关内部来进行组织结构的重组,成立执法监察跨部门协调小组,实行项目负责制。(2)健全执法监察机制,强化执法监察的检查权、处分权、经济监察权;突出执法监察重点范围,注重检查与督改相结合,有效发挥执法监察在预防、治本方面的作用。(3)规范执法监察程序,理清执法监察业务工作的具体类型和明细,制定工作标准;加强运作过程监控。(4)转变执法监察方式,始终坚持事前监察、事中监察和事后监察相结合的原则,强化事前、事中执法监察,努力做好全程执法监察。(5)完善特邀人民监察员制度。目前,国家监察体制改革正在试点,检察机关自侦职能将整合至监察委员会。人民监督员制度如何进一步明确定位,与监察体制改革统筹协调推进,监督的对象是否改变、监督案件范围如何调整,成为需要迫切解决的问题。我国宪法规定一切国家机关都要接受人民监督。监察委员会作为行使监察职能的国家机关,当然要落实宪法规定,把接受人民监督转化为制度机制要求,确保监察权公开透明、规范行使。(6)建立执法监察绩效评价机制,设立标准化的考核指标、方式和程序,明确规定考核的原则、范围、标准和奖惩办法,并且采用信息化的考核手段,对执法监察人员素质、工作业绩和技能提升方面进行考核。

2. 在效能监察方面,完善"治庸问责"长效机制

近年来,一些地方党政部门工作人员工作懒散、效率低下,甚至是敷衍塞责、推诿扯皮,"庸、懒、散、拖、怠、推"等现象受到民众诟病,有群众讽刺公务员中的庸、懒、散者为"清茶报纸二郎腿,平平安安占位子、忙忙碌碌装样子、疲疲沓沓混日子、年年都是老样子"。应当看到，庸官懒政是一种可能导致失职渎职的不作为行为。

对此，要加强对监察对象行政效率、效果、效益情况的监督，把治理"庸、懒、散"等突出问题作为重要抓手。（1）快速有力地落实"责任清单"，以此明确"治庸问责"的取向，建设责任型政府、效能型政府和服务型政府。（2）开展精细化管理。一是要对"为官不为"现象对症下药，多管齐下，用"严"和"实"治疗"庸官懒政"之病，体现出提速、严厉、抓"关键少数"的特点。二是地方各级监察机关要敢于较真碰硬，勇于铁面问责，"失责必问、问责必严"。三是治庸问责应该秉承法治原则，以《公务员法》为依据，要将问责条例、巡视条例、纪律处分条例等利器无缝衔接，形成制度合力；健全并实施容错机制，形成敢于担当、履职尽责、大胆创新的氛围，让广大干部愿干事、敢干事、能干成事。（3）扩大社会监督网络，开通电话热线、微博问政和现场视频问政等一些不同形式的治庸问政活动。

3. 在廉政监察方面，要多角度管控"裸官"，加强廉政教育，防治腐败

（1）加强对"裸官"的治理和防控。主要是从限制的角度防控"裸官"任职，从财产收入申报的角度防控"裸官"敛财，从生活作风监督的角度防控"裸官"堕落，从国际联合反腐的角度防控"裸官"贪腐。

（2）加强廉政教育和群众路线教育实践活动，完善乡镇管理体制和工作机制，完善村务综合治理，建立廉政风险防控机制，坚决查处发生在群众身边的不正之风和腐败问题，营造"人人思廉、人人保廉、人人促廉"的良好氛围，防治乡镇负责人和"村官"腐败。

（3）防治权权交易、权钱交易和权色交易。①官德方面，加强廉政教育与行政职业道德建设，完善教育培养、从严管理、监督有力、奖惩分明的公职人员职业道德建设体制机制。②心理调适方面，引入公务员心理测评软件系统与自测压力量表，便于公务员自身及时发现问题，提早自我预防和治疗。③选人用人方面，严把领导干部考核关。④依法行政方面，推行权力清单和严格问责。④让干部分清"公务领域"与"私人领域"的明确界限，保持政商关系的"亲"与"清"，不给"期权腐败"留下空间。在职期间没有谋私的权力，在离职后重新变现，是隐秘的"期权

腐败"。对腐败零容忍，就要延长监管链条，明确公务员辞职或退休后去向的报告、备案和监督。例如，领导岗位和县处级以上公务员辞职后三年内不得受聘原管辖地区和业务范围内的企业、中介机构等；普通公务员两年内不得受聘与原工作业务直接相关的企业、中介机构等。同时，加强对干部"八小时外""社交圈""生活圈""娱乐圈"的监督，加强对干部家庭财产的监督，常念"紧箍咒"、拧紧"风纪扣"，勤敲"警世钟"。

4. 在方法手段方面，要进一步发挥电子监察和网络监督的功效

在充分发挥法定的监察方法手段的过程中，要发挥电子监察和网络监督的功效。目前，电子监察主要运用在行政审批、政府采购、行政处罚、工程交易的监控、高校招生等领域。今后，电子监察的使用范围要从行政审批、政府采购、工程交易等扩大到执法、人事、财政等政府工作的方方面面，营造安全健康的网络监督平台，发挥其实时监察、预警纠错、绩效评估、信息服务、投诉处理和问责督办的系统功能。电子监察还应与网络监督对接、整合和融合，有关部门应该不断创新机制，采用喜闻乐见的方式（举报热线、举报 APP、电视媒体问政等），把网络监督的群众性和国家机关的权威性有效结合起来，将明察暗访（"人来看"）和自动监察（"云在算"）有效结合起来。①

五 监察改革，要提升地方监察干部的胜任力

监察干部队伍建设，主要是指监察机关公务员在思想、组织、业务和作风等方面的建设。近年来，监察干部人数较少，而监察任务较重，监察人员经常处于超负荷运转状态，尤其在基层这一问题更为突出；监察干部角色过多，负担很重，疲于完成上级交代的工作而很少有精力结合本地实际创造性地开展工作；监察干部的年龄普遍偏大，且多来源于党务人员、军转干部等群体，具有法律、经济等专业知识背景的人才偏少；监察机关要经常完成政府交办的多种任务，在当监督员的同时，常常既要充当"裁判员"，又要充当"运动员"；监察双重领导模式使得监察人员在人际

---

① 参见陈党等《惩治和预防腐败中的网络监督》，中国法制出版社 2016 年版；耿姗姗《司法中的电子智能》，《中国社会科学报》2017 年 4 月 26 日。

关系处理上压力较大；监察工作是一项"得罪人"的工作，要做到秉公执法、刚正不阿需要很大的勇气和智慧，但缺乏完善的工作保障和激励机制。

"打铁还需自身硬"。《关于新形势下党内政治生活的若干准则》提出："干部是党的宝贵财富，必须既严格教育、严格管理、严格监督，又在政治上、思想上、工作上、生活上真诚关爱，鼓励干部干事创业、大胆作为。"依此，在对少数干部违法违纪、贪污腐败现象进行约束、问责和惩治的同时，还要加大激励力度，以健全体制和机制为支撑，营造"敢干事"的环境；以提高干部综合素质为抓手，培养"会干事"的能力。

附录1 行政监察基本情况调查问卷

****

同志您好！为完成行政监察理论国家重点课题，希望您能真实填写本问卷。本调查结果仅供研究参考，不影响您的生活和工作。感谢合作！

问卷填写说明：1. 单选请在题目"□"上打"√"；多选题请填写序号。

2. 如选择"其他"，请在后面的横线上注明详细内容。

开始时间：＿＿＿＿结束时间：＿＿＿＿访问长度：＿＿＿＿访问地点：＿＿＿＿调查员签名：＿＿＿＿

A部分：个人信息

A01. 您的性别？

①男 □　　　　　　②女 □

A02. 您的年龄（岁）？

①20—30 □　　　　②31—40 □

③41—50 □　　　　④51—60 □

A03. 您的学历？

①高中及以下 □　　②专科或本科 □

③研究生 □

A04. 您的职业？

①监察干部 □　　　②政府机关的公务员 □

③其他【请注明】

B部分：监察基本情况

B01. 您如何看待纪检监察部门合署办公？

①方便工作 □　　　②混淆纪检监察的职能 □

③很难说清楚 □　　④其他【请注明】

B02. 您认为目前的监察体制存在缺位、虚监、弱监和空监的弊端严重吗？

①严重 □　　　　　　②较严重 □

③不严重 □　　　　　④不清楚 □

B03. 您赞成监察部门与审计部门合整或者独立升格吗？

①赞成 □　　　　　　②反对 □

③说不清 □　　　　　④其他【请注明】

B04. 您认为我国当前监察法制问题的严重程度如何？（请您在符合的选项后打√）

严重性 主要问题	非常严重	比较严重	一般	不严重	说不清
规定不周全					
实施条例办法欠缺					
职责权限不明确					
权威性不够					
法律规定与实践创新有不合之处					

B05. 您认为监察工作与反贪污贿赂工作沟通协调状况如何？

①既沟通又合作 □　　②只沟通不协调 □

③各自为政 □　　　　④说不清 □

B06. 您认为提高监察绩效和方便群众，是否可借鉴国际经验设立监察专员？

①完全可以 □　　　　②慎重考虑 □

③不可以 □　　　　　④说不清 □

B07. 您认为监察干部队伍的素质如何？

①高 □　　　　　　　②较高 □

③一般 □　　　　　　④较低 □

⑤低 □

B08. 您认为监察部门在下列哪个方面的工作需要加强？（多选）

①执法监察 □　　　　②廉政监察 □

③效能监察 □　　　　④纠风 □

⑤其他【请注明】

B09. 影响监察工作顺利开展的主观因素主要是什么？（多选）

①思想政治素质　　　　②业务素质

③作风　　　　　　　　④职业道德

B10. 影响监察工作顺利开展的客观因素是什么？（多选）

①违纪行为花样百出　　②人为阻力，使得畏首畏尾

③人情关系难却　　　　④舆论压力

B11. 为了加大监察力度，您赞成监察机关增加以下的哪些权力？（多选）

①拘留权　　　　　　　②搜查取证权

③逮捕权　　　　　　　④审讯权

⑤处罚权

B12. 深入开展党风廉政建设，可以运用哪些新的手段和工具？（多选）

①政府宣传　　　　　　②报刊杂志

③电视广播　　　　　　④博客、微博

⑤其他【请注明】

B13. 您认为电子监察系统与传统监察结合起来效果如何？

①好 □　　　　　　　　②比较好 □

③一般 □　　　　　　　④效果不如以前 □

⑤说不清 □

B14. 您认为行政监察应该在下面哪些方面有所创新？（多选）

①体制改革　　　　　　②法制保障

③运行机制　　　　　　④执行方式、方法

⑤理论、理念

B15. 您认为目前反腐败形势严峻吗？

①腐败严重 □　　　　　②反腐败工作力度不够 □

③腐败倡廉工作还好 □　④不清楚 □

B16. 您了解"裸官"吗？

①很了解，我身边就有 □　②了解，听别人说过 □

③不了解，从未听说过 □　④其他【请注明】

C 部分：监察法制方面

C01. 我国现行的监察法是下列哪部？
①《行政监察法》□　　②《反腐败法》□
③《党内监督条例》□　　④《行政诉讼法》□
C02. 您认为您所在的机关重视依法行政吗？
①重视 □　　　　　　②比较重视 □
③一般 □　　　　　　④不重视 □
⑤说不清 □
C03. 您是从哪些渠道了解行政监察法制的？（多选）
①自己看书　　　　　②单位培训
③网络媒体　　　　　④通过别人了解
⑤其他【请注明】
C04. 您认为行政监察法的配套细则、办法等存在的问题是什么？（多选）
①配套措施不全　　　②操作性不强
③比较滞后　　　　　④其他【请注明】
C05. 您认为《行政监察法》的内容哪些需改进和补充？（多选）
①监察机关的权限　　②监察工作的公开程度
③监察主体的责任追究　④监察对象的权利救济
⑤电子监察的规范　　⑥其他【请注明】
C06. 您对于完善行政监察法制的建议有哪些？（多选）
①完善配套法规　　　②明确法制内容规定
③提高法制权威性　　④健全保障机制和责任追究制度
⑤健全协调机制　　　⑥其他【请注明】

D 部分：体制机制创新方面
D01. 您认为发挥行政监察机关作用的组织保障主要是？（多选）
①权力配置科学　　　②依法行政
③职责分工明确　　　④政务公开
D02. 您认为在行政监察工作中会受到上级机关或领导的各种干预吗？
①经常会 □　　　　　②较少会 □
③不会 □　　　　　　④说不清 □
D03. 您认为下列哪方面的制度创新可以有效提高监察效能？
①改革监察部门权力配置制度，监察机关由上级派驻 □

②完善监察机关工作人员的培训与选拔机制 □

③实行交叉办案制度,即异地审理、异地办案,使办案人员完全独立 □

④监察机关实行巡视制度,平时不与当地政府发生直接联系 □

D04. 您认为当前行政监察体制中存在的主要问题是?(多选)

①领导体制不健全　　　　②监察法制待完善

③监察手段不充分　　　　④监察监督部门沟通协调不够

D05. 下列哪些因素是影响行政监察工作的主要原因?(多选)

①监察机关权威小　　　　②依法行政不力

③社会参与不足　　　　　④党政不分

⑤权大于法

D06. 您认为行政监察体制机制创新的主要动力来源是哪一项?

①政府主导 □　　　　　②地方创新 □

③公众需求 □　　　　　④新的挑战和效能压力 □

D07. 您认为下列国外的监察制度哪些可以借鉴?(多选)

①监察专员制度　　　　　②监察长制度

③监察委员会制度　　　　④监察审计院

D08. 您认为香港廉政公署其体制运行对于我国监察体制的借鉴有哪些?(多选)

①机构独立　　　　　　　②人事独立

③财政独立　　　　　　　④办案独立

⑤重教育、预防　　　　　⑥深入群众,宣传到位

E 部分:廉政文化建设方面

E01. 您了解党风廉政建设的有关规定吗?

①了解 □　　　　　　　②基本了解 □

③部分了解 □　　　　　④不了解 □

E02. 您认为您所在机关对廉政文化建设的重视程度如何?

①重视 □　　　　　　　②比较重视 □

③不重视 □

E03. 您认为,当前滋生腐败现象的主要文化因素是?(多选)

①廉政风气不正　　　　　②社会诚信缺失

③人情往来习俗　　　　　④其他【请注明】

E04. 您认为廉政文化建设有必要进学校、社区、企业吗？
①有必要，但要注重对象及方式的区分 □
②没必要，只在公务员中开展即可 □
③说不清楚 □　　　　　④其他【请注明】

E05. 请问您一般通过下列哪些方式得知廉政建设的信息？（限选三项）
①政府网站　　　　　②报刊杂志
③电视广播　　　　　④道听途说
⑤工作接触得知　　　⑥其他【请注明】

E06. 下列政风行风建设中的各项措施，哪项最能维护群众利益？
①纠风专项治理 □　　②行政投诉 □
③开展"明查暗访"活动 □④电子监察 □

E07. 您认为应该从哪些方面加强廉政文化建设？（多选）
①廉政文化活动　　　②廉政文化内容
③廉政文化组织　　　④廉政文化评估

F 部分：（如果您是监察工作人员，请跳过此部分）
社会公众对监察的认知

F01. 您对行政监察工作了解吗？
①很了解 □　　　　　②比较了解 □
③有所了解 □　　　　④不了解 □

F02. 您认为监察工作主要是挑公务员的错，还是服务党和政府工作大局？
①专挑毛病 □　　　　②服务大局 □
③按领导意图办 □　　④其他【请注明】

F03. 当您发现公务员违法违纪问题时，觉得采用哪种渠道反映问题好？
①信访 □　　　　　　②举报 □
③网络博客等 □　　　④新闻媒体 □
⑤其他【请注明】

F04. 您认为监察工作人员的工作能力如何？
①很强 □　　　　　　②一般 □
③弱 □　　　　　　　④较低 □

⑤说不清 □

F05. 您认为目前的行政监察工作效果如何？
①很有效 □　　　　　　②比较有效 □
③一般 □　　　　　　　④不太有效 □
⑤无效 □

F06. 您认为行政监察存在哪些问题，您有什么想法和建议？

_____

_____

附录2　行政监察干部队伍建设调查问卷（节选）

一　基本情况

1. 性别：
①男□　　　　　　　②女□
2. 职务级别：
①局级□　　　　　　②县级□
③副县级□　　　　　④科级/副科级□科员□
3. 教育程度：
①大专及以下学历□　②大学本科□
③研究生及以上学历□
4. 年龄：
①22—29 岁□　　　②30—39 岁□
③40—49 岁□　　　④50—60 岁□
5. 工作年限：
①1—5 年□　　　　②6—10 年□
③11—20 年□　　　④20 年以上□

二　问卷调查

1. 您认为行政监察系统领导干部的大局意识、政治意识、责任意识如何？
①意识强，觉悟高□　　②有一定认知，有待提高□
③意识模糊，没有明确定位□
④从没有想过，不明何意□
2. 您认为行政监察系统领导干部是否做到了秉公用权、廉洁自律？

①全部做到，效果明显□　　②大部分做到，有一定成效□

③少数人做到，只是个例□　④几乎做不到□

3. 您认为行政监察系统领导干部在科学决策、求真务实方面作风如何评价？

①非常满意□　　　　　　②满意□

③比较满意□　　　　　　④不满意□

4. 您认为当前行政监察部门的办事效率如何？

①人员办事能力强，效率高□

②人员办事能力一般，效率一般□

③人员办事能力参差不齐，效率低□

④工作人员敷衍塞事，效率差□

5. 您认为当前行政监察干部队伍素质能否适应工作需要？

①全体素质高，能力强□

②大部分素质较高，有一定的工作能力□

③少部分具有相关素质与工作能力□

④几乎素质能力低，全体都需提高□

6. 您认为行政监察干部队伍建设亟待提高的素质有：（可多选，不超过3个）

①法律意识　　　　　　②群众观念

③务实精神　　　　　　④廉洁品质

⑤专业知识水平　　　　⑥事业心责任感

⑦其他【请注明】

7. 您认为行政监察系统干部应具备的主要能力有：（可多选，不超过4个）

①政治鉴别能力　　　　②依法执政的能力

③公共服务的能力　　　④调查研究的能力

⑤学习能力　　　　　　⑥创新能力

⑦沟通协调的能力　　　⑧应对突发事件的能力

⑨心理调适能力　　　　⑩其他【请注明】

8. 您认为当前行政监察系统干部培训能否满足工作需要？

①能满足工作需要□　　②一般□

③不能满足工作需要□　④培训只是个形式□

9. 您认为当前对行政监察系统干部的培训：
①比较及时、到位□　　②过于频繁，渠道不多□
③针对性不强，不能满足工作需要□
④流于形式，费时费力□

10. 您认为形成行政监察系统干部工作方面心理压力的主要来源是：（可多选，不超过4个）
①工作任务压力　　②职业升迁压力
③重大突发事件　　④"官官相护"难办案
⑤熟人社会，人情压力　　⑥自身心理素质差
⑦利益权衡上的"打招呼"办案难
⑧网络舆论监督
⑨其他【请注明】

11. 您认为目前行政监察人员工作方面的心理压力程度如何？
①很大，甚至不敢放手开展工作□
②较大，处于紧张状态□
③一般，通过调适可以减压□
④没有心理压力□

12. 请您对导致行政监察干部出现工作心理问题的自身心理因素进行主次排序：
①不善于调整心态　　②能力不高履职难
③理想信念弱化　　④自我期待过高

因素	第一位	第二位	第三位	第四位
结果				

13. 您认为当前行政监察干部队伍建设整体状况如何？
①有一套自己的建设体系，队伍建设状况总体优良□
②队伍建设存在一定的弊端，已加以重视与改进□
③不存在队伍建设，从没有考虑过相关问题□
④不清楚□

14. 您认为行政监察干部队伍建设中存在的突出问题有：（可多选，

不超过 3 个）

①理论水平不高，事业心和责任感欠缺

②后备干部选拔不足

③管理服务水平有限，服务意识不强

④处理和解决突发事件的能力不足

⑤班子结构和运行机制不佳，民主集中制执行不够好

⑥工作作风不够务实、效率低、团结协作不够

⑦干部监督管理问题

⑧其他【请注明】

15. 您认为当前加强行政监察系统干部队伍建设的突破点是：

①纪检监察队伍建设的工作体制机制，政策措施方面的问题□

②部分纪检干部工作作风、廉洁自律方面的问题□

③部分纪检干部政策水平、业务能力方面的问题□

④部分纪检干部办事效率和执法能力方面的问题□

⑤其他【请注明】□

16. 请您对当前加强行政检监察干部队伍建设的工作重点进行主次排序：

①选好配强队伍　　　②加强教育培训

③加强考核监督　　　④提高福利待遇

因素	第一位	第二位	第三位	第四位
结果				

17. 请您对当前加强行政监察干部队伍建设工作提出您的建议或意见：

_____

_____

后　记

　　本项研究是在国家社科基金重大招标项目改变成重点项目后开展的。由于项目的改变和近年来地方的乃至国家的监察体系不断改革，我们的研究设计、队伍组成和研究任务等都随之发生了若干变化，以至于项目研究延长了两年左右。

　　近年来，项目组的学者们奔赴大江南北，开展了广泛的社会调查、试点观察和座谈交流与讨论等，形成了一系列研究资料、数据、案例（尽管工作艰难且多浮于文本与表面）和论文（尽管在研究的视野、方法、对象以及随之而进行的理论分析与对策探讨上仍有这样那样的不足）。特别感谢的是，监察部、湖北省监察厅、山东省监察厅、宁夏回族自治区监察厅、重庆市监察厅、深圳市监察局、武汉市监察局和一些市（县、区）的有关领导干部和近百位知情人士与访谈者对我们研究的大力支持与友善帮助（应他们的要求，恕不署名）。感谢华中师范大学社会科学部领导的大力支持。感谢华中师范大学长江学者徐勇教授、管理学院张立荣教授、徐增阳教授、刘筱红教授、李家文书记等的大力支持和指导。

　　本项研究的课题组成员对中国行政体制中的监察体制机制做了大量系统深入的思考与调研工作，力图突破习惯、传统行政文化底蕴下的"官僚制"来对监察进行若干质性研究和量化研究。他们是费军教授、定明捷副教授、饶常林副教授、刘丁蓉副教授、刘小魏博士、拜茹博士、郭瑞博士，以及司娟丽硕士、余金成硕士、陈巧春硕士、田沙沙硕士、殷延威硕士、李记才硕士、张文婷硕士、远凤硕士、刘艳萍硕士、龚婷硕士、招栩圣硕士、周梅丽硕士、叶晖硕士、江南硕士、肖贺文硕士、饶方舟硕士、车聪硕士、杨亚辉硕士、聂翠硕士、杨小花硕士、王珊硕士、王琳硕士、许卓硕士、陶苏夏硕士、何明珠硕士、朱广宇硕士、杨成硕士、杜彤硕士、李颖硕士、杜祎硕士、陈曦硕士等，特此感谢他们的辛勤付出。

　　本书各章的初稿执笔如下：第一章：司丽娟；第二章：定明捷；第三

章：尤光付、费军；第四章：余金成；第五章：何波、陈巧春；第六章：田沙沙、尤光付；第七章：殷延威、李记才、尤光付、拜茹；第八章：刘艳萍；第九章：远凤；第十章：郭瑞、尤光付；第十一章：周梅丽；第十二章：叶晖；第十三章：杨小花、尤光付；第十四章：王珊、尤光付；第十五章：王琳、尤光付；第十六章：许卓；第十七章：杨成；第十八章：江南；第十九章：肖贺文；第二十章：饶方舟、尤光付；第二十一章：车聪、陈曦；第二十二章：杨亚辉；第二十三章：陶苏夏；第二十四章：何明珠、吴宏杰；结束语：尤光付、吴宏杰。

本项研究完成了预定的目标，发表了20多篇相关论文，形成了专著丛书，培养了30余名硕士生和3位博士生。由于资源的不足和研究中才学的不足，加之监察体制改革在不断深入等主客观因素的制约，我们的研究尚存一些不足之处，有些重要的问题仍待观察与探索，也有待学界专家学者们的批评指教。

"路漫漫其修远兮，吾将上下而求索。"（屈原语）尽管"任重而道远"（《论语·泰伯》），但我们将在以后的后续研究中"博学而笃志，切问而近思"（《论语·子张》），进一步拓展国家监察体系的理论视野和实践经验研究的广度与深度，以利于促进我国监察治理体系现代化和相关学术的繁荣。

尤光付
谨记于华中师范大学公共管理学院、
湖北省地方政府治理与地方发展研究中心
2017年7月10日